马克思主义哲学与现代领导

主　编　薛广洲　　汪世锦
副主编　石太林　　顾保国
　　　　薛泽洲　　陈　亮

中国社会科学出版社

图书在版编目（CIP）数据

马克思主义哲学与现代领导／薛广洲，汪世锦主编 . —北京：中国
社会科学出版社，2014.1
ISBN 978 - 7 - 5161 - 4513 - 5

Ⅰ . ①马…　Ⅱ . ①薛…②汪…　Ⅲ . ①马克思主义哲学—研究
②领导学—研究　Ⅳ . ①B0 - 0②C933

中国版本图书馆 CIP 数据核字（2014）第 147436 号

出 版 人	赵剑英
责任编辑	田　文
特约编辑	陈　琳
责任校对	石春梅
责任印制	李　建

出　　版	中国社会科学出版社
社　　址	北京鼓楼西大街甲 158 号（邮编 100720）
网　　址	http://www.csspw.cn
	中文域名:中国社科网　　010 - 64070619
发 行 部	010 - 84083685
门 市 部	010 - 84029450
经　　销	新华书店及其他书店

印　　刷	北京市大兴区新魏印刷厂
装　　订	廊坊市广阳区广增装订厂
版　　次	2014 年 1 月第 1 版
印　　次	2014 年 1 月第 1 次印刷

开　　本	710 × 1000　1/16
印　　张	18.25
插　　页	2
字　　数	304 千字
定　　价	55.00 元

代　序

理论创新：马克思主义的宝贵品质

马绍孟

恩格斯在《马克思墓前的讲话》一文指出，马克思一生中，在他所研究的每一个领域都有独到的发现，"这样的领域是很多的，而且其中任何一个领域他都不是浅尝辄止"。恩格斯特别强调了马克思的两个伟大发现，即唯物史观和剩余价值学说。这两大发现是马克思主义的奠基石。马克思主义的整个理论大厦，就是以此为基础和核心建立起来的。

马克思的两大发现，是划时代的创新，它使社会主义从空想变为科学；它结束了社会历史科学在黑暗中摸索的状态，为人们提供了一条指导性的线索，给那些看起来扑朔迷离、一团混乱的现象以规律性的阐释，使人们豁然开朗。我们今天重温 120 年前恩格斯在马克思墓前的讲话，特别是他对马克思一生中两大发现的评价，可以进一步认识马克思两大发现的巨大历史价值、现实价值和学习马克思理论创新精神的重要意义。

理论创新必须以坚持马克思主义基本原理为基础。我们常说老祖宗不能丢，丢了就会丧失根本、迷失方向。那么，老祖宗的什么东西不能丢呢？首要的内容就是马克思主义基本原理以及贯彻其中的立场、观点、方法和创新精神，这些都称得上是马克思主义的精髓和灵魂，丢掉它，必将回到黑暗中摸索和徘徊。在马克思主义发展史上，列宁、毛泽东、邓小平等伟大的马克思主义者，不论在世界社会主义的高潮时期，还是低潮时期，都能够保持清醒的头脑，敢于并善于抵制来自各个方面的干扰，坚持马克思主义基本原理，并运用它来武装广大群众，推进社会主义事业。

理论创新必须同实践紧密结合。马克思的学说是在实践基础上不断发展创新的科学。马克思的一生同全世界特别是欧洲工人运动的实践，始终保持最密切的联系。他亲身参与和组织领导工人运动，创立了国际工人协会（即第一国际），研究和回答工人运动实践提出的各种迫切问题，总结实践的新鲜经验，用科学的理论去指导和武装工人群众。同时，随着实践的发展，马克思不断用新的思想、结论去完善已有的理论，修改、补充和代替某些过时的个别结论，从而使他的学说永葆生机和活力。正如恩格斯所说："我们的理论是发展着的理论，而不是必须背得烂熟并机械地加以重复的教条。"同实践紧密结合，在实践的基础上与时俱进，不断创新，是马克思主义所固有的品质。

　　理论创新必须坚持科学性和革命性的统一。马克思作为伟大的科学家，他的每一个独到的发现，都是对客观规律、客观真理的深刻认识和揭示，都闪耀着真理的光辉，蕴藏着巨大的逻辑力量，因而能够征服人心、征服群众。同时，马克思又是一位伟大的革命家。恩格斯说："马克思首先是一个革命家。他毕生的真正使命，就是以这种或那种方式参加推翻资本主义社会及其所建立的国家设施的事业，参加现代无产阶级的解放事业，正是他第一次使现代无产阶级意识到自身的地位和需要，意识到自身解放的条件。"因此，马克思赢得了全世界工人阶级的尊敬和爱戴。马克思将他的科学精神和革命精神卓越地熔铸于他的理论之中，使科学性和革命性内在地结合在一起，成为马克思主义理论的本质特征。只有坚持这一本质特征，才能谈得上理论创新。

　　马克思给人类留下的宝贵遗产非常丰富，取之不尽，用之不竭。我们提倡多读一些马克思的书，尤其要学习和弘扬他的理论创新精神。

（原载《人民日报》2003 年 4 月 11 日）

附　　记

　　我从事教育工作 50 年，学习和研究的方向主要是马克思主义哲学史、马克思主义哲学和现代领导。我指导过的硕士生、博士生和博士后，也主要是围绕上述方向设定专题进行研究的。本书是同学们研究成果的部分内容或心得，有的是旧作，有的是新作，现汇集成书，非常好，是学习，也是交流。要我作序,我以上面一篇短文代用。我在指导研究生时,本着一个重要原则,就是教学相长。同学们年纪轻,精力充沛,求知欲强,接受新东西又快又多,思想更为解放和活跃,有很多优势。我只是努力给同学们提供一个平台,坚持好大的方向,把握好基本的原理、原则和方法,与大家共同切磋来完成培养计划。如今,同学们在各自的岗位上,都学有所长,业有所成,我感到很欣慰。由衷祝愿大家继续努力,刻苦治学,认真做事,诚信为人,实事求是,勇于创新,以更大成绩为实现"中国梦"做贡献。共勉!

马绍孟

2013 年 11 月 20 日

于北京世纪城时雨园

目　录

马哲理论问题研究

领导理论问题研究

权威问题研究

现实问题研究

马哲理论问题研究

马克思主义哲学中国化的实质

薛广洲

究竟什么是马克思主义哲学中国化？究竟马克思主义哲学中国化的实质、核心是什么？这是马克思主义哲学中国化研究必须给予明确回答的问题。

"中国化"命题自被提出以后，就有过众多的解释。通常对马克思主义哲学中国化含义的理解是使马克思主义哲学的基本原理适合于中国的具体实际。毫无疑问，这是我们理解"中国化"的基本原则，但应该说，也只是实现"中国化"的途径，即要实现马克思主义哲学的中国化，就必须将马克思主义哲学的基本原理与中国革命和建设的具体实践相结合，至于"中国化"的本质含义依然缺少清晰的解读。

为此，本文拟就马克思主义哲学中国化的本质含义做一具体、细致的分析，以便能更准确、深入地理解和把握这一命题。

一 "中国化"的不同界定及相关概念

面对马克思主义哲学中国化这一命题，首先需要对以下几个概念，民族化、本土化、通俗化、大众化、具体化以及时代化等作一些界定和分析。

首先看通俗化和大众化。这两个概念在一般意义上是同等程度的。马克思主义哲学传入中国并指导中国革命的实践，它必须能够动员最广大的人民群众，因而使马克思主义及其哲学为他们所掌握，是摆在中国共产党人面前的迫切任务，正如列宁在谈到东方各民族国家如何运用马克思主义的问题时所说，"你们当前的任务，就是要继续关心怎样在每一个国家内用人民懂得的语言进行共产主义宣传"。[①] 把马克思主义及其哲学的基本原

---

① 《列宁选集》第 4 卷，人民出版社 1995 年版，第 79 页。

理通俗化、大众化是进行革命事业的必要环节。但是通俗化、大众化并不就是中国化，它至多只能是中国化的初步。因为，通俗化、大众化主要还是强调的把基本原理用通俗的，广大人民听得懂的语言表达出来，它所注重的是理论的传播和宣传，而并没有体现出对中国问题的解决，更不用说对理论的创造了。反过来，也将会由于没能解决中国的实际问题，必然会妨碍通俗化、大众化的进一步充分发展。所以在把马克思主义哲学通俗化、大众化方面的开拓者——艾思奇那里，也认为："过去的哲学只做了一个通俗化的运动，把高深的哲学用通俗的词句加以解释，这在打破从来哲学的神秘观点上，在使哲学和人们的日常生活接近，在使日常生活中的人们也知道注意哲学思想的修养上，是有极大意义的……然而在基本上，整个是通俗化并不等于中国化现实化。"① 同样，在通俗化、大众化过程中也存在着语言的转换问题，这一语言的转换常常存在着解读的误区。因为，通俗化运动首先要有人先去解读将被通俗化的理论，解读者的认知水平、价值取向等等都会产生不可忽视的影响。在中国马克思主义哲学通俗化、大众化的过程中，自然存在着解读者对马克思主义哲学的理解和把握，以及站在什么立场上去解读的问题。因为在马克思主义及其哲学的传播早期，以孙中山为代表的中国资产阶级革命派便对马克思主义抱同情的态度，也不断地介绍马克思主义学说，尤其是胡汉民在对唯物史观的介绍和研究上比较突出，而戴季陶则"以对付俄国十月革命的影响为己任去研究和介绍马克思主义学说"。② 他们的介绍一定程度上也是用比较通俗化的语言进行的，但其对马克思主义及其哲学的解读，从根本上乃是一种误读和曲解。所以，中国化尽管绝不能排斥通俗化、大众化，但它也绝不只是通俗化、大众化。即便从语言的转换上，中国化必须通俗、大众易懂，但中国化在实质上乃是赋予了马克思主义的宇宙观和方法论。因而，不能只是用通俗化、大众化作为中国化的一种注解。

其次是民族化、本土化。民族形式，在毛泽东首次提出马克思主义及其哲学中国化命题之时便已提出，并用以为对中国化的最初的注解之一。在那里毛泽东是从对当时党内严重存在着轻视实际，唯书唯上倾向的批判入手的。以王明为代表的教条主义者们打着共产国际的旗号，既在苏联学

---

① 《艾思奇文集》第 1 卷，人民出版社 1983 年版，第 387 页。
② 参见戴季陶《访孙先生的谈话》，载《星期评论》第三号。

习过，又在共产国际领导机关工作过，马克思主义书本知识较多，因而似乎更具有马克思主义的理论修养，从而也就对党内许多党员产生较大的影响，这样就不仅妨碍毛泽东等人根据中国革命的具体实际进行马克思主义哲学理论的创造，而且妨碍根据中国的实际进行独立的工作。因而，改变只从本本上学习，只是搬用俄化词语的宣传的现象，便迫使毛泽东必须首先进行中国化的民族化工作，这时的中国化在很大程度上还是就如何把马克思主义及其哲学转化为中国的民族形式，包括在语言风格上、表达方式上、论理形式上、致思趋向上以及关注问题的角度上等。任何民族在其长期的生存发展中，必然形成一系列独特的生存方式，这种独特的生存方式通过诸多方面体现出来，这也就是所谓的民族形式。马克思主义及其哲学要能够指导中国的革命实际，要使千百万中国人民能够接受，它就必须进行民族形式的转化，但是民族形式或民族化也不等同于中国化，因为中国化除了需有民族的形式之外，更主要的乃是与中国革命的具体实际的结合，不仅要指导中国革命的实际，而且要使中国革命的实践经验马克思主义化。

近年在国内外华人学界提出在借鉴国外理论时要重在为我所用，于是重提本土化精神，这里的本土化是相对于整个西方理论的传播而言的。这应是一种比较有益的提法，因为我们在倡明对西方理论的接受与理解时，绝不能囫囵吞枣，而必须以一种文化的观念作审慎的分析，使之本土化。① 但是本土化的概念并不代替中国化，本土化概念更具有民族主义的特征，即它所强调的还只是"为我所用"，而中国化不能仅局限于此，中国化不仅是使马克思主义及其哲学指导中国革命的实际——为我所用，而且包括对中国革命实践经验的理论总结创造，使之马克思主义化，这是一个双向的交互过程。另外，本土化的提出是专指当代西方理论的引进、传播和接受，而中国化的提出则是从马克思主义与中国具体实际的相结合中获得的。

再次看具体化、时代化。具体化概念是新中国成立后《毛泽东选集》出版时，在修改时提出的，它被用以代替原来的中国化概念。尽管具体化概念的明确提出是新中国成立后，但在30年代末，毛泽东首提"马克思主义的中国化"时，已经多次涉及具体化概念，如"没有抽象的马克思主

---

① 参见《重提本土化精神》，《光明日报》1997年12月4日。

义，只有具体的马克思主义。所谓具体的马克思主义，就是通过民族形式的马克思主义，就是把马克思主义应用到中国具体环境的具体斗争中去，而不是抽象地应用它"①。很显然，在这里所说的具体的马克思主义还是相对于将马克思主义抽象地理解的教条主义而言的。应该说，从马克思主义的本质看，这应包含着将马克思主义中国化的内容，因为马克思主义的具体化可以是中国化，也可以是俄国化、美国化等。但是，这两个概念之间也还是有着比较显著的差别，即具体化是一个比较平稳的提法，从中并不能强烈地透露出中国革命的特殊性，它只是表明了马克思主义的一般特性。任何真理都是具体的，当它被运用于实践，指导实践或接受实践的检验，都不可能是空洞抽象的存在。从这一点来说，马克思主义具体化是一个相对来说比较平稳的提法。而中国化则具有十分鲜明的特性。它首先就强调了不同于苏联，不同于共产国际的独立性。事实上，中国化的提出本身就是为了从共产国际那里争得对中国革命的思想的领导权，争得对马克思主义及其哲学的解释权，争得中国共产党主要的优先考虑中国自身的问题的主动权。当年毛泽东提出"马克思主义的中国化，使之在其每一表现中带着中国的特性，即是说，按照中国的特点去运用它"，可见，将马克思主义及其哲学是具体化，还是中国化并不完全是一个意思，我们重提中国化是具有十分强烈的现实性的。党的十七大后中央提出马克思主义的中国化、时代化、大众化，强调马克思主义是随着时代的变化和实践的发展而不断发展的。这里的时代化实质上也就是理论随实践的发展而发展，也就是理论要随着具体情况的变化而不断地与时俱进。由此可见，中国化的核心是理论的创新。

二　普遍与具体：理解中国化本义的根据

解读马克思主义哲学中国化命题的本质，必须强调这一命题所体现的普遍性与具体性的完整统一。

长期以来，对于毛泽东思想的历史定位在国内外研究界都有一种误区存在。这就是从毛泽东哲学思想的独特性出发，认为它是对马克思主义某种程度的排斥、突破，西方学者尤其认为马克思主义及其哲学中国化，毛

---

① 晋察冀日报社编：《毛泽东选集》第 5 卷，1944 年版，第 20 页。

泽东思想就是要突破马克思主义和列宁主义。如美国学者诺曼·莱文在《辩证法内部对话》一书中说："马克思主义必须中国化的思想首先在莫斯科得到阐明，并且采取了布尔什维克中国化马克思主义的形式。毛泽东的工作是突破这个布尔什维克中国化马克思主义的绝对律令。他所做的是要创立一种非布尔什维克的、但适合中国需要的中国化的马克思主义。毛泽东在无产阶级领导权的中心问题上突破了布尔什维克中国化的基准。"① 在这里，如果说"毛泽东的工作"具有中国特色，当然是正确的，莱文指出毛泽东是要创立一种适合中国需要的马克思主义，这是符合马克思主义基本原则的，但莱文称其为非布尔什维克的马克思主义，并以此而突破布尔什维克中国化马克思主义，则是值得怀疑的。他实际上是把马克思主义与列宁主义割裂开来，又把毛泽东思想与列宁主义对立起来，以此来说明毛泽东思想的历史地位，这显然是错误的。这种观点在西方学者那里是很具代表性的，它实际上是在西方长期存在的"环境还原论"的一种表现。"环境还原论"认为："毛的思想应被理解为他在周围环境中的经历、中国社会和中国革命的'现实'情况的产物。"美国著名毛泽东研究学者 R. 施拉姆和莫里斯·迈斯纳即是其主要代表人物。这一观点把毛泽东思想的产生完全看成是从中国革命的现实经验中来，而与"正统马克思主义"相背离，忽视马克思主义理论对毛泽东及其思想的影响，认为毛泽东思想越到晚年越"回到他的中国根，也就是'非常传统的思想'上去了"。② 这一观点重视毛泽东思想与中国革命实际的联系，也重视与中国传统文化的联系，却否定毛泽东思想与马克思主义之间的联系，因而，他们在理解马克思主义及其哲学中国化的命题时，更加强调的是其中国化特色，而从相反的方面对待其马克思主义及其哲学的本质特征。从他们对毛泽东思想与中国传统的联系的重视，与中国革命实际的重视上看，确实使毛泽东思想研究开拓了一个新的领域，不仅对于国外的毛泽东研究，而且对于国内的毛泽东研究都有一定积极的借鉴意义。但他们又走上极端，形而上学的思维方法使得他们完全抹杀了毛泽东思想与马克思主义的联系。既认为毛泽东思想是对马克思主义的一种偏离，更认为马克思主义中国化的提法乃直

---

① ［美］诺曼·莱文：《辩证法内部对话》，云南人民出版社 1997 年版，第 436 页。
② 参见［美］尼克·奈特《毛泽东思想与中国的马克思主义》，《国外共产主义研究动态》1994 年第 3 期。

接是排斥正统的马克思主义，是对布尔什维克中国化马克思主义的一种突破。这种观点实际上否定了马克思主义及其哲学是普遍性与具体性的统一，否定了马克思主义及其哲学中国化是普遍性与具体性的辩证统一。

国内理论界近年来的毛泽东哲学思想研究比较注意毛泽东哲学思想与中国传统哲学的联系，这本身是毛泽东哲学研究的一个进步，但是在研究中也出现了某种与西方学者相似的倾向。即过分强调了毛泽东思想中的独特性一面，把中国传统哲学与文化对毛泽东思想及哲学的影响估价过高，甚至有人更由此而论及毛泽东尤其是晚年受中国传统文化的影响更大、更深，以致已完全背离了马克思主义及其哲学，还有的试图用民粹主义来概括毛泽东一生的文化选择，等等。这些倾向有一个比较相似的观点，即把毛泽东思想中对于中国传统文化和哲学的优秀成果的批判性继承视为主要特征、根本来源，从而有意无意地给人以毛泽东思想与马克思主义的偏离或区别的感觉，而马克思主义及其哲学中国化的命题也就被视为是对马克思主义的一种挑战。无疑这种倾向是错误的，其在哲学意义上乃是混淆了事物的普遍与具体的一致性，形而上学地对待马克思主义哲学中国化命题。

马克思主义哲学中国化的一个基本前提，即它必须既是马克思主义的，又是中国的，是中国化的马克思主义，绝不能将两者割裂开来。理解这一命题，首先必须建立起马克思主义及其哲学的真理性地位，只有是真理才具有科学性，才具有普遍性，也才能够"放之四海而皆准"。但这一普遍性，这一"放之四海而皆准"，绝不是随意地搬用，"放之四海而皆准"是有条件的，这个条件即它必须与具体的实际相结合。马克思主义真理观认为，任何真理都是具体的，是有条件的，是绝对和相对的统一。因而真理是与抽象、空洞相排斥的，具体的真理同时又是全面的、绝对的、客观的。由真理的这种辩证特性所决定，马克思主义及其哲学具有普遍性的特点，因而它才能"放之四海而皆准"。其次，从真理是具体的原则特性出发，马克思主义及其哲学的具体性只能通过社会实践体现出来，社会实践总是具体的，而不可能是抽象的，"抽象的实践"大约只有在理性中才有，在头脑中才有。一种理论的被检验和指导作用，使得它的实践具有鲜明的特性。由于这两条原则，由于作为真理的马克思主义哲学具有普遍性与具体性统一的原则特性，使得我们对于马克思主义哲学中国化的命题的理解，能够达到本质的层面。在毛泽东哲学研究中，无论是海外的

"环境还原论"，还是国内一些研究者对于中国传统哲学影响地位的过分强调，事实上都没有摆正普遍与具体的关系。马克思主义哲学中国化乃是将马克思主义哲学（既包括其基本的立场、观点和方法，也不能绝对排斥一些具体的原理）通过对中国革命实践的指导，批判地继承中国哲学的优秀精华，从而转化为中国的马克思主义，因而，一方面它是马克思主义的，另一方面它又是中国的，是马克思主义哲学自身发展的一种表现。因此，我们认为，马克思主义哲学中国化并不是对马克思主义哲学的挑战，而是一种发展，只有承认马克思主义哲学中国化是普遍与具体的统一，才可能真正地理解马克思主义哲学中国化命题所包含的本质内涵。

三　双向过程：从变化中发现创造性

解读马克思主义哲学中国化命题的本质，还必须注意从过程的角度来理解，即马克思主义哲学中国化是一个长期的、不断发展的过程，而且还是一个双向发展的过程，它既包括把马克思主义哲学基本原理化于中国革命和建设的实际，也包括把中国革命和建设的实践经验马克思主义哲学化。如果只从前一个角度来认识，就会导致"中国化"过程成为一种纯粹地依赖于"原本"的转化，而忽视"原本"的生命力在于需要不断地创造。

把马克思主义哲学中国化和把中国革命和建设的实践经验马克思主义哲学化，是从两个角度论述的同一个问题，把马克思主义哲学中国化本身就具有把中国革命和建设的实践经验马克思主义哲学化的蕴意，反之亦然。从前一角度看，马克思主义哲学中国化即是把马克思主义哲学的基本原理首先转化为能为中国人民接受的形式，既包括语言表达形式，也包括思维理论的趋向，其次需以此运用于中国的具体实际，指导中国革命和建设的实践，解决中国社会向何处去的问题，再次还必须对传统中国哲学进行批判的总结，承继其中的优秀成果。这是一个连续的过程，同时又是一个具有层次的过程。从后一角度看，中国革命和建设实践经验的马克思主义哲学化，即是运用马克思主义哲学的基本立场、观点和方法，对中国革命和建设的实践经验进行分析、概括、总结，从而形成富有新意的创造性的中国的马克思主义哲学。

中国革命和建设的实践乃是近代以来对中国向何处去这一历史课题的

现实的具体的解决，而中国向何处去不仅指在政治上建立什么社会制度、走什么道路的问题，而且指在经济上如何建设社会主义，建立什么样的经济体制的问题，还应指在文化上确立什么样的价值标准，如何构建中国社会的新文化问题，等等。解决这一历史课题，既需要一种理论来指导，需要一定的原则为根据，也必然要求从对历史课题的解决中概括出新的理论。马克思主义哲学之所以被中国的先进分子引进来，绝不是一部分人的偏好和兴趣，而是中国社会的客观情势的需求，也是马克思主义哲学自身的本质规定。中国人在寻求解救中国的真理过程中，通过反复地比较、探索，才认识到了马克思主义及其哲学对于中国社会摆脱贫穷、落后、受奴役、受压迫地位的深刻意义，因而以马克思主义来指导中国革命乃是一种历史的必然。自中国共产党成立以后，便致力于用马克思主义及其哲学来指导中国革命的实践，在这一指导过程中，首先所面临的是对马克思主义及其哲学的理解，什么是马克思主义，包含哪些内容，其实质是什么等；其次所要解决的是如何解决中国革命所面临的任务，这就需要研究、分析马克思主义及其哲学的最一般的原则和思想，它的基本观点、立场和方法，哪些能够对中国革命的实际问题具有指导作用；再次还要让马克思主义及其哲学的基本原则被最广大的人民群众所掌握，于是又出现了对"原本"的语言符号的转换和思维形式、表达方式的转换问题，民族化、通俗化以及大众化也就自然地被提出来了；最后还必须实现从理论形式向政策、策略的转变，这样才能去现实地指导实践。我们所说的马克思主义及其哲学的中国化，并不是一个单独的理论自身的转换问题，这实际上是一个极为现实的实践本质的要求。马克思主义哲学的中国化过程是在中国革命的具体实践过程中提出来的，从实践中产生的对理论指导形式的要求，决定了理论的转换必须符合实践的要求，所以说，马克思主义哲学的基本原理与中国的具体实际相结合这是马克思主义哲学中国化的当然本义。

同时，马克思主义哲学中国化还必须具有另一个过程，这就是将中国革命和建设的实践经验马克思主义哲学化。中国革命的实践是由千百万人民参与的，不管这些人各自对马克思主义哲学的基本理论掌握了多少，但从他们参加革命实践的根本目标而言，必然是同马克思主义哲学的基本内涵相一致。在这一由千百万人所参加的革命实践中，产生出大量的实践的经验，当然也出现过多次的挫折和教训，反思教训、总结经验，从而找出正确的方法和道路是任何革命的必然要求。如何总结革命的经验教训，以什么为原则来总结，成为摆在中国共产党人面前的尖锐任务。历史多次证明，不同的立场和方法，即不同的世界观和方法观，对于实践经验和教训的总结乃是极为不同的。马克思主义哲学的中国化从其本质上讲，必须包含着对中国革命和建设实践经验的马克思主义哲学化。把实践经验加以系统的理论化，属于人们的认识过程。但仅仅一般的理论化是不够的，它还需要马克思主义化。所谓马克思主义化即是运用马克思主义哲学的基本观点、立场和方法，总结、概括中国革命和建设的实践经验，提炼出新的理论，从而建立中国的马克思主义哲学。这也是马克思主义哲学之所以能不断发展，具有无限生命力的本质要求。

如果只是从一个过程来理解马克思主义哲学中国化，往往会导致教条主义或经验主义。单纯地认为中国化过程即是运用马克思主义哲学基本理论去指导中国革命和建设的具体实践，就难免不会过分依赖于"原本"。一切从"原本"出发，一切以"原本"为对照，总是把每一步实践的评价与"原本"相比较，这种做法不说那些一切唯书唯上的人会教条主义地对待马克思主义哲学，即便注重实践经验的人在长期地对照、比较中也会强化以"原本"为本的倾向，从而为教条主义的产生存在提供了必不可少的氛围。当年毛泽东之所以提出马克思主义中国化的口号，其中一个很重要的原因就是中共党内大批中央要员和普通党员对于熟练地掌握马克思主义书本知识的王明等人，有一种盲目的崇信，这自然为教条主义的产生和存在提供了一定的条件。相反，如果只是强化对实践经验的理论化，只是单纯地认为中国化只是从对中国具体实际，包括实践经验和传统文化的理论概括中去实现，就会犯经验主义的错误，它所获得的理论概括往往并不是马克思主义的。因而，马克思主义哲学的中国化是一个双向的过程，只有承认马克思主义哲学基本原理对中国革命和建设的指导作用，才不会偏离马克思主义，才会避免经验主义地对待中国化过程，只有切实地注重从中国革命和建设的实践经验中概括出新的理论成果，才会不断地发展马克思主义，才会避免教条主义的滋生。

毫无疑问，马克思主义哲学中国化是一个过程，而且是一个双向的过程，同时，也将是一个长期的发展着的过程，马克思主义哲学中国化的本质内涵正是在这一长期的发展过程中不断地丰富、充实、发展、完善的。自从毛泽东提出"中国化"的口号后，中国共产党便不仅从实践中，而且在理论上认识到马克思主义哲学中国化的必要性，到中共七大上确定毛泽东思想为中国革命的指导思想，马克思主义及其哲学的中国化已为全党所认同。刘少奇说："毛泽东思想，就是马克思列宁主义的理论与中国革命的实践之统一的思想，就是中国的共产主义，中国的马克思主义。"① 但是中国革命的进程并未完，中国共产党所肩负的历史使命——解决中国向何处去的历史课题并未完，所以马克思主义及其哲学的中国化过程也不能停止，它将是一个长期的历史任务。这一方面是由中共的性质和宗旨所决定的，另一方面是由中国革命和建设本身是一个不断变化和发展的过程决定的，从前者而言，中共是一个以马克思主义为指导思想的党，她是为解决中国社会向何处去而生，因而如何将马克思主义及其哲学转化为能被中国人民所接受的形式，是她之成为无产阶级思想武器的关键，只要中国社会迈向共产主义的进程没有结束，中国共产党的存在就不会结束，以马克思主义为指导思想的地位就不会丧失，将马克思主义及其哲学中国化的进程也不会结束。从后者来看，中国化的本义是与"相结合"密切相连的，马克思主义哲学中国化是在中国革命和建设的实践中实现的，而中国革命和建设的实践既是一个长期的历史进程，又是一个不断地变化和发展着的历史进程，这决定了中国共产党人和马克思主义者必须不断地根据变化了的情况，去解读马克思主义及其哲学，去丰富和发展马克思主义及其哲学。有观点认为马克思主义中国化之所以是一个长期的历史任务，是由于中国革命和建设的不断变化和发展，要求中共努力去马克思列宁那里寻找新的方法。这是值得商榷的。这种观点事实上认为有一个"原本"已存在，人们只要不断地从中去挖掘，而不需要再去创造新的理论，就可以无止境地获得宝藏。我们以为，马克思主义的生命力在于她不断地从新的实践经验中总结、概括出新的理论，从而不断地丰富和发展马克思主义及其哲学，如果只是致力于从马克思列宁那里寻找解决问题的新方法，实质上却否定了马克思主义自身的发展。

　　马克思主义哲学的中国化，绝不能只以"原本"为指导，只是去应用这一"原本"于中国实际。"中国化"从根本上说是一种创造。如果只是拿着"原本"去对照，按照"原本"的条条去做，实质上只能是教条主义、形式主义。那样，就会造成这样一种印象，似乎有一个不变的经典、蓝本，而后不管具体的历史实践如何变化和发展，都可以从这一"原本"

① 《刘少奇选集》上卷，人民出版社1981年版，第333页。

中找到灵丹妙药，都不过是从这一蓝本中选择一种原理来指导实践，解决问题，问题一旦解决，任务即告完成。若仅是如此的话，马克思主义及其哲学也就无法体现出她的丰富和发展。马克思主义的发展首先要有创造，要丰富经典、原本，甚至重组原本，这样才能实现发展。中国化以及其他国化，或民族化、本土化、具体化等，都是一种发展，只不过其角度不同、方式各异、层次有别罢了。

四　简短的结语

我们认为，马克思主义及其哲学中国化的本质就在于创造，没有创造，就没有中国化。创造，就是通过把马克思主义及其哲学的基本原理运用（不是应用）于中国革命和建设的具体实践，总结、概括从这一实践中产生的经验教训，加以提炼，使之马克思主义化。关于马克思主义及其哲学中国化本义的通常解读——把马克思主义哲学基本原理与中国革命和建设的具体实际的相结合，与中国优秀的哲学思想传统相结合，我们往深处去挖掘，它自然应具有一种创造性特征，即通过"相结合"而使马克思主义获得了创造性发展，然而，它同时也说明"相结合"乃是实现"中国化"目标的途径，马克思主义哲学中国化的实质即是其创造性。所谓马克思主义哲学中国化，即是运用马克思主义哲学的基本立场、观点和方法与中国的具体实际，通过两个"相结合"而创造性地发展了的中国化的马克思主义哲学。

马克思主义哲学中国化的实质即是使马克思主义哲学的基本原理适合于中国的具体实际。如何能适合？首先即是要使马克思主义哲学具有中国的民族的形式，不仅要在语言上实现转变，而且要在致思趋向上实现转变；其次乃是使马克思主义哲学在中国具体化，即是要打破教条主义的理解，要从中国的具体实际出发，而不是仅仅停留在抽象的一般原则之上，再次则是对中国的具体实际不能仅从现实的革命斗争实践和建设实践去理解，它还必须包括中国社会的文化传统这一氛围。

马克思主义哲学中国化的实质是存在于实践过程之中的，它绝不应被固定在某一特定的时空位置上，也就是说，对其实质与核心的把握只能在中国社会的发展过程中实现，若是仅从中国化过程的某一个阶段上去认识，将不能获得真正的认识。中国社会的具体实际即表明着它的变动性，因而中国化的实质只能在实践的发展中体现出来，并在这一实践过程中逐步地丰富、完善和发展，也就是说，中国化的内在含义是在中国社会的发展中不断地获得充实的。因而，绝不能只从某一时期的具体状况来规定中国化的内在含义。事实上，自中国化命题提出以来，它已经从许多方面发展了自身，今天我们所要认识的中国化的内涵远比以往的认识要丰富得多。中国化的过程没有完，中国化的本质内涵的发展也没有结束，同样，对中国化的实质的把握也不能停止。

因而，所谓马克思主义哲学的中国化，即是使马克思主义哲学变为中国的马克思主义哲学。要达到此目的，首先就是要通过把马克思主义哲学的基本原理与中国的具体实际相结合，要运用马克思主义哲学的基本原理于中国革命和建设的具体实际解决中国社会发展的问题，并从中进行理论的概括，把中国革命和建设的经验教训马克思主义化。

要使马克思主义哲学中国化，当然是包括内容和形式两个方面。在形式上具有中国特色，既指语言的中国化，也指思维方式、论理方式的中国化，还指致思趋向、价值取向以及探索主题的中国化。而在内容上具有中国的特色，首先是要立足于中国革命和建设的具体实际，解决中国社会的历史任务，同时要从中国的历史主题出发对马克思主义哲学的运用作出选择，最后还必须在对中国革命和建设经验与教训的理论概括中，在对中国传统哲学的批判继承中，对西方以及世界一切地区的优秀文化的吸取借鉴中，建构起中国的新哲学。

这一新哲学既是马克思主义的，又是中国的，还应该是全人类的。而要真正具有这一切特征，最根本的乃是在于必须赋予它创造性。

（作者单位：中共中央党校）

恩格斯晚年历史观论要

吴家华

恩格斯晚年历史观主要指马克思逝世以后恩格斯对唯物史观的阐述，也包括 19 世纪 70 年代后期至 80 年代初恩格斯写的有关著述。恩格斯晚年历史观具有特殊的重要地位。它主要是马克思逝世以后由恩格斯独立阐述的理论，最能体现恩格斯本人的理论成果和思想倾向，构成了 19 世纪末无产阶级争取解放的斗争策略的理论基础；更重要的是，晚年恩格斯的一系列理论观点既系统阐述了唯物史观，又包含着 20 世纪历史唯物主义发展的一些重要趋势，深刻地影响了列宁、毛泽东和邓小平的理论与实践。只有深入研究和正确把握恩格斯晚年历史观的实质及其意义，才能真正理解和完整把握历史唯物主义从 19 世纪到 20 世纪的发展，才能从唯物史观发展史的角度真正理解和完整把握毛泽东思想、邓小平理论同马克思列宁主义之间的继承与发展、坚持与创新的关系，才能为新世纪历史唯物主义和整个马克思主义的理论创新提供有益的方法论启示。另一方面，国际马克思主义理论研究的一个核心问题是马克思和恩格斯思想关系，围绕着这个问题，一百多年来形成了第二国际"正统马克思主义"、修正主义、列宁主义、"西方马克思主义"、西方"马克思学"的争辩和对峙。只有深入研究和正确理解恩格斯晚年历史观的内容及其实质，才能了解这场争论的来龙去脉，明确各种观点的是非得失，坚定马克思主义的理论原则和政治信念。同时，自苏联和东欧发生和平演变之后，国内外一些理论家和政治家又重新提出了俄国十月革命和中国革命是否合理的问题，有人甚至公开提出这两次革命既违反了社会发展的客观规律，又与马克思、恩格斯创立的历史唯物主义相背离。这种政治—理论思潮提出的问题，从理论上说，就是如何正确把握马克思和恩格斯的历史唯物主义？如何科学认识和处理社会发展中的客观性与主体性、决定性与选择性的关系？这些问题正是晚年恩格斯理论思考的中心问题，也是20世纪社会主义理论与实践的中心课题，还是当代有中国特色的社会主义的重大课题。研究恩格斯晚年对这些问题的理论思考及其与列宁主义、毛泽东思想、邓小平理论的关系，对于澄清理论是非、坚定社会主义信念，都具有重要的现实意义。

概括地说，国际恩格斯晚年历史观研究主要形成了五种理论维度和五种解读模式。五种理论维度分别是：第一，唯物史观维度。恩格斯晚年历史观研究的这种维度，着眼于唯物史观发展史，重点探讨了恩格斯晚年思想与唯物史观的关系。第二，马克思思想维度。许多西方学者把对恩格斯的研究同对马克思的研究结合起来，在研究马克思思想时研究恩格斯思想，在论述和评价恩格斯思想时以马克思思想为尺度，从而马克思—恩格斯关系成为这种理论维度下恩格斯研究的中心课题。第三，社会主义革命实践维度。着重研究恩格斯晚年历史观与第二国际社会民主党实践、十月革命及社会主义建设实践的关系。第四，列宁思想维度。着重从与列宁思想关系角度来研究恩格斯晚年历史观的地位和影响。第五，恩格斯晚年历史观逻辑结构维度。着重研究恩格斯晚年历史观本身的逻辑结构，分析晚年恩格斯的各个思想观点之间的逻辑关系。根据对马克思—恩格斯关系的认识以及对恩格斯思想的态度，我们可以把一百多年来恩格斯晚年历史观研究的基本倾向归结为以下五种解读模式：第一，"阐释—捍卫"论解读模式。这种解读的典型公式是：恩格斯阐释了马克思，应该捍卫恩格斯。以考茨基为代表的第二国际"正统马克思主义"者是"阐释—捍卫"论解读模式的代表。第二，"修正—取代"论解读模式。这种解读的典型公式是：恩格斯修正了马克思，应该用恩格斯代替马克思。以伯恩斯坦为代表的第二国际修正主义是这种解读模式的典型。第三，"误释—批评"论解读模式。这种解读的典型公式是：恩格斯误解了马克思，应该复归马克思。早期"西方马克思主义"者和阿尔都塞的解读在整体上具有这种特征。第四，"背离—否定"论解读模式。这种解读的典型公式是：恩格斯背叛了马克思，应该否定恩格斯。大多数西方"马克思学"学者的解读体现了这种把恩格斯与马克思绝对对立起来的鲜明特征。第五，"发展—应用"论解读模式。这种解读的典型公式是：恩格斯发展了马克思，应该应用恩格斯思想。苏联学者的解读基本上具有这种特点。

然而，整个说来，学术界对恩格斯思想的研究与他的理论的丰富内容和重要地位是很不相称的。在国际上，研究者们或者认为恩格斯是马克思的"另一个我"，他的著作只是对马克思思想比较连贯的和通俗化的阐发，至多是一种补充，这样，对恩格斯的研究被包括在对马克思著作的研究中；或者认为恩格斯只是马克思思想的歪曲者，是后来的教条式马克思主义的始作俑者，要恢复马克思主义的本来面目，就必须回到马克思，清除恩格斯附加在马克思身上的非法成分，因而更重视对马克思思想的研究。如此一来，恩格斯就被当作"好的马克思"的反面对照物，对恩格斯思想及其价值的论述大多使用轻蔑的和攻击性的语言，缺少认真的分析和实事求是的评价。在中国，理论界热衷于马克思思想的研究，并取得了丰硕的成果，而对恩格斯的研究则冷清得多，整体研究思路、研究方法比较陈旧，未能与国际接轨或对话，研究水平也不高。恩格斯晚年历史观研究的这种状况决定了加强对它进行研究的必要性和寻求突破的可能性。

什么是唯物史观、如何正确理解和应用唯物史观，这是19世纪后期无产阶级争取解放的斗争实践向晚年恩格斯提出的首要的基本的理论问题。围绕着这个理论问题，晚年恩格斯以唯物辩证法为主要方法论原则，对唯物史观作了系统阐述。第一，用"历史唯物主义"来概括他和马克思创立的新历史观的实质。第二，进一步规定或澄清了"直接生活的生产"、"经济关系"、"历史"、"唯物主义"、"辩证法"的含义。第三，概述了历史认识论的一般原理。第四，系统阐述了唯物史观的基本理论问题，说明了唯物史观的唯物主义基础和实践的、批判的、革命的辩证性质，论证了唯物史观的基本观点及其相互之间的内在联系，阐述唯物史观的实质和特点，分析了唯物主义历史观与唯物主义自然观的内在联系，概括了唯物史观的理论价值和实践意义。在此基础上建构了历史本体论与历史认识论、历史方法论相统一的历史唯物主义的科学理论体系。

透过恩格斯晚年对唯物史观的系统阐述，可以发现三个整体性特征，这就是从理论上提出并重点阐述了相互作用论及其与历史决定论的统一，提出并重点阐述了主体活动论及其与自然历史过程论的统一，提出并重点阐述了历史认识论、历史方法论及其与历史本体论的统一。"三个统一"和"三个重点"既是对19世纪唯物史观的理论总结，又蕴涵着20世纪历史唯物主义的发展方向。

通过对唯物史观的系统阐述，晚年恩格斯在以下问题上实现了理论创新或发展：第一，在自然和历史的关系问题上，从发生学方面揭示了从自然到社会过渡的辩证法，系统阐述了劳动在人与动物、社会与自然分离过程中的决定作用；系统说明了历史运动与自然运动、历史规律与自然规律的本质区别，揭示了社会历史的主体性特征；系统阐述了历史运动与自然运动的高度相关性，说明了正确处理人与自然关系的科学态度。第二，在物质资料生产和人的生产的关系问题上，明确提出和系统阐述了两种生产理论，科学地说明了原始社会发展的特殊规律及其与人类社会发展的一般规律的关系，深化、扩展和创新了唯物史观的社会发展动力理论。第三，在经济基础和上层建筑关系问题上，通过对人的行为的思想动机的分析，揭示了经济基础决定上层建筑的具体过程和机制，说明了经济关系产生思想观念的方式和途径；通过对经济结构与观念形态联系的中介的研究，说明了观念形态与经济结构一致性的相对性；通过对意识形态的特点、结构、性质及其对经济的反作用的研究，说明了意识形态相对独立性及其能动性；通过对国家的起源、形式、实质和作用的分析，提出并阐述了国家的相对独立性原理。第四，在东方社会和西方社会的关系上，通过对俄国农村公社的双重结构和双重命运的分析，着重分析了农村公社公有制的弱点及其与社会主义公有制的区别，揭示了经济文化落后国家跨越资本主义的"卡夫丁峡谷"直接过渡到社会主义社会的价值目标和客观条件的矛盾，说明了在"世界历史"条件下东方社会发展和西方社会发展的密切相关性。第五，在历史和价值问题上，通过对作为历史主体的人的活动的动机及其结果的分析揭示了历史过程的客观性与主体性、事实性和价值性、因果性和目的性的统一；通过分析唯物史观和剩余价值理论、科学社会主义的关系，通过分析唯物史观与无产阶级革命的纲领和策略的关系，揭示了历史唯物主义的科学性与革命性、真理性与价值性的统一。

考察、分析、发掘和评价恩格斯的研究者对恩格斯晚年历史观的研究及其成果是恩格斯晚年历史观研究的重要组成部分。国际恩格斯研究涉及广泛领域，其中，"马克思—恩格斯问题"、恩格斯与修正主义的关系问题、恩格斯晚年历史观的内在矛盾问题是三个直接关系到如何评价恩格斯晚年历史观的历史地位、如何坚持、发展和创新历史唯物主义和整个马克思主义的重要问题。

"马克思—恩格斯问题"包括马克思和恩格斯的生平交往问题、思想关系问题和文本关系问题，是国际恩格斯研究的一个中心问题。对这个问题主要有三种不同解答，这就是以第二国际"正统马克思主义"者为代表的"伙伴论",以当代绝大部分西方"马克思学"学者为代表的"二分论",以一部分西方"马克思学"学者为代表的"同质论"。早期"西方马克思主义"者虽然分析了恩格斯晚年思想在某些方面与马克思思想的差异,但在整体上仍然肯定了马克思和恩格斯思想的一致性。在"二分论"解释中,利希特海姆开创了这种解释的先河;利希特海姆、塔克尔和施米特勾勒了"二分论"的基本特征;吕贝尔分析了所谓马克思与恩格斯的马克思主义的矛盾;诺曼·莱文阐释了所谓马克思主义和恩格斯主义的对立;卡弗把"马克思—恩格斯问题"纳入了解释学的理论框架,用解释学的理论和方法来批判"一致论"和论证"二分论"。"二分论"遭到了以利各比为代表的部分学者的反对。这部分学者通过发掘马克思和恩格斯思想中的内在矛盾来说明马克思和恩格斯的思想存在着同样的优点和缺点,具有同质性。与"一致论"不同的是,"同质论"的根本目的是为了从理论上解构包括历史唯物主义在内的整个马克思主义。政治和意识形态偏见和缺少辩证法决定了"二分论"和"同质论"的非科学性。

恩格斯与修正主义的关系也是国际恩格斯研究的一个热点问题。伯恩斯坦关于恩格斯是最大的修正主义者的论断及其论证,标志着恩格斯与修正主义关系问题的产生。当代"西方马克思主义"者和西方"马克思学"学者承接着伯恩斯坦的话题,编造着一则则各具特色的修正主义的"恩格斯起源"的故事。他们从恩格斯晚年历史唯物主义书信和法兰西阶级斗争导言中寻找恩格斯与修正主义之间的思想联系,认为恩格斯晚年的这些著述构成了一切修改马克思革命的唯物主义原则的、修正主义的与资产阶级的改良者的主要资料,成为"伯恩斯坦的修正主义背离的出发点"。所有这些论断,都是虚假的,不符合历史事实的。究其原因,除了政治的和意识形态的偏见以外,从认识论和方法论上说,主要是不懂得马克思主义发展的辩证法,混淆了修正与修正主义的界限、理论创新与修正主义的界限、理论原则与实践策略的界限。要发展和创新马克思主义,就必须在理论上区分修正与修正主义、理论创新与修正主义、理论原则与实践策略。

恩格斯晚年历史观的内在矛盾问题也是国际恩格斯研究的一个热点。当代西方"马克思学"学者否定恩格斯晚年历史观的科学性的一个重要手法是"寻找"所谓恩格斯思想中的内在矛盾。施泰格、密利本德"发现"了所谓晚年恩格斯的理论和实践的脱节和矛盾,沃尔德则"发掘"了所谓晚年恩格斯策略思想中的矛盾,利各比更是系统地"概括"和"分析"了所谓恩格斯晚年历史观中所包含的内在矛盾，即他所说的实用历史观和法则学历史观的矛盾，自然与历史关系问题上的物质还原论与非物质还原论的矛盾，普遍规律观与历史规律观的矛盾，经济还原论与反经济还原论的矛盾，生产力的优先性观点与生产关系的优先性观点的矛盾，基础和上层建筑关系中的决定论和相互作用论的矛盾。西方"马克思学""寻找"、"发掘"、"概括"恩格斯晚年历史观的内在矛盾的根本目的是为了从马克思主义内部颠覆和解构历史唯物主义，但由于解构者立场的不中立和分析方法的不科学，其精心设计的解构目的也就成为没有现实性的理论空想。

　　与西方"马克思学"学者贬低恩格斯历史观的理论地位和实践价值相反，20世纪的历史唯物主义发展逻辑和社会主义革命、改革和建设实践已经证明了恩格斯晚年历史观的重大意义。这首先表现在恩格斯晚年提出了20世纪历史唯物主义研究的一些重要课题，如社会发展中的经济、政治和文化的关系问题，历史过程中的客观性和主体性关系问题，历史唯物主义的理论和方法的关系问题。其次表现在恩格斯确定了20世纪历史唯物主义研究的重点，如辩证法问题研究，上层建筑的性质、结构、特点功能的研究，历史主体的结构、层次、活动特点及不同主体之间关系的研究，把唯物史观具体化为认识方法和工作方法问题研究，等等。再次表现为恩格斯晚年历史观为20世纪唯物史观关于上述问题的研究提供了一般的理论观点和方法论原则。恩格斯晚年把自己和马克思所创立的新历史观命名为"历史唯物主义"，并认为辩证法是正确理解和应用唯物史观的关键。恩格斯所揭示的唯物史观的唯物主义的和辩证的实质规定了现代历史唯物主义健康发展的方向。第二国际大部分理论家由于既忽视了辩证法，又松动了唯物史观的唯物主义基础，从而导致对唯物史观的简单化、片面化理解和应用，严重损害了唯物史观的声誉。"西方马克思主义"的早期代表把恢复辩证法当作自己哲学的历史使命，但抛弃了唯物主义世界观，走向了人本主义。列宁、毛泽东和邓小平继续了晚年恩格斯的理论研究课题及其思想观点，把辩证法作为自己理论研究的主题或重点。在当代中国，改革辩证法、发展辩证法已经成为唯物史观研究的中心课题。恩格斯晚年通过提出和说明历史决定论与"合力论"、"相互作用论"的关系，从理论上阐述了社会历史过程中的经济、政治、文化的总体性关系，说明历史过程中的主体与客体的总体性关系，为20世纪历史唯物主义对社会整体的研究提供了基本的理论原则。卢卡奇、柯尔施等人把总体性看作历史唯物主义的主要原则和方法，但错误地用总体性原则和方法代替了经济的优先性原则和方法。列宁、毛泽东、邓小平继续了晚年恩格斯的理论研究，在坚持唯物主义的历史决定论的同时，特别强调了社会的整体性特点和唯物史观的整体性特征。列宁通过对政治的和意识形态的上层建筑的特点及其与经济基础关系的系统研究，说明了它在社会整体中的重要地位，论证了经济文化落后的国家革命的必然性和必要性。毛泽东建立了以矛盾体系观为基础的社会整体观。邓小平提出了整体改革观和整体发展观。在当代，整体性问题更是以可持续发展问题和全球性问题的形式受到了全世界的关注。晚年恩格斯通过"劳动论"、"两种生产论"、"意志合力论"和"阶级意识论"阐述了唯物史观的历史主体问题，说明了主体问题既是一个主观选择问题，又是主体在实践活动中能动地创造历史问题，主体选择只是主体实践活动的一个环节，并且选择本身受到客观物质条件的制约。卢卡奇、柯尔施等人虽然看到了历史主体在发达资本主义社会中越来越大的作用，但他们用实践本体论代替物质本体论，用主体革命代替社会革命，陷入了主观主义的乌托邦空想。列宁不仅从主体性方面阐述了历史必然性，区分了唯物主义和客观主义，而且通过提出和研究阶级意识"灌输论"和群众、阶级、政党、领袖关系论，说明了经济文化落后国家历史主体的层次性及其无产阶级革命和社会主义建设中的不同地位、作用。毛泽东提出主体意识一定条件下的决定作用的思想，建立了完整的党的建设理论。邓小平则在建设有中国特色社会主义新时期发展了以解放思想为起点的主体建设理论。晚年恩格斯针对唯物史观应用过程中的公式化、简单化、机械化倾向，专门阐述了唯物史观的方法论性质和功能，说明了应用过程中应遵循的一般原则。在20世纪，从列宁对马克思和恩格斯关于"我们的学说不是教条，而是行动的指南"的名言不厌其烦地几十遍地强调，到卢卡奇提出历史唯物主义只是方法，从毛泽东强调哲学和理论研究应"以思想方法为主"，到邓小平用实事求是来概括马克思主义和毛泽东思想的精髓，都突出了历史唯物主义和整个马克思主义哲学的方法论性质和功能。最后，恩格斯晚年历史观的现代价值还表现在恩格斯理论研究中所贯彻的革命批判精神、科学精神、实践精神、开放精神和创新精神为当代马克思主义理论创新提供了重要的方法论启示。

（作者单位：安徽大学）

真理的属人性

孙宝林

　　受传统哲学教科书"符合真理论"的影响，真理具有客观性，可以说是众所周知，然而，众所不周知的是，真理还具有属人性。真理是客观的，同时也是生活的和实践的。所以，真理的权威，不仅来自客观性，也来自人们的现实生活和社会实践。

一

　　马克思主义真理观之所以从本质上有别于旧唯物主义抽象片面的真理观，是因为马克思主义自觉地将其真理植根于生活和实践的沃土之中，是现实生活和社会实践结构使其得到内化和升华，使它不再远离尘世，回归于生活和实践领域。马克思主义哲学认为，人们的知与行、理论与实践、活动和受动，只能在现实生活和社会实践中才能消除彼此间的对立，并进而消除它们作为对立面的存在。理论对立本身只能通过生活和实践的方式，借助于生活和实践的力量得到合理的解决。因为理论对立本身的解决不仅是认识的任务，而且也是现实生活的任务；不仅是理论研究的任务，同时也是社会实践的任务。马克思主义真理观突破了传统主客二元对立的思维方式，建立起以主体间社会交往为中介的主客关系的三维认识结构，从而使真理观发生了根本性的革命变革，这种三维认识结构表现为"主体—工具—客体"的形式。这种认识结构与人们的现实生活和社会实践结构具有同构性，这里的中介表现为语言和思维逻辑的认知图示，而语言和思维的逻辑结构就是人们生活和实践结构的内化和升华，在现实生活世界和社会实践领域，真善美与知情意得到内在有机统一。人们对客观世界的认识程度取决于生活和实践的深度和广度，也就是说，现实生活和社会实践的深度和广度内化并升华人们思维的层次和高度，从而使人们对事物的认识不再是一种抽象的反映和摹写的过程，而是对现实生活和社会实践结构的表征和展示。确定真理的生活形态和实践形态，不仅揭示了真理得以生成的根基，同时也明确了检验真理的标准。只有在现实生活和社会实践中才能形成主体与客体之间的对象性结构，才能使真理获得确定的内容。质言之，人们的现实生活世界和社会实践领域是真理的发祥地，也是真理权威生成的家园。所以，真理既来源于现实生活和社会实践，也检验于现实生活和社会实践。

马克思正是从黑格尔的实体即主体，真理是实体的思想中揭示了真理的属人性，认为黑格尔哲学方法的基本特质就是把实体了解为主体、了解为内部的过程、了解为绝对的人格。马克思借鉴了黑格尔哲学方法的基本特质，并将其转换为真理观的价值取向，即"真理的本质是自由"。这一命题揭示了真理是人的内在超越和外在超越的统一，真理不仅是人的存在的展开，而且与人们的现实生活和社会实践水乳交融，真理具有属人性。不错，真理的形式是主观的，内容是客观的。但是，在这里形式和内容必须是统一的，缺少任何一方都不成其为真理。只有不依赖于主体、不依赖于人、不依赖于人类的内容的东西，只能称其为是客观事物，而不能称其为真理。苹果熟了要掉在地上，而不飞到天上，这是孩子们都知道的常识，没有人怀疑，但这并不等于发现了真理，直到牛顿发现并创立了万有引力定律，人类才算认识和掌握了这个真理。"人往高处走、水往低处流"这也是客观存在，人们的主观意志无法改变这一规律，但是人们的主观意志却可以利用这一规律。水车是人造的，而不是自然生成的，人们可以凭自己的聪明才智创造出水车将水引向高处，实现造福人类社会的目的。在社会领域也是同样的道理，在日益发展繁荣的市场经济活动中，有的人在商海中屡战屡胜，成为赢家；有的人却屡战屡败，干啥赔啥。对此人们司空见惯，认为"生死有命、富贵在天"，不懂得在商品交换背后有一只"看不见的手"在起作用。直到经济学家通过研究发现了商品经济的基本的规律——价值规律，人们才算认识了这一真理。可见，马克思主义真理观不仅从客观物质运动的维度揭示了人与自然的辩证关系，而且也从人类的主体运动的维度揭示了人与世界的辩证关系，人类从自身的需要出发，充分发挥自身的聪明才智，使物按照人需要的形式和方向实现客体主体化，使世界满足人的生存和发展，把人的主体性、主体地位和主体作用高度凸显出来，彰显了真理的属人性。

真理是对人的生存状态和实践水平的描述，而追求自由是人的本性，人对自己生存和发展的种种可能性做出选择就是自由，自由是真理追求的最终目标。马克思主义哲学认为，人是主体塑造与客体约束、自律与他律、制约与超越的统一，人作为类存在物的最重要体现——自由自觉的活动。人的自由就在于他能够认识和把握他所置身的世界，并在自身的生活和实践中逐步提升主体的能力，重塑自身和提升自身，努力实现人的全面发展。人不仅只有在现实生活和社会实践领域中，才能建立对客观事物及其规律的真理性认识，而且也只有在现实生活和社会实践活动中才能发挥主体能动性，在多种生存和发展的可能性选择中实现自由。真理绝不只是人对物的单向观照，而是对主体与客体的双向观照，因为真理只有付诸人的生活和实践才能创造出一个体现人的力量的对象化世界，所以，真理直接同人的生活和实践活动相联系。探索真理的过程既是按照客体辩证运动规律能动展开和实现的过程，同时也是主体自我反观、自我调适和自我建构的活动过程。因此，真理的本质是主体认识活动与主体实践活动的有机统一，也就是自由。真理的存在和发展是属人的，真理就是人的生活和实践的真理，就是人生存权和发展权在现实生活和社会实践领域中的展开，对于实践唯物主义者即共产主义者来说，全部问题都在于使现存世界革命化，实际地反对和改变事物的现状。所以，马克思明确把未来共产主义社会界定为人的全面发展的"自由人的联合体"。

真理的存在和发展，以及真理权威的维护和弘扬是以自由为基础和前提的。对真理以及真理权威的维护都要求与权力保持相对独立，不做权力的婢女，保证追求和崇尚真理的人有宽松开放的制度环境和自由的生活。理论和实践都证明，自由为真理的存在和发展提供了最好的社会空间，在自由的土壤中真理得以存在和发展。自由与宽容生成真理，奴役与专制扼杀真理。回溯人类的历史便会发现，凡是政治相对开明、思想言论自由的时期，都是探索和发现真理最多的时期，也是真理最具有权威的时期。被德国哲学家雅斯贝尔斯称为"轴心时代"的那段历史足以说明此问题，公元前500年前后，在希腊、波斯、印度和中国几乎同时出现了一大批探索和追求真理的群体。他们用观察、体验、推理和思考等方法，力求对世界的大本大原、事物运行的客观规律、社会的设计和治理以及人生的终极价值等根本问题给予合理的解释。尽管他们的解释各有千秋，但他们共同的地方就是对本民族的文化体系进行了一次前无古人的思想梳理，并形成了各自相对独立的思想文化体系。这个轴心时代最辉煌的两大成果，就是以亚里士多德为代表的古希腊思想文化体系和以孔子为代表的中华思想文化体系。这两大成果分别成为东西方思想文化的旗帜。不难想象，如果没有"轴心时代"宽松的政治制度环境、自由和民主的政治氛围，就不会有古希腊罗马时期的思想成就，也不会有中国春秋战国时期的百家争鸣。历史的脚步步入文艺复兴时代之后，随着自由民主社会的建立和发展，西欧北美的思想文化硕果累累。无论是自然科学，还是社会科学，均独占鳌头，领世界风骚。从牛顿到爱因斯坦，从维克多·雨果到德里达，从电灯电话到载人飞船，从电脑芯片到空客380，无一例外均来自西欧北美，代表世界科学研究最高水平的诺贝尔奖，其得主90%来自有民主传统、崇尚自由的国家。在自由民主社会真理得到发展，真理的权威得以弘扬决非偶然，是事物自身发展的内在逻辑所使然。这一逻辑的核心在于，真理的探索与发现需要创造，真理权威的维护与弘扬需要胆识，无论是创造还是胆识，都需要自由和民主。自由和民主的价值就在于，激励人们解放思想、改革创新。无论是真理的探索还是真理权威的维护，都离不开言论和出版自由。只有在言论和出版自由的环境中，才能进行理性的交流和对真理的追求；只有在自由竞争空间里，才有发现真理的可能；只有在言论和出版自由受到保护的国度里，真理才能够畅行无阻，真理的战斗力和权威性才能够得到维护和弘扬。

二

　　生活和实践是人的生命活动的展开，表征着人的存在方式，人的存在是一种创造性意义上的存在，动物只能依赖自然赐予的环境本能地生存。正如马克思所说："动物是和生命活动直接同一的。它没有自己和自己生命活动之间的区别。它就是这种生命活动。而人则把自己的生命活动本身变成自己的意志和意识对象。"① 也就是说，动物的这种生命活动缺少意识环节，完全靠本能行事，因而与人的生命活动有本质的不同。现实生活世界和社会实践领域是人自己创造的有意义的世界，人的生命活动赋予生物

---

　　① 马克思：《1844年经济学哲学手稿》，人民出版社1979年版，第50页。

学的人以意义。人在创造自己有意义的世界的同时实现着人自身的历史性的发展。在社会实践中，人的生命活动呈开放状态，并从中不断地塑造着自己，确证着人的类本质，使生活在创造中生生不息。"动物只是按照它所属的那个物种尺度和需要来进行塑造，而人则懂得按照任何物种的尺度来进行生产，并且随时随地都能用内在固有的尺度来衡量对象，所以人也按照美的规律来塑造。"① 正是在这种创造性的生命活动中，人的本质及对人而言的对象的本质得到确证、肯定和显现。"对象如何对他来说成为他的对象，这取决于对象的性质以及与其相适应的本质力量的性质，因为正是这种关系的规律造成了一种特殊的、现实的肯定方式。"② 这种现实的肯定方式"只能被看作是并合理地理解为革命的实践"。真理是认识主体对现实生活和社会实践的理论表达，正因为这种表达是对人的生活和实践的真实反映，所以才具有客观性。

　　人的生存活动在实践领域展开过程中产生了两个世界：一是理论世界，二是现实世界。生成于生活世界和实践领域的真理作为一种思维的系统表达，应该也必须是理论与现实的统一。真理问题归根结底是人们的生活和实践问题，而这种生活和实践不是单个人的"经验"，而是以现实的个人为出发点的整个人类的现实生活和社会实践。所以，应该把真理理解为人的实践活动与理论活动互动的过程和结果。这样的真理是有关现实个人的，也是关乎人类社会的，是人们的现实生活和实践活动的理论提升。正因为真理是现实的人的生活和实践的真理，所以才具有权威性。

　　生活世界和实践领域是人的生存活动的产物，这种产物包括"现实的个人"、现实个人的活动和现实个人的物质生活条件。生活和实践领域的真理是："人们决心在理解现实世界（自然界和历史）时按照它本身在每一个不以先入为主的唯心主义怪想来对待它的人面前所呈现的那样来理解；他们决心毫不怜惜地抛弃一切同事实（从事实本身的联系而不是从幻想的联系来把握的事实）不相符合的唯心主义怪想。除此以外，唯物主义并没有别的意义。"③ 所以，探讨真理既不能只从现实的个人的出发，也不能只从现实的个人的活动出发，同时还不能只从现实个人的物质条件出

---

① 马克思：《1844 年经济学哲学手稿》，人民出版社 1979 年版，第 51 页。
② 同上书，第79页。
③ 《马克思恩格斯选集》第 4 卷，人民出版社 1995 年版，第 242 页。

发，应该也必须从现实的个人、现实个人的活动和现实个人的物质生活条件三者有机统一出发。正如恩格斯指出的，黑格尔哲学的真实意义和革命性质，是它永远结束了以人的思想和行动的一切结果具有最终性质的看法，并且认为真理是包含在认识过程本身中，包含在科学长期的历史发展中的。马克思在论述辩证法原则时也说："辩证法在对现存事物的肯定的理解中同时包含对现存事物的否定的理解，即对现存事物的必然灭亡的理解；辩证法对每一种既成的形式都是从不断的运动中，因而也是从它的暂时性方面去理解；辩证法不崇拜任何东西，按其本质来说，它是批判的和革命的。"① 也就是说，真理不仅在于如何反映现实，更重要的是以此为指导使人的日常生活和社会实践更具有科学的性质。

　　人从本质上而言是追求自由的，或者说，自由是人的本质。人类认识的发展过程是人不断追求真理，不断扩大自由的过程。来自生活世界和实践领域的真理是真、善、美的统一。首先，人的认识和实践活动的直接任务是求真，人是在社会实践基础上获得真理的。真理不仅提供既合乎人自由意识，又确证人主体性地位的必然性和自由度的知识，而且真理既在不同主体间具有普遍性，同时又可以在不同主体的可重复性实践中得到验证。其次，人的认识和实践活动的直接任务也要求善，求善是真理本身蕴涵的内容，人的求善活动是追求和实现价值目标的活动，是人通过改造客观世界实现人生价值和意义的活动，求善是人的内在价值尺度的运用，是人的现实生活和社会实践的价值指向。在生活世界和实践领域中，人与环境以及人的活动是互为一体的，历史地向着越来越合乎人的本性的方向展开，体现着历史和价值的统一，从而凸显了主体的创造性价值。再次，人的认识和实践活动的直接任务还要求美，美是人通过象征性地对象化自身的才能。人有别于也高于动物的地方之一，就在于人的生命活动是有意识的，所以，人可以在对象化过程和结果中获得自我欣赏的无限自由感，这种自由感是人对自身无限创造能力的追求和向往。所以，根植于生活世界和实践领域中的美，是作为生活和实践主体的人追求的目的之一。人不仅按内在的尺度进行审美活动，而且按照外在的尺度进行生活和实践，人的认识和实践活动是合目的性与合规律性的统一。真是人理智上的自由追求，善是人行动上的自由追求、美是人情感上的自由追求，而人是知、

---

　　① 《马克思恩格斯选集》第 2 卷，人民出版社 1995 年版，第112页。

情、意相统一的主体，所以，真理是求真、求善和求美三者的统一。马克思指出："事实上，自由王国只是在由必需和外在目的规定要做的劳动终止的地方才开始；因而按照事物的本性来说，它存在于真正物质生产领域的彼岸。"① 可见，现实生活世界和社会实践领域的真理不仅揭示了人的本原性、历史性、终极性和价值性，而且还体现了对人自身生存意义和价值的终极关怀。正因为真理既关照着人们的生活和实践，同时，又指导着人们创造更加美好的未来，不断提升人类生活的质量，所以，使其获得了普遍的和永恒的权威。

（作者单位：北京市社会主义学院）

---

① 《马克思恩格斯全集》第 25 卷，人民出版社 1957 年版，第926页。

人与自然的关系

陈　亮

　　人是自然进化的产物，自然与人的生存发展紧密相关。马克思指出："历史可以从两方面来考察，可以把它划分为自然史和人类史。但这两方面是不可分割的；只要有人存在，自然史和人类史就彼此相互制约。"① 恩格斯指出："人本身是自然界的产物，是在他们的环境中并且和这个环境一起发展起来的。"② 自然构成了人类生存与发展的基础，并制约着人类社会的发展。

　　作为人类生存和发展基础的自然，同时也是人类对象性的存在物。人通过对象性活动从自然界索取资源和空间，并不断地向环境排放废弃物，实现自身的生存与发展。人利用改造自然的活动要受到自然规律的制约，人对自然的每一次能动性活动，自然界都产生反作用，违背自然规律就会产生自然灾害、环境污染和生态退化，对人类的生存与发展产生负面的影响，甚至危及人类的生存。恩格斯在《自然辩证法》中指出："我们不要过分陶醉于我们对自然界的胜利。对于每一次这样的胜利，自然界都报复了我们。每一次胜利，在第一步都确实取得了我们预期的结果，但是在第二步和第三步却有了完全不同的、出乎意料的影响，常常把第一个结果又取消了。"③ 自然具有演化性、自足性、多样性和规律性的基本特性，其自身也在不断地运动，呈现出生态规律性的特征。

　　随着工业文明天使的降临，环境灾难这个魔鬼也接踵而至，对自然的良性循环和人类的生存繁衍构成巨大威胁。对当前的环境问题，具有代表

---

① 《马克思恩格斯选集》第1卷，人民出版社1995年版，第66页。
② 《马克思恩格斯全集》第20卷，人民出版社1971年版，第38—39页。
③ 同上书，第519页。

性的著作《寂静的春天》、《增长的权限》、《只有一个地球》等书中作了
比较系统的阐述，环境问题的严重性、复杂性、全球性、全人类性，引起
人们的广泛关注和深刻思考。

自然是人类赖以生存与发展的前提，人与自然的关系是一个复杂的对
立统一的关系。恩格斯早在19世纪就认识到："我们正一天天地学会更正
确地理解自然规律，学会认识我们对自然界的习常过程所作的干预所引起
的较近或较远的后果。特别自本世纪自然科学大踏步前进以来，我们越来
越有可能学会认识并因而控制那些至少是由我们最常见的生产行为所引起
的较远的自然后果。但是这种事情发生得越多，人们就越是不仅再次地感
觉到，而且也认识到自身和自然界的一体性，而那种关于精神和物质、人
类和自然、灵魂和肉体之间的对立的荒谬的、反自然的观点，也就越不可
能成立了。"① 人与自然之间的关系是发生学意义与逻辑前提的统一，人类
特有的进化方式又造就了自身的不可逆性，人来源于自然，从属于自然，
能动于自然，人与自然的关系呈现出六重性。

一　自然相对于人的先在性

大约在距今150亿年前产生了宇宙，45亿年前产生了地球，32亿年
前在地球上产生了生命——细胞，它是在地球具备了阳光、空气、水、适
宜的气温以及构成生命的各种化学元素（碳、氢、氧、硫、磷、钾、钙、
铁等），这些物质相互作用才诞生的。细胞是生命活动的基本单位，是生
命存在的形式和载体，任何生物包括人都是由细胞组成的。细胞由蛋白
质、酶、核酸等有机大分子与矿物质、水、维生素等无机物质组成，不断
新陈代谢和自我更新进行物质、能量和信息交换，演变发展形成了生物、
动植物，大约二三百万年前从类人猿群体进化到人类社会。无机物质是世
界的根源和起点，在地球上还未产生生命和人类的时候，无机自然界就已
经存在了。如宇宙中的行星、恒星、银河系、太阳系等天体，地球上的阳
光、空气、水、大地、山川、土壤、海洋等，各种化学元素和微观世界的
原子、电子、基本粒子以及夸克等，它们是无生命的在产生生命以前就存
在的客观存在。人类诞生于自然，自然先于人类存在。自然环境对人的决

---

　　① 《马克思恩格斯选集》第4卷，人民出版社1995年版，第384页。

定和制约作用，主要包括以下三个方面。

首先，人自身是自然性的存在。人来源于自然界，这已为考古学、人类胚胎学、达尔文的进化论等所证实。作为自然性存在的人，不能游离于自然而生存，必须不断地同自然进行物质能量信息的交换，正是在此意义上，恩格斯指出："人来源于动物界这一事实已经决定人永远不能完全摆脱兽性，所以问题永远只能在于摆脱得多些或少些，在于兽性或人性的程度上的差异。"①

其次，人类自身生存所必需的物质资料的生产活动依赖于自然。劳动是以人和自然之间对象性活动的过程，是人以自身的活动为中介，调整和控制人与自然之间的物质变换的过程。人类存在的方式依赖于各种自然条件——地质条件、地理条件、气候条件以及其他条件。自然环境对人及其存在的制约性变成人的存在的组成部分。

最后，自然环境对于人类的文化发生有着重大的影响。只要存在人类，就会产生作为人的适应、生成方式的文化。然而，就不同的民族以何种方式来适应外部世界确是有所差异的，这又体现出人的适应、生成方式变化的相对性。地理环境的差异，必然造成在资源、产品、活动方式上的分化，产生出不同的作为人适应外部世界方式的文化。这最为典型地体现在西方、印度和中华三大文化传统之间。当然，文化的特殊性并不仅仅表现为这三大文化之间的差异，还具体表现在不同的民族、区域，人们对外部世界的掌握的方式也不尽相同。从三大文明起源与发展看，西方文明发轫于地中海附近，是典型的海洋文化。黑格尔指出："大海邀请人类从事征服，从事掠夺，但是同时也鼓励人类追求利润，从事商业。"② 这种外部环境使人在适应中产生出"征服性"文化，这种征服主要体现为一种科学的精神和理性的把握。印度恶劣的自然环境，使印度在适应外部世界时不能够向外部积极索取，因为外部环境不像大海一样能够提供足够的食物，此时，人便向自我这一自然寻求，以征服自我为满足，产生出一种内向的反省式文化即神秘主义的宗教信仰。中华文明发端于黄河流域，土质肥沃、河水充足，只要顺应自然就可以衣食无忧，因此，作为适应此种外部环境的文化则重于"天时、地利、人和"与"天人合一"的美学追求。

---

① 《马克思恩格斯选集》第4卷，人民出版社1995年版，第442页。
② ［德］黑格尔：《历史哲学》，生活·读书·新知三联书店1956年版，第134页。

二　人相对于自然的超越性

人之所以能够实现超越，在于人具有超越的生理学基础。人是向世界开放的存在物。动物的生理特性是受自然界的"压力"而形成的，否则，该生物就不能够生存，这一点已被达尔文的"自然选择，优胜劣汰，适者生存"原理所证实。因此，动物在适应外界环境活动中产生出适应特定环境的特定的器官，这种器官之于外界环境犹如一把钥匙与一把锁的特定化关系。动物器官是封闭的、本能的存在，无所谓发展而言，有的只是适应外界环境的自然进化和点滴"改良"，而人却不同，人与其他动物有着本质性的区别。"在种系发生或个体发生方面，人都是'不完善的生物'。"①恰恰是因为人的不完善性、非专门化而成为人之所以成为人的生物基础，从而成为自然的宠儿。人和动物虽都有特定的生理结构、功能，但人的生理结构、功能并不像动物的生理结构、功能一样特定化。这种未特定化特性使人具有普遍适应一切环境的潜在的可能性。"这种不完善、未完成的非确定状态，表明人并没有被最后限定。但这正是人具有开放的普遍性的自然基础。人的非特定化、不确定性，表明人有非限定的可塑性，有可以发展普遍性的能力，来弥补在特定化方面的匮乏。"②相对于动物本能、封闭、刚性地适应外界自然不同，世界在向人开放，"人向世界开放"，人是开放性的存在物，人的自然存在和自然属性是人的智慧高级生命特征。

人的超越性主要表现在两个方面。首先是活动方式的超越。就人与自身自然的关系而言，人在获取物质生活资料并确证自己人的存在时，只能依靠人自身的自然力去作用于外部的自然，自然不会满足人，人必须以自己的行动去改造自然。劳动在为人提供其所必需的生活资料的同时，亦使人超越了自然的存在状态，具有了新的能力和品质。因此说劳动是人的存在方式，既是人的生命肉体得以存在的前提，又是人之所以区别于其他动物的根本标志。

其次，人的超越表现为意识的超越。凡是有某种关系存在的地方，都

---

① ［英］莱士列·史蒂文森：《人学的世界》，中国人民大学出版社1992年版，第219页。
② 夏甄陶：《人是什么》，商务印书馆2002年版，第101页。

是为人关系的存在。人作为自然的存在物，是能动性和受动性的存在物。正因为人感受到自己的能动性和受动性，所以是有激情的存在物。"激情、热情是人强烈追求自己的对象的本质力量。"① 激情、热情使自身同自然环境区分开来，实现了对自然环境的超越。

人作为生命的存在并不仅仅是自然的存在，而是在自然存在基础上追求创造性、超越性的存在，创造人作为人的世界、文化的世界、意义的世界。

三　人与自然的物质代谢性

系统论认为，每一个生命有机体都是一个开放系统。开放系统必须不断地与外界进行物质能量信息的交换才可以维护自身的稳定性。人也是一个开放系统，开放系统总是意味着对外部自然界（自然生存环境）的开放。只有这样，它才能与外部自然界进行连续不断的物质、能量、信息的变换，才有生命活动的新陈代谢（分为"体内"和"体外"新陈代谢），维持和保证自身的需要、生长、发展和平衡。

人与自然是通过劳动这一对象性活动为中介，来实现物质能量信息的交换的。这种交换是一种物质新陈代谢。"劳动作为使用价值的创造者，作为有用劳动，是不以一切社会形式为转移的人类生存条件，是人和自然之间的物质代谢及人类生活得以实现的永恒的自然必然性。"新陈代谢停止，生命也就结束或死亡，而死亡本身就是物质新陈代谢的过程，新陈代谢是人存在和发展的充分必要条件。

物质新陈代谢是一个"形式发生"的问题，即人造事物的形式发生。这种形式发生就是人通过自己的活动作用于自然物质，改变其现成形式，以便在对自身生活有用的形式上占有自然物质。在劳动中，人与自然界的物质交换不仅仅是物质形态的变化，它还要以自然物质本身存在的形式为根据。这种形式就是在相互作用和能量变化中分解和组合的规律，即自然物质演化的规律，它蕴含着自然物质形态转换（即新的形式发生）的可能性，但这种可能性不会也不能按照人所期望的形式转化为现实。即通过人工方法实现的自然物质的形式变换具有人为的价值和意义，能够满足人的

---

① 《马克思恩格斯全集》第42卷，人民出版社1979年版，第169页。

需要。如人类社会创造的各种物质财富、高楼大厦、交通工具、杂交水稻、转基因食品等。

人与自然之间的物质代谢内涵广泛。岩佐茂认为："在把人的生活看成是'人和自然之间的物质代谢'的情况下，人通过劳动获得自然物，把自然物作为对人有使用价值的东西（产品），通过消费把它作为废弃物排给自然，这一全过程可以看作是'人和自然的物质代谢'。这种情况下的'人和自然的物质代谢'，既包含了人以劳动为'中介'、'获得自然'的这个侧面（社会的同化），也包含了'使人以衣食住行形式消费掉的土地的组成部分不能回到土地'这个侧面（社会的异化）。"①

物质代谢不仅发生在人与自然之间，而且人与人之间、人自己体内都在不断进行物质能量和信息交换。同时，它还通过生产生活的变化进一步影响人与自然之间的关系，在生活中，把废弃物留给自然；在生产中，把废弃物排放到自然之中，当矛盾积累到一定程度时，在人与自然之间呈现出尖锐的冲突。因此，从此意义上看，环境问题不能仅仅从狭隘的生产的角度去理解，还应该从生活中去理解，实现人与自然之间的正常的、合理的物质代谢。

四　人与自然的双向适应性

人与自然之间是双向适应的关系，因为二者都是开放系统，需要不断地进行物质、能量、信息的交换。当人不能适应自然之时，人也就丧失了自己存在的自然基础；当自然环境不能承受人之沉重之时，地球也以自身的墒不断增加而导致热寂，人与自然将陷入共同灭亡的危境之中。就人与自然的双向适应而言，主要包含两种不可解、不可分的双向适应，自然层次上双向适应和人为方式的适应，而人为方式的适应是以自然方式的双向适应为基础的。

人直接地是一种自然存在物，要适应自然的变化。一方面，人是地球的产物，这意味着人适应地球的环境而产生。另一方面，地球是不断演化的，人类也不断适应着地球在其演化过程中所形成的自然条件。这是人与自然在自然层次上的相互适应。

---

① ［日］岩佐茂：《环境的思想》，中央编译出版社 2006 年版，第 110 页。

"人与自然界之间双向适应的根本方式不是自然的适应，而是按人的方式实现的、渗透人文精神的、具有文化的性质和内涵的适应。"① 人与自然是通过对象性活动实现物质、能量、信息的交换。这种对象性活动并不是单一的、片面的，而是全面的、丰富的。人所进行的活动的尺度是全面的，不仅包括"任何一个物种的尺度"，自己的"内在尺度"，而且还实现"美的尺度"。"任何一个物种的尺度"强调的是人对外在对象存在的真理性认识，动物对于外界的关系是狭隘的，人则是通过实践活动不断地认识、通达外在事物的真理性，扩展着外在事物的范围，使人与外部世界的关系趋向丰富。人的"内在尺度"强调人的活动的自觉性。如是，人的活动就摆脱了动物的本能性，人与外界的关系就从动物与外界的适应、顺从转化到适应与掌握，这体现出人的能动性、特殊性。更为重要的是，人的活动追求真善美，是可以按照"美的尺度"进行的活动，从而超越了单纯的外在尺度与内在尺度，实现了内在尺度与外在尺度的统一，主体的尺度与客体尺度的统一。

一方面，人要适应自然，即通过认识自然，把握自然，掌握自然。实践活动首先是一种合规律性的描述性活动。人作为自然的存在物只有从事感性的活动才能生存，实践的对象、手段、结果以及实践活动本身都是不以人的意志为转移的。人要遵循客观的规律，其实是对自然的遵循和适应。

另一方面，自然适应人的需要。凡是有某种关系存在的地方，都是为我关系。实践活动还具有明显的为我性，作为一种价值判断超越事实判断，使实践活动朝着符合人的目的的方向前进。岩佐茂指出："变革自然，也存在两种情况。其一是基于'支配自然'观念所进行的变革自然的活动。其二是立足于控制人与自然关系的视点所进行的变革自然的活动。在这种场合，'共同控制'人的力量以及基于这种力量之上的活动是特别重要的。"②

人与自然的相互适应性表明二者的相互进化。二者通过相互依赖的合作关系，通过适应性选择和制约，在人类建设自己高度物质文明和精神文明的同时，维护健康的生态和谐，共同进化。当然，自然不会主动地适应

---

① 参见夏甄陶《论人与自然界之间的适应关系》，《中国人民大学学报》2003 年第 6 期。
② ［日］岩佐茂：《环境的思想》，中央编译出版社 2006 年版，第 207 页。

人，人与自然的双向适应关系在于人的自觉。实践不断地引导着人们的实践活动的展开，规范着人们的活动向着合乎目的的方向前进。

五　人与自然的社会历史性

人与自然的关系是存在论意义上的关系。在马克思看来，离开人的活动看待自然是一种虚无。同时，自然并没有淹没在历史之中，虽然人们主要关注人类史，但自然史和人类史总是相互交织在一起的。传统哲学往往关注于一个方面，而把另一方面给遮蔽起来，尤其是在关于人类史的观点上，传统的意识形态不是曲解人类史，就是撇开人类史，从而不能对历史和自然做出恰当的说明。正如马克思、恩格斯所指出的，"'自然和历史的对立'，好像这是两种互不相干的'事物'，好像人们面前始终不会有历史的自然和自然的历史……这是一个产生了关于'实体'和'自我意识'的一切'高深莫测的创造物'的问题"。① 然而，"如果懂得在工业中向来就有那个很著名的'人和自然的统一'，而且这种统一在每一个时代都随着工业或慢或快的发展而不断改变，就像人与自然的'斗争'促进其生产力在相应基础上的发展一样，那么上述问题也就自行消失了"。②

可见，自然并不是抽象存在的自然，历史并不是纯粹的历史，自然是历史的自然，历史是自然的历史，现实是自然历史的统一体。自然与历史的关系是在对象性活动中不断生成的。自然，一方面，只有在人类历史中即在人类社会的形成过程中生成的自然界，才是人的现实的自然界，真正的自然界。"整个所谓世界历史不外是人通过人的劳动而诞生的过程，是自然界对人说来的生成过程。……因为人和自然界的实在性，即人对人说来作为自然界的存在以及自然界对人说来作为人的存在，已经变成实践的、可以通过感觉直观的，所以，关于某种异己的存在物、关于凌驾于自然界和人之上的存在物的问题，即包含着对自然界和人的非实在性的承认的问题，在实践上已经成为不可能的了。"③ 另一方面，自然只有进入历史领域中才具有现实性，"在人类历史中即在人类社会的产生过程中形成的

---

①　《马克思恩格斯选集》第 1 卷，人民出版社 1995 年版，第 76 页。

②　同上书，第 76—77 页。

③　《马克思恩格斯全集》第 42 卷，人民出版社 1979 年版，第 131 页。

自然界是人的现实的自然界"。①

　　人与自然在对象性活动过程中不断生成的统一关系，是一种具体的、社会的、历史的统一。人与自然的社会历史性典型地体现在社会形态中。人类社会形态分为三个阶段，即人的依赖性社会、以物的依赖性为基础的人的独立性社会和人的自由个性社会，在不同的社会形态中，人与自然的关系是不同的。在人的依赖性社会阶段中，自然界直接为人类提供生活资料，自然界只是作为一种完全异己的、有无限威力的和不可制伏的力量与人对立，还没有被生产力发展的历史进程所改变，人与自然之间处于浑然的统一状态中，是一种狭隘的同一性关系。

　　在以物的依赖性为基础的人的独立性社会中，"创造出社会成员对自然界和社会联系的普遍占有"。② 生产对象不仅包括直接的自然存在，还包括打上人们意志与烙印的人化自然；生产范围不再仅仅局限于狭隘的地点，而是"资本"到处安家，实现资本生产的"城市化"与"全球化"的空间布局；生产工具不再是原始的天然或科技化程度不高的工具，而是采取科学技术的物化形态；生产的目的不再是获取使用价值，而是要攫取更多的剩余价值。在此过程中，自然的神秘面纱逐渐被人们所揭去，从"在"沦为"在者"，成为人的有用物和开发掠夺的对象，人与自然、人与人之间的关系处于尖锐的对立之中，引发沉重的生态环境危机，随着对工业文明的不断反思，人们逐渐认识到人与自然之间和谐的必要性，并找寻新的发展道路。这使人与自然环境之间的明显对立虽然有所缓和，但由于资本本性的贪婪与自私，并不能根本改变这种状况。

　　在人的自由个性社会阶段，由于实现了真正的社会革命，"社会化的人、联合起来的生产者，将合理地调节他们和自然之间的物质变换，把它置于他们的共同统治之下，而不让它们作为盲目的力量来统治自己，靠消耗最少的能量，在最无愧于和适合于他们的人类本性的条件下来进行这种物质交换"。③ 在未来的共产主义社会，人正确地认识自然，合理地改造自然，恰当地利用自然，科学地保护和美化自然，使人与自然、人与人关系达到真正的和谐状态，实现人自由而全面的发展，达到身心和谐。

---

① 《马克思恩格斯全集》第42卷，人民出版社1979年版，第128页。
② 《马克思恩格斯全集》第46卷（上），人民出版社1979年版，第104页。
③ 《马克思恩格斯全集》第25卷，人民出版社1975年版，第926页。

六　人与自然的价值统一性

人与自然之间是一种对象化关系，在这种关系中，人与自然呈现出价值的统一性。

马克思指出，人直接地是自然存在物，人靠自然生活。"在实践上，人的普遍性正表现在把整个自然界——首先作为人的直接的生活资料，其次作为人的生命活动的材料、对象和工具——变成人的无机的身体。自然界，就它本身不是人的身体而言，是人的无机的身体。人靠自然界生活。这就是说，自然界是人为了不致死亡而必须与之不断交往的、人的身体。所谓人的肉体生活和精神生活同自然界相联系，也就等于说自然界同自身相联系，因为人是自然界的一部分。"①

把人的自然存在与外部自然连接与结合起来的是对象性劳动。马克思把自然作为人的无机的身体说明，"作为自然的存在的人是由于自然而成为有生命的东西的，为了不死必须同自然相互联系……把自然作为'人的无机的身体'来把握是和人通过生产劳动来作用于自然这一点相联系的"。②

不仅人的物质生活依赖自然，精神生活也依赖于自然，自然成为人的精神的无机界。"从理论领域说来，植物、动物、石头、空气、光等等，一方面作为自然科学的对象，一方面作为艺术的对象，都是人的意识的一部分，是人的精神的无机界，是人必须事先进行加工以便享用和消化的精神食粮。"③ 科学以外部的客观存在为对象，探寻客观事物的内在本质、规律，通过认知内化为人的意识，提升人的认识范围。事物形象性不但以其自然属性给人美学的快感，还能够以其所表达的社会意义引起人们精神上的愉悦，使人们的审美能力与创造美的能力不断扩大、丰富，提升人的本质力量。

自然由于人的劳动而成为属于人的存在，人通过对象活动使外界自然和自身自然得以改变，在对象性活动的过程中实现着人自身的发展，实现

---

① 《马克思恩格斯全集》第 42 卷，人民出版社 1979 年版；第 95 页。
② ［日］岩佐茂：《环境的思想》，中央编译出版社 2006 年版，第 106 页。
③ 《马克思恩格斯全集》第 42 卷，人民出版社 1979 年版，第 95 页。

着自然的人本主义和人的自然主义的有机统一。"自然界的人的本质只有对社会的人说来才是存在的；因为只有在社会中，自然界对人说来才是人与人联系的纽带，才是他为别人的存在和别人为他的存在，才是人的现实的生活要素；只有在社会中，自然界才是人自己的人的存在的基础。只有在社会中，人的自然的存在对他说来才是他的人的存在，而自然界对他说来才成为人。因此，社会是人同自然界的完成了的本质的统一，是自然界的真正复活，是人的实现了的自然主义和自然界的实现了的人道主义。"①可见，人与自然之间具有并将实现一种价值统一性。

物质、能量、时间、空间、系统（层次、结构）、信息（意识）的相互作用、交换、转化是生命和人类的基本属性和存在方式。自然相对于人的先在性强调了自然的客观性以及自然对人的制约性；人相对于自然的超越性突出了人作为人的主体性和能动性；人与自然之间的物质代谢性表明了二者之间的中介和形式发生性；人与自然之间的双向适应性突出了人与自然之间关系的互动性，人与自然之间的社会历史性说明了人与自然之间的历史变迁性；人与自然之间的价值统一性说明了人与自然之间的价值关系。人与自然之间的六重属性，根源于人的自身存在的二重性，肇始于人的类特性。由于人是个体、群体、类存在的统一体，是过去、现在、将来的连续过程，是区域、民族、国别、全球范围的结合体，实践活动是功利性、价值性、审美性的统一体，人在实践活动中，由于各自的差异以及理性的不完备，社会的不自觉，制度的不健全等原因，使实践活动的工具性、价值性之间呈现出一种断裂，蕴含着环境危机发生的可能性，在特定的社会制度下，引发实践活动的反主体性效应逐渐地扩大，导致其环境危机的全面发生。

（作者单位：国家环保部）

---

①　《马克思恩格斯全集》第 42 卷，人民出版社 1979 年版，第 122 页。

意识形态概念的历史演变

吴　恒

　　"意识形态"并非是一个久远的概念，但自其降生始，就成为近现代思想脉络的关键词。意识形态概念的进化史已经表明了这一点。从呼吁去"假象"之蔽，到倡导意识形态为虚假存在的各种识见，再到宣扬意识形态"终结"的纷纷扰扰，总有人以意识形态为"名"，赋予它不同的内涵和意义。本文拟从思想史的角度对这一概念的历史演变过程作一番考察，并就其演变提出自己的看法。

一　起源："去蔽"

　　虽然意识形态概念来源于法国哲学家安东尼·德斯图德·特拉西，但是作为哲学史上的一个重要概念，对其最初的猜测和思考早已为更早的哲学家们所洞见。这其中突出的是英国哲学家弗朗西斯·培根。

　　培根以其独有的真知灼见，试图通过对人类知识的重新改造，实现科学"伟大的复兴"。培根认为，要清除认识道路上的障碍，就要打破神学蒙昧主义，铲除认识上的各种偏见和幻想，也即各种"假相"。"假相说"彰显了意识形态的个中消息，成为意识形态概念降生的第一个先兆。① 培根认为，劫持着人类理解力的假象共有四类：族类的假象、洞穴的假象、市场的假象和剧场的假象。所谓"族类的假象"根植于人这一族或这一类中，因而，人们总是倾向于以个人的感觉为尺度，在反映事物时就会掺入了自己的觉知而形成某种偏见；所谓"洞穴的假象"是"各个人的假象"，由于每个人所受到的教育程度不同，所阅读的书籍或崇拜对象不同，以及心态不同，从而在认识活动中形成某种偏见；所谓"市场的假象"是

---

　　① 俞吾金：《意识形态论》，人民出版社 2009 年版，第 19 页。

基于人们日常交往中所选用文字的好坏形成的某种偏见；所谓"剧场的假象"是从哲学的各种各样的权威教义、思想体系以及一些传统观念和错误的论证法则移植到人们心中来所形成的某种偏见，这类假象只不过是人们创造出来的一出出舞台剧，表现着人们所臆造出来的一些世界。① 这样，人类的理解力就会遭遇到种种障碍和扰乱。如何破除或清除这些假象，使理解力得到彻底的解放和涤洗？培根给出了答案，他认为，最好的逻辑方法，就是诉诸经验归纳，"一个安排妥当的方法呢，那就能够以一条无阻断的路途通过经验的丛林引达到原理的旷地"。② 显而易见，培根的"四假象说"是对经院哲学的有力攻击，他提出的"真理是时间的女儿而不是权威的女儿""知识就是力量"都是去各种"假象"之蔽的有力武器。

这之后，洛克、孔狄亚克、爱尔维修以及伏尔泰、孟德斯鸠、狄德罗、卢梭等人围绕思想解放，从"自然状态"、"三权分立"、"社会契约"等方面，批判了种种神学的、哲学的、道德的、人性的和法的偏见，从而为意识形态概念的诞生提供了思想上的准备和理论上的出发点。如伊格尔顿所说，"意识形态概念像现代世界的许多东西一样，是启蒙运动的遗产。"③

二　诞生："还原"

法国哲学家特拉西是哲学史上提出"意识形态"概念的第一人。他认为，要破除和纠正宗教和形而上学的错误和偏见，就要建立一门新的科学——Ideology——从字面上说就是"观念学"，这是一种包罗对事物的观念与感知的"科学之科学"，将为一切科学知识提供坚实的基础。

一般认为，特拉西提出"意识形态"概念的时间是1796年，④ 但他真

① ［英］培根：《新工具》，许宝骙译，商务印书馆1984年版，第18—21页。
② 同上书，第60页。
③ ［英］特里·伊格尔顿：《历史中的政治、哲学、爱欲》，马海良译，中国社会科学出版社1999年版，第78页。
④ 参见［英］约翰·B.汤普森《意识形态与现代文化》，高铦等译，译林出版社2005年版，第32页。汤普森在该书中认为，特拉西是1796年在道德伦理与政治科学部发表的一系列回忆录中谈到意识形态的。据布莱恩·海德的研究，"意识形态"一词第一次出现在英语刊物《每月评论》中，该刊物报道说："特拉西宣读了一篇关于形而上学命名术的论文，提出要创立观念哲学，即意识形态。"参见 B. W. Head, "The Origin of 'Ideologue' and 'Ideologie'", Studies on Voltaire and the Eighteenth Century 183 (1980), p.264. 但也有学者认为，特拉西提出意识形态概念的时间是1797年，参见［英］大卫·麦克里兰《意识形态》，孔兆政、蒋龙翔译，吉林人民出版社2005年版，第7页。

正对"观念学"系统建构的是在他于 1803—1815 年间创作的《意识形态的要素》（*Elements of Ideology*）中，在该书中，特拉西研讨了思想、感觉、记忆与判断等官能，以及习惯、动作和意志等。① 在他看来，人类的感觉器官至关重要，是知识产生的生理学基础。人们的感觉器官越有力，越能获得理解、判断和推理等思想活动能力。我们之所以要拒绝和排除宗教和形而上学等权威的知识，就在于这些观念还无法还原为人们的感觉。"意识形态的唯一任务正是这种包罗万象的还原"。② 因而，在特拉西看来，人们通过感觉器官从外部世界中获得的感觉经验是"观念学"的基础和出发点。在诸如经济学、政治学、伦理学和教育学等学科中的观念如果不能还原为人们通过这样的还原获得感觉经验，那就是虚妄的，就不属于意识形态的范围。特拉西因此竭力主张意识形态在社会、政治和教育上的革命性作用。这就使得意识形态在语义上不仅有了认识论上的意义，而且有了价值功能上的意义——意识形态与政治相连。正是这种相连，导致意识形态一词向贬义转变。意识形态开始丧失了批判性和建设性，由"去蔽"转向"遮蔽"，而这一切的发生是与拿破仑分不开。

特拉西不仅是一名哲学家、意识形态家，还是一名政治家。在拿破仑上台执政后，特拉西成为法国参议院议员。在拿破仑刚执政时，围绕在特拉西周围的一帮意识形态家是拥护拿破仑的，但这样的关系并没有维持多久。由于特拉西的政治理念与他的哲学思想一样，拒绝传统，批判宗教，崇尚自由、民主，这就与妄想恢复帝制的拿破仑的意图相悖。当拿破仑强化中央集权、树立宗教权威，追逐自己独裁野心时，拿破仑开始指责意识形态家们的不合作态度和行动，指控他们是错误地认识社会和政治现实的"玄学家"、"空谈家"，不仅是政治动乱的煽动者，也是秩序、宗教和国家的破坏者。意识形态一词由此被打上了知识上贫乏、实践上愚昧、政治上危险的烙印，即使到了后拿破仑时代的波旁王朝复辟时期，仍然遭到保守派、保皇派、复辟派理论家们的抵制和批判。

意识形态概念起源于经验主义传统，强调经验观察，以对真理作玄想

---

① ［英］约翰・B. 汤普森：《意识形态与现代文化》，高铦等译，译林出版社 2005 年版，第 33 页。

② Hans Barth：Wahrheit und Ideologie, Frankfurt：Suhrkamp Verlag, 1996，S. 16. 转引自俞吾金《意识形态论》，人民出版社 2009 年版，第 29 页。

式的阐释。不仅如此，它也联系着启蒙运动的理想，其最初的意义是积极的、进步的。这就必然和政治紧密相连。至 18 世纪初，它已被等同于一种具有意识形态倾向性的"政治学说"。

三　发展："乱象"

意识形态概念后，就一直备受关注。哲学家们、社会学家们、政治学家们从不同角度、运用不同方法对意识形态的概念、性质、功能、作用等问题进行深入揭示，但意识形态的内涵始终"飘忽不定"。即使它遭到质疑，也总能巧妙地改头换面，呈现出一幅"乱象""场景"。这里就以相关研究成果为例进行说明。

意识形态概念内容丰富而又难以把握，用英国学者大卫·麦克里兰的话来说，"意识形态在整个社会科学中是最难以把握的概念。"[1] 伊格尔顿也指出："没有一种意识形态概念获得该领域理论家们的普遍认同……可以毫不夸张地说，有多少意识形态理论家就有多少意识形态理论。"[2] 那些企图反对和拒绝意识形态概念的理论家们总是又"从后门把这个概念放了进来"。[3] 意识形态就这样如影随形地追随在不同时代、不同人的前后左右，"种种事实表明……没有意识形态的种种表象体系，人类社会就不能生存下去。"[4] 但这一概念"乱象"的背后遵循着某种特定的发展路径。如麦克里兰认为，两百年来，意识形态的发展主要有两条可以辨明的路径，一条是由意识形态术语本身即特拉西的理性主义观点，后经迪尔凯姆到近来结构主义、经验主义加以修订的路径，它强调运用包括自然科学方法在内的科学方法进行经验观察，获得真理。另一条路径起源于德国，最初与黑格尔、马克思联系在一起，经由曼海姆到哈贝马斯。它认为自然科学的方法不适用解决社会问题，也没有什么其他的"客观的"方法获得真

---

① ［英］大卫·麦克里兰：《意识形态》，孔兆政、蒋龙翔译，吉林人民出版社 2005 年版，第 1 页。

② ［英］特里·伊格尔顿：《历史中的政治、哲学、爱欲》，马海良译，中国社会科学出版社 1999 年版，第 94 页。

③ ［英］Jorge Larrain：《意识形态与文化身份》，戴从容译，上海教育出版社 2005 年版，第 2—3 页。

④ ［法］阿尔都塞：《保卫马克思》，顾良译，商务印书馆 2006 年版，第 228 页。

理，社会是处于不断变化之中，要创造真理。①

也有学者从意识形态被赋予的感情色彩入手，对意识形态的发展路径进行勾勒。如英国学者雷蒙德·盖斯（Raymond Geuss）认为，意识形态的发展形成了三种类型：描述性意义（或中性意义）、积极性意义（或褒义意义）与批判性意义（或贬义意义）上的意识形态。描述性意义上的意识形态是一种对社会的结构、功能和特征进行描述和解释所形成的文化体系，这种描述和解释是中性的、客观的，不带任何意识形态偏见，不论真假，不作价值判断。他指出，曼海姆的"总体意识形态"就是描述性意义上的意识形态。② 积极性意义上的意识形态是某群体成员对某一特定社会所期望的文化体系或世界观，是建设性的意识形态。盖斯认为，列宁提出的"建立工人阶级的意识形态"就是积极性意义上的意识形态，它表达既非认识论意义上的意识形态，也非虚假的意识形式，而是能对工人阶级的解放斗争具有指导作用，能促使他们去重建美好社会的信仰和态度。批判性意义上的意识形态是告诉社会主体被迷惑并力图使他们从这种迷惑中清醒过来的意识形态，包括认识论意义上的虚假意识、社会功能意义上的用来维护阶级统治的思想、发生学意义上的具有一定社会根源和心理根源的幻象。盖斯认为，马克思的意识形态概念、法兰克福学派所批判的作为科学和技术的意识形态就是这种意义上的意识形态。

与之相类似，汤普森认为，各种意识形态概念可以分为两大基本类别：一是"意识形态的中性概念"，这一概念只是意味着一些现象的特点是意识形态或意识形态的，而不是说这些现象必定是幻想的、虚假的或者与特定集团的利益相一致的。它只是社会生活中的一个方面，对任何取得和使用它的人开放。特拉西、列宁、卢卡奇和曼海姆（总体概念）提出的意识形态概述都具有这一概念的特性，当代大多数研究意识形态的作家——从马丁·塞里格到克利福德·格尔茨，从阿尔文·古尔德纳到路易·阿尔都塞，也都使用了这一概念的某些内容。二是"意识

① ［英］大卫·麦克里兰：《意识形态》，孔兆政、蒋龙翔译，吉林人民出版社2005年版，第12页。

② 盖斯认为，曼海姆的意识形态是一种纲领意义上的意识形态。盖斯把具有广泛功能的意识形态称为"纲领性意义上的意识形态"，这种意识形态发挥了一种电脑程序的功能，能把各种包含了一定的价值尺度的理论、观点、思想转换为行动，即意识形态发挥了一个行动纲领式的作用。参见王晓升、李燕《盖斯意识形态的三种类型》，《中共浙江省委党校学报》2008年第3期。

形态的批判性概念"，这一概念意味着把一些现象的特点视为意识形态，就带有对它们的批判或谴责，它传达的是负面的、批判的、贬义的意思。拿破仑、马克思和曼海姆的概念（曼海姆的特殊概念）则都是批判性概念。[1]

此外，意识形态概念的发展还可分为马克思主义传统、非马克思主义传统；科学主义阐释路径、人本主义阐释路径；等等。但即使这样，进行这样的划分也是相对的，因为"'意识形态'这个词本身彻底被意识形态化了"。[2] 人处在社会中，任何宣称不带有任何偏见的主张和行为也都意识形态化了，正如现象学大师海德格尔所说，任何理解活动都基于"前理解"。与此喻境一样，人们在阐释意识形态之前，就已打上了某种意识形态的烙印。这在 20 世纪意识形态实践中尤为明显。

四　"终结"："矛"与"盾"

20 世纪马克思主义从理论到实践，使得意识形态领域成为西方敌对势力对社会主义国家西化、分化的前沿。一些资产阶级政客、学者断言马克思主义意识形态已"过时"、"无用"，宣称共产主义已被战胜，叫嚣社会主义时代已"终结"。然而，事实上却是资本主义一直处于"危机"之中，甚至经常性地处于"垂死"阶段。于是，马克思主义者和其他一些非马克思主义学者与他们展开了一场从理论到实践的全方位的论战，形成了一个"矛"与"盾"式的"攻"与"守"的战场。

对于一些自由主义政客、学者来说，意识形态是马克思主义、社会主义的代名词，甚至是和法西斯主义并列的"极权主义"的代名词。安德鲁·文森特就曾指出，一些西方资产阶级学者，"如达伦多夫、塔尔蒙、克里克、汉娜·阿伦特、卡尔·波普尔和雷蒙·阿隆等人都用各自不同的方法论述了'极权化的意识形态'和封闭的社会（法西斯主义和社会主义）"。[3] 与上述论断的内容相呼应的是一股在美国兴起的"意识

---

① 参见［英］约翰·B·汤普森《意识形态与现代文化》，高铦等译，译林出版社 2005 年版，第 59—62 页。

② ［美］克利福德·格尔茨：《文化的解释》，韩莉译，译林出版社 1999 年版，第 231 页。

③ ［澳］安德鲁·文森特：《现代政治意识形态》，袁久红等译，江苏人民出版社 2005 年版，第 15 页。

形态终结"论思潮。这股思潮的代表人物是丹尼尔·贝尔、马丁·李普塞特、爱德华·希尔斯等人,他们认为:"意识形态现在已经逐渐走到了死亡的终点。"20 世纪末,这股思潮随着以"西方中心主义"为特征的全球化的强势推进,又以"新"的面目粉墨登场。如美国学者弗朗西斯·福山发表了论文"历史的终结?"并在不久出版《历史的终结及最后之人》,该著作以冷战思维把矛头对准社会主义意识形态,宣称近代的共产主义已被战胜(或已灭亡),资本主义的自由民主制度是"人类意识形态发展的终点","人类最后一种统治形式",并因此构成"历史的终结"。①

对于马克思主义者来说,帝国主义的产生为资本主义自己敲响了最后的丧钟。两次世界大战不仅暴露了资本主义制度固有的矛盾和弊端,也打开了资本主义世界体系的缺口。马克思主义在俄国和世界多个国家的纷纷胜利,让马克思主义者更为坚信资本主义已是"垂死的资本主义"。因而,对资本主义的批判对共产主义的探索成为马克思主义者的历史使命。面对资本主义的变化,他们不仅从理论上对意识形态"终结论"予以坚决的批判,还从理论和实践上对马克思主义作出了发展。

20 世纪是马克思主义蓬勃发展的世纪,马克思主义经由了一个从"一"到"多"的多重发展路径。一些新的马克思主义研究流派和代表人物不断涌现,使马克思主义的影响不断扩大,如沿着早期西方马克思主义展开的法兰克福学派的"批判理论"、结构主义的马克思主义、女权主义的马克思主义、存在主义的马克思主义、生态学的马克思主义、世界体系的马克思主义、后马克思主义以及晚期马克思主义等。这些流派的代表人物无一不是西方乃至世界具有重要影响的思想家,他们以其深邃的思想、独到的眼光,驳斥了"马克思主义终结论"的神话。例如哈贝马斯说,"东欧剧变和苏联的变化,并不意味着社会主义的失败。……21 世纪的社会主义仍然有着广阔的前景"。② 还如,在马克思主义终结论喧嚣中坚定自己是一个马克思主义者的伊格尔顿,他基于马克思主义对现代性的继承、批判和重建中的独特贡献,论证"马克思为什么是对的",指出"唯独马

---

① 〔美〕弗朗西斯·福山:《历史的终结及最后之人》,黄胜强、许铭原译,中国社会科学出版社 2003 年版,代序第 1 页。

② 转引自李其庆、季正矩《从国际马克思主义大会看西方左翼马克思主义的研究》,《当代世界与社会主义》2004 年第 6 期。

克思主义鲜明地坚持了辩证法思想。"① 再如，晚期马克思主义者凯尔纳，他在 1993 年专门撰文反驳了"马克思主义过时了吗"的问题，他认为，把苏联解体和马克思主义的终结等同起来，这是极其荒谬的。"马克思主义仍然在为解放资本主义社会的当代发展提供理论来源，并且包含着仍然能够帮助我们争取改造当代资本主义的政治来源"，因此，"我认为，马克思主义仍然具有对现时代进行理论概括和批判现时代的资源"。②

面对各种马克思主义"终结论"，一些非马克思主义的西方学者也给予了反驳。如德里达向世人提出了"不能没有马克思，没有马克思，没有对马克思的记忆，没有马克思的遗产，也就没有将来"③ 的忠告；还如安东尼·吉登斯所说："我们不能简单地放弃推动他们（马克思、恩格斯）前进的那些价值和理想，因为这些价值和理想中有一些是为我们的社会和经济发展所要创造的美好生活必不可少的。"④ 再如，美国著名经济学家海尔布隆纳说："只要资本主义存在着，我就不相信我们能在任何时候宣布他（马克思）关于资本主义内在本性的分析有任何错误。"⑤

综上，围绕"意识形态终结"这一主题，形成了一条自 20 世纪以来的意识形态的独特的运行发展轨迹。自由主义者、马克思主义者、非马克思主义者，沿着自由主义和马克思主义、工具主义和人本主义，以及现代主义、后现代主义等逻辑进路展开了一场史无前例的大论战。就这样，意识形态被不同立场的人赋予不同的意识形态色彩。

五　几个结论

自意识形态概念诞生到发展，感情色彩在中性、褒义、贬义间变动。

---

① ［英］特里·伊格尔顿：《历史中的政治、哲学、爱欲》，马海良译，中国社会科学出版社 1999 年版，第 78 页。

② ［美］道格拉斯·凯尔纳：《正统马克思主义的终结》，俞可平主编：《全球化时代的"马克思主义"：九十年代国外马克思主义新论选编》，中央编译出版社 1998 年版，第 27 页。

③ ［法］雅克·德里达：《马克思的幽灵：债务国家、哀悼活动和新国际》，何一译，中国人民大学出版社 2008 年版，第 15 页。

④ 转引自李其庆、季正矩《从国际马克思主义大会看西方左翼马克思主义的研究》，《当代世界与社会主义》2004 年第 6 期。

⑤ ［美］海尔布隆纳：《马克思主义：赞同和反对》，易史信、杜章智译，中国社会科学院情报研究所 1982 年版，第 62 页。

总结这一变动所形成的论域的演变，可以得出如下几点结论：

意识形态从理论走向现实生活。意识形态诞生于特拉西建立的能包罗观念与感知的"科学之科学"，在马克思的视野中，意识形态的形式也还只是限于观念的上层建筑领域。但在 20 世纪意识形态已走进生活的方方面面。法兰克福学派的意识形态批判更是宣称意识形态对生活的驾驭和控制已经"遮蔽"了日常生活的本来面目。这与列斐伏尔提出的"日常生活批判"有异曲同工之处。所不同的是，列斐伏尔不同意马尔库塞关于日常生活单向度的看法，在他看来，日常生活虽然具有压抑的一面，却也隐含着否定、变革和颠覆的潜能。① 而在当今社会，随着全球化、网络化的兴起，意识形态通过经济、政治、文化的交流，已打破国与国之间的界限，人的社会关系、工作和生活方式、人的思想观念等现代人的生存方式的意识形态化已成为常态。

意识形态的话语权不断拓展。意识形态诞生后不久就被赋予了"虚假性"的贬义色彩。但到了 20 世纪，意识形态的内涵已具有褒义的性质。从葛兰西的"文化领导权"到拉克劳、墨菲的"话语领导权"，从社会主义革命到社会主义国家的建立，无产阶级的阶级意识、社会主义的意识形态话语及话语权已具备很强的说服力和战斗力。正如葛兰西指出的那样，"社会集团的领导作用表现在两种形式中——在'统治'的形式中和'精神和道德领导'的形式中"。② 后一种形式就体现为意识形态话语权。话语权掌控在谁手里，社会舆论的走向就掌握在谁的手里。特别是在现代国家，在"意识形态不仅充当凝聚国内民众人心的'水泥'、'黏合剂'，而且作为赢得海外消费者青睐的'国际品牌'和'畅销商品'"③ 的背景下，更要重视意识形态的先导性，拓展社会主义主流意识形态的话语权。

意识形态的政治功能得以强化。到了 20 世纪，自列宁赋予马克思意识形态概念褒义性质、社会主义从理论到实践以来，西方学者就越来越趋向于从"主义"的角度来分析和说明意识形态，使得意识形态的政治功能不断强化。从"意识形态终结论"到"历史的终结"，马克思主义意识形态遭到了一些别有用心的西方资产阶级学者、政客的歪曲否定，意识形态

---

① 周宪：日常生活批判的两种路径，《社会科学战线》2005 年第 1 期。

② ［意］葛兰西：《狱中札记》，人民出版社 1983 年版，第 316 页。

③ 侯惠勤：《意识形态的变革与话语权》，《马克思主义研究》2006 年第 1 期。

领域成为他们"西化"、"分化"社会主义国家图谋的主战场。"苏东剧变"后，资产阶级学者和政客更是把全部精力放在"妖魔化"中国、"和平演变"中国上来，极力反对，甚至歪曲和攻击马克思主义和社会主义，妄图用西方的一套价值体系及标准，摧毁我国社会主义意识形态堡垒及其价值观念体系。在这样的背景下，牢固树立和维护社会主义主流意识形态的权威，构筑思想防线，抵御资本主义意识形态的侵蚀，就成为思想观念上应当解决的首要的紧迫的问题。

（作者单位：扬州大学）

领导理论问题研究

领导观的定义、结构和作用浅论

刘要停

观念的引领作用已经引起了人们的重视。改革开放 30 年来，经济社会和人民的思想观念都发生了巨大的变革，这是时代的呼唤、实践的需要和人民的要求，更是党的历届领导集体正确领导的结果。正是由于思想观念的变革，才重新界定了社会主义的本质，使工作重心转移到以经济建设为中心得到了理论上的支持；正是由于思想观念的变革，才冲破了"姓资姓社"问题上无休无止的争论，确立了社会主义市场经济体制的发展模式，为经济建设和社会全面发展打破了机制体制上障碍；也正是由于思想观念的变革，我们才敢于大胆地走出去，确立对外开放战略，积极应对全球化激烈竞争的浪潮，抓住时机加入 WTO，为中国在世界政治经济舞台上赢得发言权、发挥更大影响力奠定了坚实的基础。目前，中国的大国地位正在形成，中国发展模式或者说中国模式正在日益显示出她所独有的魅力。而这些发展变化，都与思想观念、领导观念的变革有着密切的联系。

党的十六大以来，党中央高度重视领导干部的思想观念建设。胡锦涛同志曾在多次重要会议上，相继提出了科学发展观、社会主义和谐观、社会主义荣辱观、社会主义核心价值体系，以及正确的政绩观、人才观、事业观、工作观、权力观、群众观等诸多领导观问题。所以说，充分认识正确领导观的重大意义，树立科学的正确的领导观，把领导观作为领导科学研究中的重大问题，积极引导领导干部树立正确的思想观念，具有非同寻常的重大意义。

一 领导观的定义

要界定领导观，必然要从"观念"这个概念说起。

综合学界的有关研究成果可以发现，关于"观念"这个概念，主要有三种定义：一种认为观念就是思想意识；另一种认为观念就是指客观事物在人脑里留下的概括的形象（有时指表象）；还有一种认为，观念的东西不过是外在世界反映在人们的头脑中进而被转换成思想形式的物质世界。这三种定义从不同侧面来界定了观念的内涵，从表面上看各自不同，但实际上有一点是一致的，即都认为观念是一种思想意识形式，它来源于外部世界，是人对外部世界所进行的客观、能动、概括的反映。综合学界的各种观点，我们认为，所谓观念，就是在实践活动中形成的、人对于外部世界及其相互关系在头脑中的客观、能动、判断、概括的形象。

对于"观念"的这个定义看似简单，实际上包含着丰富的内容，我们可以从反映论、能动论、实践论、价值论四个角度进行理解。

从反映论的角度看，观念是对外部世界、客观事物及其相互关系的直观反映，它来源于现实世界；从能动论的角度看，观念是人类对外部世界的主观、能动的反映，它有着人类个性化的特点；从实践论的角度看，观念是人类在改造客观世界和主观世界的实践活动中形成的，它一旦形成就对实践活动起着指导作用；从价值论的角度看，观念总是包含着一定的价值判断，可以对其进行价值分析，一般来说，科学的、正确的价值观能够促进事物发展，而错误的、落后的价值观会延迟发展进程，迟早会受到否定。

基于以上对于"观念"概念的理解，我们认为可以这样来界定领导观：

领导观就是领导者对于领导要素及其相互关系在头脑中的概括，它形成于领导实践活动中，具有客观性、能动性、判断性、概括性的特征。

一是客观性。观念显然是具有主观性的，但是观念的产生根源则是客观的外在世界。因此，观念并非全然主观的，它是建立于外在客观的基础之上。作为观念在领导活动中的体现，领导观自然也是具有客观性的。领导观不是凭空产生的，它来源于外部世界，是对客观存在的各种领导要素及其相互关系的直观反映。在复杂的现实世界中，领导者实际上有两种身份："作为个体的领导者"和"作为领导者的个体"。前者强调的是领导者作为"个人"，这时他与一般人无异；后者强调的是领导者作为"领导者"，这时他就不再作为个人而存在，而是作为一个领导者而存在，与一般人的身份、关注对象和行为目的都是不同的。领导者作为一个特殊的主体，他与外在世界的关系，主要表现为对于客观世界中的领导活动的各个环节、各种要素——比如领导对象、领导要素、领导方法、领导效果等进行的思考和回答。简言之，领导观的出发点是客观世界中的客观的领导活动和领导现象，因此，领导观具有客观性。

二是能动性。领导者对外部客观世界及其关系、领导要素及其之间关系的反映，并非是完全被动、直观的，而是融合了领导者个人或领导群体的主观判断，具有领导者的个体特征。具体来说，领导观的能动性表现在以下几个方面：首先，不同的领导阶级、同一领导阶级在不同的领导阶段，所坚持的领导观和主张是不同的；其次，同一单位、群体、国家，不同的领导人也有着不同的领导风格；再次，领导观与现实的领导实践也可能会存在不一致的情况，先进的、正确的领导观能够引领时代发展，落后的、倒退的、错误的领导观会阻碍时代的发展；最后，任何领导观的产生，无论是在内容上，还是在形式上，都存在着对传统领导观或其他观念的继承和吸收，同时又会有创新和发展。

三是判断性。这里的判断性是指领导观带有价值判断成分。这包括两个方面：一方面，任何一种领导观都内含着价值判断，比如"唯才是举"的领导观，在形成或者提出这一观念时，实际上体现出的是"只有树立这样的观念，才会有利于维护领导集团的地位"的判断，这里的判断主体是领导者或者领导阶层；另一方面，这里的判断性还表现为对特定领导观是否正确、是否进步、是否科学的评价，这里的判断主体是被领导者或者是后来人。

四是概括性。领导观是领导者对于客观的领导活动的抽象、概括的反映。任何一种领导观的形成都要经过领导者的思考、综合、抽象和概括，而且很多时候，科学的、正确的领导观的形成大多要经过领导集体的集体努力，是多方思考、综合判断、不断抽象和概括的结果。正是由于领导观的概括性特征，所以领导观对于具体的领导工作主要起方向性的指引作用，而且，某一种领导观要取得实际效果，有时候还需要用明确的语言进行表述，或者要采取适当方式进行宣传和解释，因为只有这样才能使特定领导观深入人心并真正落实，取得实效。举例来说，毛泽东同志曾经指出：领导干部的主要职责就是"出主意"、"用干部"。这样一种领导观的提出，是他对领导干部职责问题进行思考和概括的结果，最终用明确的语言表述出来并为人所知。再比如，当前提出的以科学发展观为指导下所形成的科学的人才观、正确的政绩观、正确的群众观，是新一代中央领导集体对当前形势下领导工作多方思考、综合判断和概括把握的成果。这些观念性成果要想转化为行动，有机地运用到实践中去，需要通过各种方式进行大力宣传、弘扬和普及，为领导者所熟知，为群众所知晓，才能真正落到实处，取得理想的效果。

二　领导观的结构

领导观是一个由多个层次组成的观念系统，各种观念之间相互联系、相互影响、相互渗透。具体来说，领导观可为三层结构：第一层是作为人所具有的社会属性的观念；第二层是作为不同社会角色所具有的观念；第三层是作为领导者所具有的观念。

就"作为人所具有的社会属性的观念"这一层次来说，所谓领导观就是领导者作为人所具有的世界观、人生观、价值观。从哲学上讲，世界观是指人们对于外部世界的总体看法和根本观点，也包含着人对自己在整个世界中的地位和发挥作用的认识。在承认世界是物质第一性还是意识第一性这个问题上，形成了唯物主义与唯心主义的两种世界观，马克思主义世界观是辩证唯物主义与历史唯物主义相统一的世界观，是唯一科学的世界观；人生观是指现实生活中的人关于人生的目的、价值、意义的根本看法和态度，也就是对于"人为什么而活着"、"人活着有什么意义"以及"人应该如何活着"等人生最基本问题的回答；价值观是指人们在处理与利益、需要相关问题时所持的立场观点和态度，价值观有正确与错误的区别，其判断标准是该价值观主要反映了哪些主体的利益、这些利益是否符合事物发展的规律和人类社会的进步规律、对促进事物的发展能起到多大的作用等。科学的领导观应以马克思主义世界观、人生观、价值观为指导，是马克思主义世界观、人生观、价值观在领导工作中的体现。这一层次是领导观结构的最外层。

就"作为不同社会角色所具有的观念"这一层次来说，领导观是领导者作为不同社会角色所具有的观念。领导者首先是一个个体，也是整个社会大家庭中的重要一员，他所具有的家庭观、教育观、道德观、婚姻观、法律观、消费观、人性观、竞争观、地位观、事业观、成就观、工作观、时代观、理想观、健康观等内容，对领导者正确领导观的形成起着重要的作用。换言之，领导者正确领导观的形成要受到他作为不同的社会角色所具有观念的影响。从成长历程来说，领导者的一些思想观念并不一定是成为领导者之后才形成的，有些可能在他人生早期就形成了，比如周恩来总理从小就立志为中华民族之崛起而读书，这种理想与志向为他成为领袖人物以及形成为国家和民族而奋斗的观念显然是有一定联系的。从一个人一生中所要扮演的不同角色的角度来看，领导者在现实生活中扮演着不同的社会角色，如家长角色、公民角色、为人子/女角色等。领导者的这些"社会角色"与"领导者角色"之间只是分工不同而已，并无本质区别。若只看到领导者单一的"权力角色"的一面，看不到其他侧面，就是片面的、机械的。其后果，对领导者来说，则容易产生天生高人一等的错觉，导致领导工作的失误；对其他人来说，则会产生对于领导者的片面理解或者苛责，既不符合生活实际，甚至可能影响日常工作的顺利进行。如果领导者以社会角色的身份来处理领导工作，或者以领导角色的身份来处理日常生活，都可能发生错位。但是，不得不承认，对于领导观念的形成来说，领导者的不同角色都在起着重要的作用。

实际上领导者的领导身份和执政形象也是一种社会角色。领导者必须组织引导众多成员，围绕一个目标进行有效的实践活动，以达到预期的目的。领导观在很大程度上是指领导者作为执政者、人民权力的代表者的社会角色所具有的观念。整个国家和社会在发展过程中，总要提倡一些观念，制定和实施一些方针政策，领导者就是这些观念及方针政策的引导者、组织者和实施者。反过来，这些观念或者方针政策一旦形成又会对领导工作起到规范和约束作用。目前，整个国家所倡导的一些观念，如科学发展观、市场经济观、学习观、自主创新观、改革观、开放观、民主观、平等观、正义观、和谐观、稳定观、文明观、生态观、群众观、制度观、执政观、作风观、反腐观、自律观等，都是领导者所具有的执政观念，同时又是领导者做好领导工作的总要求和根本保证。这些观念集中体现了整个国家的发展战略和发展方向，是对执政者的根本要求，也是对每一个领导者的要求。

就"作为领导者所具有的观念"这第三层结构来说，所谓领导观具体体现为领导者在领导活动过程中所具有的观念。这一层是领导观的核心层。在领导活动的各个环节中，领导观直接影响着领导成效的实现。领导工作能否取得成效以及取得什么样的成效，与领导者所拥有的领导观具有密切关系。这一层次的领导观内容很丰富，具体又可分为领导本质观、领导权力观、领导决策观、领导用人观、领导政绩观、领导方法观、领导创新观等几个方面。我们认为这几个方面是领导观的核心内容，因为它们是领导者从事领导工作必须要面对和必须要做出回答的问题。比如，在整个领导活动中，领导活动的目的是什么？领导工作是为了谁？这不仅是首先要回答的问题，而且对于这些问题，具备不同领导观的领导者显然会有不同的回答，这就体现出不同的领导本质观，这是领导观的实质核心；领导者拥有权力，这是领导之所以成为领导最为明显的标志，那么如何看待权力？如何用好权力？这就涉及领导权力观，它是领导观的显著特征；"出主意"、"用干部"，是领导干部的主要职责，"出主意"也就是作决策、想办法，针对各种各样的领导工作遇到的问题，通过采取有针对性的对策来解决问题，达到领导工作的目的，如何做好决策，就涉及领导决策观。"用干部"，就是用人，政治路线确定之后，人才就是关键，选用什么样的人，对于事业的成败起着关键性的作用，如何选人用人就是领导干部的人才观。领导决策观和领导人才观，是领导观的主要职能；能否干出成绩，能否干出经得起实践、人民和历史检验的成绩，是评价一个干部能力大小、是否称职的主要标准，是以人民利益为根本宗旨还是以个人利益为目的来创造政绩，反映着一个领导干部的政绩观倾向，也就是说，领导政绩观是领导观的实践显现；领导方法是实现领导目标的主要途径和手段，有什么样的世界观就会采取什么样的领导方法，从领导工作中所运用的领导方法也可看出领导干部的世界观如何，世界观也是方法论，从这个意义上说，领导方法论是领导观的实现途径；时代在发展，世界在变化，与时俱进是时代发展的永恒主题，领导干部如何应对日益复杂的领导实践，树立什么样的创新观、采用何种方式来促进领导工作创新，是一个重要的领导观问题，所以说领导创新观是领导观的源泉动力。

这三个层面共同构成了领导观的层级形交叉结构，每一个层面的内容都是共性与个性的统一体，各个层面之间并没有严格的区分，而是相互影响、相互促进、相互融合。领导干部要树立正确的领导观，要重点着眼于第三个层面，这也是本文所要研究的重点。

三　领导观的作用

　　领导观具有重要作用。作为思想意识形态，领导观对领导行为起着支配作用。只有想通了观念上、思想上的问题，方法与思路才会对头，才能避免走许多弯路。树立正确的领导观，不仅能够提升领导者的思想境界，更重要的是能够有效促进领导工作。具体来说，领导观的作用主要具有以下四个方面：

　　一是领导观是领导行动的先导，只有在观念层面解决了为谁服务、如何服务的问题，才能把握好正确的领导方向。无论承认与否，领导者所从事的领导活动都是在一定领导观的支配下进行的。如果认为领导就是服务，是为大多数人谋利益，那么在实际工作中，就会认真听取群众的意见，以群众高兴不高兴、满意不满意、答应不答应作为工作成效大小的评判标准，就会深入基层，到困难多、矛盾多、问题多的地方去，认真了解民情，体察民意，切实为人民群众办实事。反过来，如果认为当领导就是为了升官发财，为谋一己私利，那么就会把权力当做谋私利的工具，搞权权交易、权色交易、权钱交易，损害国家和人民群众的利益，最终也会被人民所抛弃。这就正如邓小平同志所指出的："群众是我们力量的源泉，群众路线和群众观点是我们的传家宝。""如果哪个党组织严重脱离群众而不能坚决改正，那就丧失了力量的源泉，就一定要失败，就会被人民抛弃。"树立为了群众利益的领导观，就会得到人民群众的支持和拥护。

　　二是领导观与领导方法密切相关，有什么样的领导观就会采取什么样的领导方法，也就会收到什么样的领导效果。比如就决策观来说，如果认为决策是领导者个人的事，是个人特权，那么就会出现不广泛征求意见、不走民主化程序、不采用科学化手段的随意决策，甚至出现"拍脑袋决策"、武断决策的行为。这种随意性决策的方法势必会造成许多意想不到的后果。目前，在我国的某些地方，一些道路多次拓宽，一些楼房在建成不久就拆除，一些地方为了当地利益和经济总量的快速提升大上污染项目，还有一些地方建造面子工程等现象，都与领导者不正确的决策观有一定关系。

　　三是正确的领导观也是领导者个人人生境界、人生价值、个人修养的体现。拥有正确的领导观是一个领导者实现其个人价值、人生目标的重要标志和有效途径。当年，邓小平同志在第三次复出后，曾明确表示，出来工作，就不能一心想着做官。要想做工作，想成为真正的共产党员，就不能只想着做官，而是要认认真真地履行党员的责任。新中国成立以来，一些优秀的领导干部，如焦裕禄、孔繁森、郑培民、谷文昌、任长霞、杨善洲等，正是在认真践行作为一名领导干部的责任的过程中，在为地方人民群众谋利益的同时，实现了自己的人生价值，表现出一名党员领导干部的高尚追求，达到了一个领导干部所能实现的最高境界，同时也达到了作为一个人的最高人生境界，为世人所敬仰。

四是正确的领导观对经济社会发展起着引领作用，对人类社会的发展起着积极的推动作用。科学的领导观坚持了领导工作的正确方向，把握住了领导工作的客观规律，进而也是对人类社会发展规律的正确把握，所以对人类社会的发展起着积极的推动作用。比如，就人才建设来说，自从确立了人才资源是第一资源的观点之后，我国为人才的培养和发展投入了很大的精力，先后出台了多种促进人才成才的方针政策，为人才的成长成才开辟了多种渠道，直接推进了我国由人力资源大国向人才资源强国转化的步伐。与此相应，我国的人才发展建设工作不仅有力地推动了经济社会的全面发展，而且对于整个人类社会、人的全面发展来说也是巨大的贡献。

（作者单位：山东省社会科学联合会）

领导方法的基本内容

赵 军

一 坚持领导方法的唯物论
——主观和客观相结合

毛泽东同志指出："按照实际情况决定工作方针，这是一切共产党员所必须牢牢记住的最基本的工作方法。我们所犯的错误，研究其发生的原因：都是由于我们离开了当时当地的实际情况，主观地决定自己的工作方针。这一点，应当引为全体同志的教训。"① 一切从实际出发是党的实事求是思想路线在领导方法中的具体体现，是党的领导经验的结晶，是实现一切领导实践必须遵循的基本方法。领导实践中，把握了主观指导与客观实际相结合的方法，就会有效地指导整个工作的顺利开展。

1. 主观指导与客观实际相结合的基本前提

关于从何者出发的问题，革命导师早有明确的论述。恩格斯说："原则不是研究的出发点，而是它的最终结果。"② 毛泽东同志在总结中国革命经验教训的基础上，更明确地指出："应当从实际出发，不是从定义出发。……我们是马克思主义者，马克思主义叫我们看问题不要从抽象的定义出发，而要从客观存在的事实出发，从分析这些事实中找出方针、政策、办法来。"③ 而一切从实际出发，要特别注意"一切"二字。这个"一切"就工作范围来说，它包括领导者所负责的各项工作及其各个方面；就工作过程来说，它包括领导工作的各个环节、各个阶段即领导工作的全

① 《毛泽东选集》第 4 卷，人民出版社 1991 年版，第 1251 页。
② 《马克思恩格斯选集》第 3 卷，人民出版社 1995 年版，第 74 页。
③ 《毛泽东选集》第 3 卷，人民出版社 1991 年版，第 853 页。

过程。如果忽略了某个方面、某个环节、某个阶段，那就丢掉了"一切"，势必要犯主观主义错误。坚持一切从实际出发、就必须切实做到真正尊重客观实际，认真在发展变化中把握实际，全面认识客观实际。

第一，真正尊重客观实际，就是要自觉地承认工作环境、工作条件是客观实际。任何领导者都不可能超越客观实际条件进行工作，只能在前人为我们留下的工作环境和工作条件基础上开展工作。因此，各级领导者既不能不顾客观条件盲目蛮干，也不能消极等待、无所作为。要在客观条件允许的范围内，充分发挥主观能动性，积极开展工作，推动各项事业发展。

第二，真正尊重客观实际，还要在发展变化中把握客观实际。宇宙间一切事物由于其内在矛盾和外在条件的作用和影响，都在不断发展变化，凝固不变的事物是没有的。工作环境，工作性质和工作对象虽然也都具有相对的稳定性，但也都是不断发展变化的。因此，领导者要坚持一切从实际出发，就必须在发展变化中去把握客观实际。为此，一要准确、及时掌握实际情况的发展变化，及时根据变化了的实际，相应地调整已定的工作方针和政策。二要正确对待过去的经验，并及时总结新经验。过去的经验是从群众实践中总结出来的，对于现在的工作是有借鉴意义的，但客观情况不断变化，如果把过去的经验绝对化，就要犯经验主义的错误。因此，每个领导者都要刻苦学习新知识，不断总结新经验，掌握新的工作规律，这样才能提高领导工作的适应能力，有效发挥领导作用。三要有远见卓识。由于事物是不断发展变化的，领导者不但要熟知过去和现在，更要严格按照事物的发展规律推测事物的发展趋向，做出科学的预见，以便根据这种科学预见制定新的方针、政策。否则，就会在变化了的实际情况面前，因循守旧，无所作为，犯右倾保守主义错误。

第三，真正尊重客观实际，还要从事物的普遍联系中全面地认识事物。宇宙间一切事物都处在普遍联系之中。各级领导者所面临的实际工作也是如此。例如，农、工，商、交等各项事业都是相互联系、相互制约的，农业和工业不发展，商业就没有货源，交通事业也很难发展；反之，商业和交通跟不上农业和工业的发展，农业和工业产品就运不出去，找不到销售市场，从而影响甚至阻碍工农业生产的发展。因此，每个领导者，要想全面认识自己的工作实际，胜任自己的领导工作，不但要详细研究本单位内部的各个环节的联系，还要研究本单位和其他单位的外部联系，摆正内外，上下、左右各种关系，正确处理各种复杂矛盾。怎样才能全面地认识客观实际，正确处理好复杂矛盾呢？第一，要坚持两点论，用对立统一观点去全面认识客观事物，既要看到事物的正面，又要看到事物的反面。第二，要坚持系统论和重点论的观点。要全面把握事物普遍联系，并在此基础上坚持重点论，从事物的多样性、多层次联系中揭示出最本质的联系。第三，要知己知彼。我们从事各项实际工作既要熟知彼，即客观实际和工作环境，又要知己，即自身实力和工作条件，这样才能做出符合客观实际的科学决策，实行正确领导，获得事半功倍的效果。

2. 主观指导与客观实际相结合的基本要求

掌握主观指导与客观实际相结合的基本前提是一切从实际出发。做到主观与客观相结合要坚持主观与客观、理论与实践的具体而历史的统一。因为客观实际和社会实践不但是不断发展变化的，而且是具体的历史的，这就要求我们的认识、理论、政策、办法等也应随之而发生变化，跟上客观实际和社会实践的发展。主观与客观相结合，这是一个很高尚的目标，而真正结合好，在现实中不像想象的那样简单，如果主观和客观一下就结合好了，那么我们的认识就停止了，所以要不断地追求主观和客观的完美结合。要随着客观实际的发展，不断深入实际、深入群众，体察民情，总结实践经验。只有这样，才能做到主观和客观、理论和实践的具体而历史的统一。

第一，要坚持辩证唯物主义的思想路线，深刻认识一切理论、路线、方针、政策、计划等都不过是客观世界及其规律性在人们头脑中的反映。我们制定的方针、政策、计划等只有正确反映了客观实际及其规律，才能有效地指导实践，指导我们的工作获得预想的结果。十一届三中全会以来的路线、方针、政策，由于它总结了历史的经验、教训，正确反映了社会主义建设的规律及广大人民群众的意愿，所以它适合国情，顺应民心，具有强大的生命力。

第二，要坚持理论与实践具体的历史的统一。唯物辩证法认为，物质是第一性的，意识的第二性的，物质决定意识。从唯物辩证法的这个基本原则出发，客观实际和社会实践不但是不断发展变化的，而且是具体的历史的，我们的认识、理论、方针、政策、办法等也应当随之而发展变化，跟上客观实际和社会实践的发展。我们要用唯物辩证的发展的观点，来看待理论、认识对客观实际的反映，正确理解和具体应用马列主义的原理，正确贯彻党的路线、方针和政策，随着客观实际的发展，不断地深入实际、深入群众、调查研究、体察民情、总结实践经验。只有这样才能做到理论和实践具体的历史的统一，才能有所前进，不断获得新的成就。

第三，要在动态发展中坚持主观与客观的统一。事物是不断发展变化的。领导者会在实践过程中遇到许多新情况和新问题。这就要求我们用唯物辩证的观点而不是形而上学的观点，去研究新情况和新问题，从我们的实际出发加以解决。特别是一些细小的变化、突然情况的发生，如果领导者不能见机行事、当机立断，可能工作进程就会马上陷于瘫痪，这些技术性的处理需要领导者立即动手解决，拖不得，也没必要拖。即使较重大的问题，能立即集体研究或请示的，当然迅速研究或请示最好；如果无法做到这一点，事态又等不得，也不妨"将在外君命有所不受"，相机处理之后再说。尤其遇到突发性事件，时间、条件、后果都容不得研究和报告，领导者更要能够根据不断发展变化的实际情况，权衡利弊，改变策略和方法，有胆有识，果断处理，只要思路、措施基本正确，哪怕细枝末节来不及斟酌也在所不惜。否则，瞻前顾后、畏首畏尾是要贻误大事的。

第四，要坚持把马列主义基本原理同我国的社会主义现代化的具体实践结合起来，把党的路线、方针、政策的一般原则与本地区本单位的具体情况和特点结合起来，既要坚持全局的统一性，又要看到局部发展的多样性，使统一性和多样性结合起来。这是我们指导民主革命的基本原则和取得胜利的根本保证，也是指导社会主义现代化建设的根本原则和取得胜利的根本保证。领导者制定路线、方针、政策，提出计划、措施，出主意、想办法等，都必须立足于现实，从实际出发，按照实际情况办事。只有这样，领导者的思想才能正确地反映客观现实，使主观和客观达到统一，解决好主客观之间的矛盾。

3. 主观指导与客观实际相结合的方法

一切从实际出发，要求领导者无论做什么事情，都要把客观实际作为出发点。领导工作不可避免地要和客观实际发生关系，并受它的制约。调查研究、科学决策、选用干部、做思想政治工作、组织管理、检查总结都必须从实际出发，这是做好工作的基本条件。在领导工作中坚持一切从实际出发，就是要根据实际情况按照客观规律办事。客观规律存在于任何一项领导职能之中，领导者必须研究这些规律、总结这些规律，按照这些规律办事，只有正确反映了客观实际及其规律，防止和避免主观主义，才能有效地指导实践，指导我们的工作获得预想的结果。

第一，不能照抄照搬上级的指示。我们调查研究、执行政策、选用干部、做思想政治工作、进行组织和管理、检查和总结，毫无疑问地应该认真贯彻执行上级领导的指示。然而上级的指示只能是我们工作的指导原则，并不能代替一切具体的丰富的客观实际。毛泽东同志曾经指出，对于上级指示，"不根据实际情况进行讨论和审查，一味盲目执行，这种单纯建立在'上级'观念上的形式主义的态度是很不对的。……盲目地表面上完全无异议地执行上级的指示，这不是在真正执行上级的指示，这是反对上级指示或者对上级指示怠工的最妙办法"。① 一般来说，上级指示有的是根据全局的情况，提出的原则性的意见，不可能反映各方面的复杂情况；有的是属于对某项工作的具体指示，也不可能把一切问题都想到，都安排好。因此，领导者必须依据实际情况，将上级领导原则性的适合于全局情况的指示，转变为适合于本地、本单位情况的具体意见，将上级领导的具体指示，丰富和完善起来。只有这样，才能切实保证按照事物本身特有的客观规律办事，使各项工作取得好的效果。

第二，不要从本本出发。从本本出发的同志，往往把书本上的片言只语当作万古不变的教条，当作包医百病的灵丹妙药，而不顾客观实际情况，这是教条主义的工作方法，是与一切从实际出发的方法根本不相容的。毛泽东同志说过："我们需要'本本'，但是一定要纠正脱离实际情况的本本主义。"② "本本"上的理论是在一定的实践经验的基础上总结和概括出来的，是和一定的历史条件、具体情况相联系的，它提供给我们的主要是观察处理问题的立场、观点和方法，而不是处理现实生活中各种实际问题的现成答案。唯有从不断发展变化的客观实际出发，才能正确地反映客观实际的要求，有效地改造客观世界，从而也使书本上的知识和理论得到丰富和发展。

第三，扎扎实实，力求实效。领导者做到不唯上、不唯书，就必须坚决反对从本本出发的教条主义的倾向，反对从主观出发的经验主义的倾向。教条主义是领导工作的大敌。领导者受教条主义思想方法的困扰，就会导致主观和客观的严重脱离，就会不可避免地犯主观主义的错误。在我

---

① 《毛泽东选集》第 1 卷，人民出版社 1991 年版，第 111 页。

② 同上。

国第二次国内革命战争时期，王明等"左"倾教条主义者不顾中国革命的实际情况，盲目地照抄照搬苏联革命的经验和共产国际的指示，从本本出发而不是从中国革命的客观实际出发，给中国革命造成了极大的损失，险些葬送了中国革命的前程，这在中国革命史上是一次深刻的教训。领导者应当记取和反思这一深刻的历史教训，在工作中力戒教条主义，真正做到一切从实际出发、实事求是。所谓一切从实际出发是指如实地了解实际情况，自觉地把客观存在的事实作为认识的对象，作为考虑问题和进行工作的出发点，坚定地树立从实际出发的思想，无论在什么条件下，遇到什么情况，都遵照实事求是的原则去工作，在领导实践中扎扎实实，一步一个脚印，努力争取达到切实的效果。力戒浮夸、形式主义、走过场，要反对粗枝大叶。同时，也要反对急躁情绪，不顾客观条件，急于求成。

坚持一切从实际出发，还是从主观臆想出发，这是衡量一个领导者方法对错的重要标准，也是一个领导者能否做好工作的重要前提。只有坚定地从客观实际情况出发，立足于现实，才能使领导工作脚踏实地、卓有成效。

二　坚持领导方法的辩证法
——一般和个别相结合

一般和个别结合的领导方法是毛泽东同志一贯倡导的领导方法，是我党历史上行之有效的宝贵经验之一。

1. 一般号召和个别指导相结合的意义

第一，点面结合的工作方法。一般号召和个别指导是领导方法中最常见的两种方法。这两种方法都是重要的，是缺一不可的。没有一般号召就无法推动全局，然而仅有一般号召，又必然空洞、抽象。因而一般号召必须和具体指导相结合。有了具体指导才能够检验一般号召的正确程度和基层的执行情况。同时，用具体指导取得的具体经验，又可以进一步丰富一般号召的内容，使之更充实、更完善、更符合客观实际。因此，一般和个别不是平行线式的永不相交的两种方法，而是互相渗透、互相依存，互相转化的两种方法，所以必须"结合"。

第二，突破一点，推动全局。既然人类认识客观事物是从个别的、具体的事物开始，那么，我们要认识整个面及其所代表的具体事物，是不是要把构成它的所有的点和点所代表的个别的、具体的事物，都一个一个地进行调查研究呢？那既不可能，也没有必要。最好的办法是毛泽东同志所说："解剖麻雀。"强调个别的根本目的是因为从基层单位才能发现某种趋势、某种规律性的东西。这一点连资产阶级学者都注意到了。例如美国《大趋势——改变我们生活的十个新方向》一书作者约翰·奈斯比特在他的书里写明，趋势的发生是自下而上的，而风尚的流行是自上而下的。新的思想和新的趋势都始于地方，而不是始于纽约和华盛顿，这个见解是很可贵的。多年来的实际工作使我们深知人们的认识，必须从个别开始，经常运用试点，解剖麻雀等方法来取得经验，再来指导一般。通过重点调查，从基层获取规律性的知识，进行总结提高，让工作经验更好地为领导工作服务。

第三，深入个别，取得经验。领导工作要有深度。工作深度是一个不断发展的动态过程，表现为工作由低层次向高层次发展的过程，是工作由浅入深、由低到高、由量变到质变的递进过程，是一个阶段向另一个阶段发展的标志。一个地方或单位的工作要有深度，那里的领导就必须不断开拓创新，永不满足现状，不停留在一个水平上。一是要实行面对面的领导。任何工作，如果只限于一般号召，而没有在一般号召之后，紧接着深入若干具体单位进行面对面的指导，就会使自己的号召停留在嘴上、纸上或会议上，就无法利用具体指导中取得的经验去指导其他单位的工作，也无法检验一般号召是否正确。二是要下工夫发现和培养典型。工作不可能一夜之间全面突破，一般是突破一点，带动全盘，抓点带面。领导取得了典型经验指导面上的工作，就有发言权。三是要认真解决工作中存在的问题，拿出解决问题的意见和办法，不失时机地推动工作，向深度发展。四是要有自己的工作特点。各地情况千差万别，工作也不能千篇一律，应当各有特点。一个地方，各项工作都要做好，但各项工作都争第一办不到，十个指头不可能一般齐。一个地方总有自己的优势和劣势，要在全面发展的基础上，重点突破，因地制宜，抓住特点，抓出深度。

第四，一般号召与个别指导相结合。领导者在领导工作中，善于运用一般与个别的辩证关系原理，即把一般的普遍号召与个别的具体指导结合起来。领导者一方面善于发出一般号召，即把党的路线、方针、政策、上级的指示、决议，当前的形势，本单位面临的任务，以及目标、计划、方案、措施等向下发出命令指示，提出要求，使下级和群众明白做什么、为什么要做和应该怎样去做等问题。另一方面，还要善于在组织实施、具体落实一般号召的过程中，深入实际，亲身指导、帮助下级和群众，及时发现和解决贯彻一般号召中出现的问题，总结经验，并在必要时，修改一般号召，既使一般号召得到贯彻落实，又要检验、丰富和完善一般号召的内容。正如毛泽东同志所说："任何工作任务，如果没有一般的普遍的号召，就不能动员广大群众行动起来。但如果只限于一般号召，而领导人员没有具体地直接地从若干组织将所号召的工作深入实施，突破一点，取得经验，然后利用这种经验去指导其他单位，就无法考验自己提出的一般号召是否正确，也无法充实一般号召的内容，就有使一般号召归于落空的危险。"①

2. 坚持一般号召与个别指导的基本要求

第一，要深入实际，调查研究，掌握切实可靠的材料。正确的一般号召不是天上掉下来的，也不是人们头脑中固有的，也不会是少数人坐在屋子想出来的，它只能来自人们的实践活动。领导者要获得正确的一般号召，必须深入实际，做艰苦细致的调查工作。调查是了解情况的唯一方法，为进行正确的调查必须做到：第一，尽可能地全面调查。事物是多样性的统一体，对它的认识和把握也应本着全面性的原则，尽可能多地从全部事实的总和中去把握事物的内在联系，才能正确认识事物，防止片面性。为此，在调查中，要广开渠道，了解各方面的情况，虚心地倾听群众的呼声和要求，把握群众的心理和情绪，同时听取专家和智囊团的意见，力求掌握丰富而多样的信息。第二，抓住重点，进行典型调查。在大多数情况，做到全面调查比较困难，尤其是在一些特殊情况下，由于主客观条件的限制，而无法进行全面调查时，就要有重点地，选择一些典型进行调查，因为任何事物都是一般与个别的统一，在个别的典型事物中，同样蕴涵着共性的东西，抓住这些典型进行重点调查，就是我们通常所说的"解剖麻雀法"。麻雀虽小，却是五脏俱全，代表着关于此类事物的全部信息。毛泽东同志曾指出："如果你调查的九样都是一些次要的东西，把主要的东西丢掉了，那么，仍旧没有发言权。"② 事实上，离开典型调查的全面调查往往是头绪众多，很难抓住本质和关键，而典型调查是我们党用得最多

---

① 《毛泽东选集》第 3 卷，人民出版社 1991 年版，第 897 页。
② 《毛泽东文集》第 2 卷，人民出版社 1993 年版，第 25 页。

的行之有效的调查方法。第三，减少假象，掌握正确材料。事物是以现象呈现在领导者的眼前，现象有真相和假相之分，真相是从正面反映事物本质，假象是歪曲地反映事物的本质，假象往往带来错觉，给领导者正确地判断形势、把握实际造成不必要的麻烦。在材料的传递过程中，也可能会出现失真现象，特别是第二手的调查材料更易如此。领导者为获得真实的调查材料，应该尽可能地进行直接调查。

第二，经过大脑的"改造制作"，提出科学而可行的一般号召。领导者通过调查得来的材料还是零碎的、片面的、不系统的、表面的，甚至是虚假的，只有经过大脑理性思维的"改造制作工夫"，才能抓住它们的内在联系、找出本质和规律，进而确定正确的工作方针，提出切实可行的正确的一般号召。毛泽东同志把这一过程概括为"去粗取精、去伪存真、由此及彼、由表及里"的改造制作工夫，即把经验材料进行粗与精、伪与真、此与彼、表与里的分析、分类、比较、归纳、综合等抽象的思维过程，从个别上升到一般，找到具有发言权的一般号召，避免乱发号召、瞎指挥。

第三，深入基层进行正确有力的个别指导。领导者一般号召的落实、检验、完善都要在实践中完成，要求领导者应做到：第一，必须明确一般号召的实质和适用条件。领导者应清醒地把握一般号召的实质内容和要求，了解它适用的范围，实现的步骤、环节、方法、措施和手段等。第二，具体地分析面临的实际。领导者面临的实际总是具体的、个别的、历史的，要弄清实际中的条件是否满足一般号召的要求，如果满足条件的要求，应该积极地落实一般号召，如果现实的条件达不到一般号召的要求，也不应该消极等待，而应具体分析，或者改变一般号召，或者主动地改变条件，在一些情况下，还可以创造实现一般号召的条件，促使一般号召的实现。第三，在个别指导的过程中，及时总结经验，推广典型，也要主动查找问题、发现不足，修改、补充、完善一般号召。

3. 一般号召与个别指导相结合的方法

在领导者的工作实践中，一般与个别相结合，首要的是把普遍真理和具体实践相结合。用什么样的理论去分析实际情况，去动员、号召、组织群众，去激励和凝聚人心，关系领导活动的成败。没有革命的理论就没有革命的行动，只有用正确的思想理论武装起来的领导者，才能取得正确的领导成效。在当代中国，这样的正确思想理论，包括马克思主义的一般原理，党的路线、方针、政策，规划、措施、方案等。有了正确的理论指导，还必须正确地分析当前的具体实践，认清我们的实际，做到把普遍真理与具体实践相结合。

第一，采取科学的态度对待普遍真理，尤其是正确地对待马克思主义的普遍真理。马克思主义的普遍真理揭示了自然、社会和思维发展的最一般的规律，是我们必须长期坚持的立党立国的根本指导思想，是全国各民族人民团结奋斗的共同理论基础。问题在于如何坚持正确的马克思主义作指导、如何以正确的态度对待马克思主义的普遍真理。

在以正确的态度对待马克思主义的普遍真理上，毛泽东同志在延安陕北公学曾讲过这样一段话，"不如马克思不是马克思主义者，和马克思一样，也不是马克思主义者，只有超过马克思，才是真正的马克思主义者"。超过马克思就是指在新历史条件下，发现和提出马克思那个时代还未产生和提出的问题，在解决新问题的过程，实现马克思主义理论的创新和发展。邓小平第三次复出后，面对的先是"两个凡是"，尔后是否定马列主义、毛泽东思想两种错误倾向。邓小平一面强调要坚决捍卫马列主义、毛泽东思想，强调"老祖宗不能丢"，要坚持四项基本原则，一面强调要完整地准确地理解马克思主义，指出我们过去之所以犯错误，其中重要的是对"什么是马克思主义"认识不清楚。强调要坚持和理解马克思主义的精神实质，善于从立场、观点、方法的统一上理解马克思主义。江泽民同志继承了我党对待马克思主义理论的一贯态度，他曾引用过毛泽东同志的另一段话来说明，我们历史上的马克思主义有很多种，有香的马克思主义，有臭的马克思主义，有活的马克思主义，有死的马克思主义，把这些马克思主义堆在一起就多得很。他解释说，如果对马克思主义采用教条主义和本本主义的态度，那就是臭的马克思主义、死的马克思主义，不是真正坚持马克思主义。采取实事求是、与时俱进的态度，就是香的马克思主义，活的马克思主义，才是真正坚持马克思主义。江泽民同志进一步指出：要始终做到两个"坚定不移、不能含糊"：一是必须坚持马克思主义的立场、观点和方法，坚持马克思主义的基本原理，这一点要坚定不移，不能含糊。二是必须贯彻解放思想、实事求是的思想路线，坚持勇于追求真理和探索真理的革命精神。这一点也要坚定不移，不能含糊。这两个"坚定不移，不能含糊"，始终是检验我们是不是真正的马克思主义者的试金石。这要求各级领导者必须真信、真学、真用马克思主义的普遍真理武装自己的头脑，作为自己的行动指南。

第二，认清当前的伟大实践活动，把握当代中国所处的国内外的实际。理论与实际相结合，就要认清实际。邓小平总结毛泽东晚年所犯错误的原因之一，是对中国所处的国际背景和国内的实际认识不清。邓小平认为，时代的主题已经不是战争与革命，而是谋求和平与发展。对国内实际的判定，他认为我国处于社会主义的初级阶段，这是我们"最大的实际"，一切路线、方针、政策都应从这个实际出发。从这个实际出发的当代中国的实践活动，是建设有中国特色的社会主义、全面建设小康社会、实现中华民族伟大复兴的实践活动。各级领导者都应从社会主义初级阶段的国情出发，积极地研究实践过程中的新情况、新问题，在推动社会主义建设的过程中贡献自己的聪明才智。

第三，通过"抓典型"带动全局工作。我们实际工作中的"抓典型"是"一般号召与个别指导相结合"的哲学原理在领导工作中的具体运用。领导工作实践告诉我们，不论做什么工作，如若没有普通号召，就不能动员广大群众；但如果只限于一般号召，不作具体指导，突破一点，取得经验，就不能正确地实施指导。而"抓典型"在某种意义上说，正是运筹全局致力于一点突破，启动全盘，把"一般号召与具体指导相结合"的方法在领导工作中的具体运用。它在一般号召的基础上，把我们的方针、政策、方法这些属于共性的东西，与各地具体情况即个性相结合，选"典"试验，摸清在深入实施过程中，应解决哪些问题，防止出现哪些问题，形成一个比较符合实际的工作思路和典型做法，然后指导全面，这样便使一般号召有效地落实到每个基层。

三 坚持领导方法的唯物史观
——领导和群众相结合

马克思主义的唯物史观认为，生产力是推动社会历史发展的最终决定力量，人民群众是社会生产活动的主体，是社会物质财富的创造者，也是社会精神财富的创造者，同时还是社会历史变革的决定力量，每个领导者投身社会实践活动的过程就是与人民群众相结合的过程

1. 领导和群众相结合的群众路线是党的根本工作路线

毛泽东同志说："从群众中集中起来又到群众中坚持下去，以形成正

确的领导意见，这是基本的领导方法。"① 这个领导方法，我们党称之为群众路线。这是党的领导方法的高度概括。群众路线领导方法不仅是我们传统的一般领导方法，而且是我们党和国家现时和今后一切领导活动中必须采用的一般领导方法。

第一，群众路线领导方法是马克思主义历史唯物主义原理的生动体现。按照历史唯物论的基本观点，杰出人物可以在历史中起着重大作用，但人民群众是认识和改造世界，推动历史发展的真正动力。领导活动从根本上说，是领导者率领、引导被领导者，认识和改造世界的社会实践活动。领导者是领导活动的主体、是主导力量，但被领导者是领导活动的基础力量。在领导活动中，领导者只有充分发挥被领导者的重要作用，才能使领导活动获得群众的理解和支持，从而才能取得成功。这也是一条基本的领导方法。

第二，群众路线领导方法从根本上体现了领导的本质。组织和支持人民群众当家作主，是社会主义领导的本质。我国是社会主义国家，人民群众是国家和社会的主人，是国家一切权力的所有者。各级领导者是人民和社会的公仆，是国家权力的行使者，他们所拥有的一切权力是人民赋予的，是为人民服务的。所以，在社会主义领导活动中，领导者必须充分尊重人民群众的主人翁地位，支持和保证人民群众当家作主，参与整个领导活动过程。

第三，群众路线领导方法是中国特色社会主义建设取得成功的根本保证。在我国长期艰难曲折的革命和建设历程中，什么时候坚持并正确地实行了群众路线领导方法，就能战胜一切艰难险阻，领导革命和建设事业走向胜利；什么时候丢弃了或不实行群众路线领导方法，就会使革命和建设事业遭到损失甚至失败。历史上的"左"倾冒险主义和右倾机会主义，现时中的官僚主义和形式主义，之所以是完全错误的，根本原因之一就是背离了群众路线领导方法。实践证明，群众路线领导方法是我国革命和建设事业中无比宝贵的历史经验教训的总结，具有无限的生命力和创造力。

我党的各项重大工作，归根结底说来都是群众工作。制定各种方针政策和实现各种决策都是为广大群众谋利益，都必须依靠广大群众自己动手。离开群众则是一事无成的。正因为我们工作的目的是为了群众，加上

---

① 《毛泽东选集》第3卷，人民出版社1991年版，第902页。

我们宣传得好、组织得好，群众积极参加制定决策和实现决策是不言而喻的事。这是我们党的特点，也是历史上其他党派无法可比的。

2. 群众路线是我党的创造

我们党在长期的领导革命和建设的实践活动中，把马克思主义关于人民群众创造历史的基本原理加以运用和发展，并总结了领导人民群众进行实践活动的经验，创造性地提出了具有中国共产党人特色的群众路线，即"一切为了群众，一切依靠群众，从群众中来，到群众中去"，它是各级领导者必须遵循的根本的思想方法、工作方法和领导方法。

强调"一切为了群众"，即把全心全意为人民服务作为我党的唯一宗旨，把"人民高兴不高兴"、"人民满意不满意"、"人民赞成不赞成"、"人民答应不答应"，作为党的一切工作的根本出发点和归宿，把是否始终代表最广大人民群众的利益，作为判断各级领导者工作性质的标准。改革开放 30 年来，党的路线、方针、政策得到广大人民群众的热情拥护和支持，最根本的原因就在于它顺民心、合民意，给人民带来了切实而又显著的实际利益。

强调"一切依靠群众"，就是相信群众，尊重群众的首创精神。人们的幸福和利益，要靠自己去创造，要相信在人民群众中蕴含着无穷无尽的智慧和力量，群众能够自己解放自己。江泽民同志曾深刻地揭示了相信群众的具体内容：任务要依靠群众去完成，经验要依靠群众去积累，新事物要依靠群众去创造，困难也要依靠群众才能克服。依靠群众，还要对群众的首创精神，进行热情支持、鼓励和保护，从中汲取思想营养，概括总结经验，形成指导全局工作的方针政策。

"从群众中来，到群众中去"，体现了实践—认识—再实践，以至于无穷这一马克思主义认识论的总规律，使领导与群众、认识与实践紧密地结合在一起，既为方针政策的正确性提供可靠的依据，又为贯彻实施方针政策提供可靠保证。正如毛泽东所指出的："从群众中集中起来又到群众中坚持下去，以形成正确的领导意见，这是基本的领导方法。"[1] "在我党的一切实际工作中，凡属正确的领导，必须是从群众中来，到群众中去。"[2]

在全面建设小康社会、实现中华民族伟大复兴的新形势下，"我们党

---

①　《毛泽东选集》第 3 卷，人民出版社 1991 年版，第 902 页。

②　同上书，第 899 页。

已经从领导人民为夺取全国政权而奋斗的党，成为领导人民掌握全国政权并长期执政的党；已经从受到外部封锁和实行计划经济条件下领导国家建设的党，成为对外开放和发展社会主义市场经济条件下领导国家建设的党"。① 党的各级领导干部面临着改革开放和发展社会主义市场经济的考验，面临着拒腐防变、提高领导水平和执政能力两大历史性课题，最根本的还是要牢固地坚持群众路线，始终代表最广大人民群众的利益，联系群众，团结群众，宣传群众，组织群众。有了领导与群众的这种联系，我们的改革和建设就有了胜利之本，就有了吸取智慧和力量的最深厚源泉，就有正确的决策，就会形成正确的路线、方针、政策，就有了减少和防止失误，少走弯路的可靠保证。

3. 领导与群众相结合的方法

领导活动不是孤立的实践活动，而是紧紧依附于人民群众改造世界的客观活动，人民群众既是社会实践活动的主体，又是历史的主人，群众的实践活动规定和制约着领导活动。同时，领导活动又影响着群众的实践活动，群众的实践活动离不开领导活动，如果没有领导活动，群众就不能组织成为一个统一的整体，找不到实践活动的正确方向、方法和步骤，群众的实践活动就不能正确地展开。我们党在实践过程中，创造性提出了领导和群众相结合这个根本的观点和方法，把群众路线具体运用到每个领导者的工作中，就是要把领导者制定政策与群众实践活动结合起来，把领导骨干与广大群众结合起来。

第一，制定政策与群众实践相结合。坚持制定方针政策与群众实践相结合，即深入群众的实践活动，进行周到细致的调查研究，把群众零碎的、不系统的、表面的意见集中起来，经过分析判断，抽象提升、概括总结为集中的系统的。在对事物本质、规律和发展趋势的把握中，形成符合实际情况的方针、政策、计划、方案、措施、办法等，然后把这些方针、政策再放到群众中去宣传讲解，化为群众的意见，使群众坚持下去，见之于行动，并在群众实践活动中检验方针政策是否正确。可见，要做到制定政策与群众实践的有机结合，必须做到：

（1）从群众的实践活动中，制定出符合实际的方针政策。人民群众是实践活动的主体，他们对客观实际情况了解最真，最及时，把握最准，他

---

① 江泽民：《全面建设小康社会，开创中国特色社会主义事业新局面》。

们的愿望和要求，他们的实践活动是领导者制定方针政策的源泉和发展的动力。领导者必须树立"领导就是服务"的公仆意识，心系群众，情通百姓，深入基层，深入群众，耐心地倾听群众的呼声，把握群众的脉搏，把握住时代的脉搏。尊重群众的首创精神，吸取群众的创造性智慧，也就有了解决问题、制定方针政策的思路和办法。因此，领导者要善于运用各种形式和方法，搜集群众的要求和愿望，又要具有敏锐的眼光和高超的思维能力，从获得的大量感性材料中发现问题，制定正确的方针政策。

（2）贯彻执行方针政策，指导群众的实践活动。领导者制定的方针政策，只有充分地被群众理解和掌握，才能极大地调动群众的积极性，为社会创造巨大的财富。为此，领导者必须对群众做艰苦细致的思想工作，宣传方针政策，教育和组织群众，指导群众的实践活动，并在这一过程中，检验、反馈、修改、完善方针政策。实践证明，当领导者制定的方针政策发布以后，群众可能不一定马上理解它的意义、目的、内容和做法，思想上不一定能够接受，这要求各级领导干部要采取多种形式，联系各自的实际，分析群众中存在的思想认识问题，有针对性地做好宣传教育工作。要"善于把党的政策变为群众的行动，善于使我们的每个运动，每个斗争，不但领导干部懂得，而且广大的群众都能懂得，这是一项马克思列宁主义的领导艺术"。① "要想把领导者的觉悟，领导者的智慧变成群众的力量，需要经过教育的过程，说明的过程，有时需要经过等待的过程，等待群众的觉悟。"② 在充分教育发动群众的基础上，科学地组织群众的力量，做到"千斤重担大家挑，人人身上有指标，"正确地运用方针政策来指导群众的实践活动，在群众的实践活动中，观察方针政策是不是符合实际，能不能行得通，效果究竟怎么样，使领导者制定方针政策的水平不断提高，制定的方针政策越来越符合实际，越来越符合群众的意愿。

第二，领导骨干与广大群众相结合。实现领导与群众的结合，还包含着必须把领导骨干与广大群众有机结合起来，调动领导骨干与广大群众两个方面的积极性。毛泽东认为："只有领导骨干的积极性，而无广大群众的积极性相结合，便将成为少数人的空忙。但如果只有广大群众的积极性，而无有力的领导骨干去恰当地组织群众的积极性，则群众的积极性既

---

① 《毛泽东选集》第 4 卷，人民出版社 1991 年版，第 1319 页。
② 《周恩来选集》上卷，人民出版社 1981 年版，第 337 页。

不可能持久，也不可能走向正确的方向和提到高级的程度。"① 只有实现了领导骨干和广大群众"两个积极性"的有机结合，协调一致，才能有效地搞好各项工作。调动两方面的积极性，实现两者的有机结合，就要做到：

（1）抓好典型，培养骨干。毛泽东同志曾经认为，任何有群众的地方，大致有比较积极的、中间状态的和比较落后的三部分人，这三部分人是"两头小"（积极的、落后的是少数），中间大。先进的典型是一种榜样，能提供经验，激发人们的斗志，鼓舞人们前进；落后的典型，可以给人以教训，使人们引为借鉴。通过抓两头，学习先进，帮助后进，可以把中间力量带动起来，从而推动全局发展。领导者应善于发现群众中涌现出来的少数积极分子，树立先进典型，为群众树立榜样，让群众亲眼看到，亲身体会到先进典型的事迹和意义，以此来鼓励处于中间状态和落后状态的群众自觉行动起来。在发现典型的基础上，进一步培养、选拔少数积极分子，作为领导骨干。这些领导骨干来自基层，直接服务于群众，更有利于借助这些领导骨干去团结中间状态的多数群众，并带动少数落后群众。以此来建立领导和群众紧密结合的方式和方法。

（2）照顾多数，调动广大群众的积极性。在广大人民群众中间，领导和积极分子毕竟只是少数，处于中间状态和落后状态的群众数量上占大多数，不调动这些人的积极性，就会成为少数积极分子的单干，是不能完成任务的。对此，毛泽东深刻指出："共产党员决不可脱离群众的多数，置多数人的情况于不顾，而率领少数先进队伍单独冒进；必须注意组织先进分子和广大群众之间的密切联系。这就是照顾多数的观点。"② 这说明领导者必须代表最广大人民群众的利益，团结最广大的人民群众，照顾多数群众的觉悟水平，把发展的速度、改革的力度，大多数群众的接受程度结合起来。提出的方针政策，不能脱离群众的多数，也要充分考虑他们的觉悟水平和接受能力，如果忽略了这一点，只有少数积极分子的积极性，而无广大群众的自觉行动，就很难开创工作的新局面。

第三，说服教育。群众路线的群众观点是建立在历史唯物主义的科学理论基础上的，坚信人民群众是历史的创造者，坚信人民群众自己能够解放自己。因此，领导者对待群众要说服教育，启发自觉，反对强迫命令，

① 《毛泽东选集》第3卷，人民出版社1991年版，第898页。
② 《毛泽东选集》第2卷，人民出版社1991年版，第525—526页。

要善于把领导的主张、政策交给群众，向群众摆事实，讲道理，作分析，从群众的觉悟水平出发进行启发诱导，说服群众，让群众自己下决心，自觉地贯彻执行领导决策。毛泽东指出："善于把党的政策变为群众的行动，善于使我们的每一个运动，每一个斗争，不但领导干部懂得，而且广大的群众都能懂得，都能掌握，这是一项马克思列宁主义的领导艺术。"① 要改变群众在领导活动中始终处于被动、消极的状态，从而体现领导活动中的双向性特点，进一步增强人民群众管理国家的主动性和参与性，建立和推进中国特色的社会主义建设。

第四，反对主观主义和官僚主义。"从群众中来，到群众中去"，集中起来又坚持下去，实现制定政策与群众实践的有机结合，不是一次所能完成的，它是一个循环往复、不断发展的过程，这种无限循环，一次比一次更正确、更生动、更丰富。在这一过程中任何一个阶段或某个环节上，如果脱离了群众，必然会出现主观主义和官僚主义。如果不愿深入群众调查研究，也不愿意到群众中去，做宣传、解释、组织群众的工作，只满足于坐在办公室里"听汇报"、"发指示"，这种官僚主义作风必然导致在制定政策时"拍脑袋"，凭想当然决定政策，在贯彻政策时因缺乏群众支持而得不到落实，出现问题和失误时，主观主义地"拍胸脯"，最后只有"拍屁股"，丢官罢职，既危害了党的事业，又害了自己。

（作者单位：中国电子集团控股有限公司）

---

① 《毛泽东选集》第 4 卷，人民出版社 1991 年版，第 1319 页。

中国领导问题研究的路径转向

——领导伦理、领导科学及领导哲学的历史断想

于洪生

领导问题始终是中国知识界关注的重点，"经世致用"被文人们视为不容置疑的"天条"。中国历史典籍研究的核心问题就是领导，多数学科都与领导问题有关。中国哲学的主要特点就在于政治性和伦理性，以至于有学者干脆把它归结为政治哲学、伦理哲学或"官方哲学"①。文人们对中国政治和领导现象研究之深透，是西方哲学所不可比拟的。哲学密切贴近领导现象，两者融为一体，使得官僚领导机制为核心的上层建筑的结构特别牢固，形成了有中国特色的"超稳定"政治结构。正是由于中国哲学专注于领导问题，使领导文化或官场文化异常发达，从而为人们研究和反思领导的历史提供了丰富的资料。

当然，传统官场文化的主导地位也影响到科学、民主、自由理念的发育。直到五四之后，科学与民主才得以弘扬。改革开放 30 年以来，促使以科学的方式来研究领导问题，领导科学得到迅速发展。回顾中国领导学发展的历程，可以发现我们正走上了一条"领导伦理——领导科学——领导哲学"的发展路径，即从传统哲学及其文化反思开始，引入科学理念研究领导问题，领导科学研究获得繁荣，但时间不长，领导问题的复杂性，使单纯依靠科学方式来研究问题变得无法令人口服心服。未来中国领导学研究要取得长足发展，还需要求诸于领导哲学，这既符合中国人文哲学的历史传统，也体现出世界性领导问题研究依赖哲学的走向。基于此，笔者认为，中国领导问题研究未来的大趋势，必然是从具体科学或应用科学走

---

① 哲学界有关中国哲学的合法性问题的讨论，部分原因是由于中国哲学与政治、伦理的亲缘关系，导致中国哲学学科独立性的缺失。

向领导哲学。

一　领导问题与哲学密不可分的历史传统

　　哲学对领导问题的关注并非是中国的特有现象，西方哲学史上有影响的哲学家很少有对政治和领导问题表现出冷漠的，他们不仅力图以自己的哲学理论影响和控制社会的意识形态，而且还竭力用他们的理论来影响和改造国家和政府对社会的领导。至于传统中国哲学，则更强烈地表现出关注领导问题的倾向。中国哲学与领导问题几乎融为一体，两者密切结合，并产生出特别完美的社会整合功能，使得国家领导权及其运行机制异常牢固。就积极的方面讲，这是中华文化得以延续的重要原因，促成了中华民族的凝聚力和向心力，任凭内乱外患、大灾大难，总能顺利过关，内部再空虚，外观仍十分坚硬。就不利的方面讲，它所显示的超时代的力量，又造成了中国封建社会的长期停滞不前，使得中国专制主义的领导体制能够长盛不衰，这在世界上是独一无二的。直到五四运动之后，民主和科学的精神才逐步确立起来，专制主义领导体制不断受到批判，与此相对应的民主领导文化开始萌芽并发展。

　　有学者曾把中国传统社会的结构称之为"超稳定结构"，这种结构的形成有深厚的背景，而哲学与领导问题的密切融合是其形成的重要原因。20世纪80年代，学术界曾就"超稳定结构"问题展开过讨论。进入21世纪后，金观涛和刘青峰两位学者所著的《中国现代思想的起源》一书，以"超稳定结构与中国政治文化的演变"为副题，进一步阐述了在20世纪80年代所提出的"中国社会超稳定结构"理论。其实，早在20世纪30年代，王亚南先生就对中国官僚政治进行过研究，他提出官僚科举制度与儒家哲学及宗法制度一起，形成了中国超稳定的政治板式结构，这种结构不会因王朝更迭而改变，国家政治结构及其领导机制并不以政治变动而改变。"政治变动未改变社会基本经济要素的结构，固然同那种结构的顽强性有关，同时也由于当时的政治无论在变动以前或在变动以后，有时甚至在变动当中，都在设法加强那种结构的顽强性。"①

---

　　①　王亚南：《中国官僚政治研究》，中国社会科学出版社1981年版，第138页。

从历史事实来看，自汉武帝"罢黜百家，独尊儒术"之后，两千年来，无论是汉人统治者还是蒙满统治者都将儒家哲学置于崇高的统治地位。以"仁"、"义"、"礼"为核心，"三纲五常"为准则及以修身、治家、齐国、平天下为目标的儒家思想，不仅是"经国家、定社稷、序民人、利后嗣"的法宝，而且它高度协调了个人、家族和国家之间的关系，自觉地为封建政治经济制度及文化思想传统服务。文人们以"君权神授"、"三纲五常"等思想为统治者的领导秩序进行论证，"训化"被统治者认同他们所倡导的领导文化理念。一部中国哲学史，在很大程度上都是为统治阶级进行更好的统治进行论证，以避免被统治者的反抗。文人们将儒家哲学、科举制度和官僚制度一体化，并将由社会基层宗族传统和儒家正统带入国家"官理"中，使其观念不断扩大，行为不断修正规范，从而贯彻儒家哲学与忠于君主制度的使命职能一体化。人从一出生，就开始读同样的书，用同一种思想进行思考，读书—赶考—做官，做官之后，再按照这一思想去实施领导和统治。儒家哲学左右着中国文人的思想行为方式，并深深地注入官僚统治秩序中。

当然，中国哲学对领导现象的重视，所带来的也并不仅仅是悲剧的一面，哲学与领导现象的融合，取得的丰富的研究成果，对于我们反思历史提供了丰富的资料。同时，中国哲学中所倡导的"自强不息，兼容天下"的价值取向，是贯穿古今的基本民族精神。"生于忧患，死于安乐"已成为中华民族的生存智慧。"天下兴亡，匹夫有责"，人们形成了一种关注天下兴衰、民族存亡的强烈使命感和危机意识，这都是中国领导文化的精髓，激励着中国人始终把"中国向何处去"作为思索的主题。文化没有优劣之分，从中西文化比较的角度看，西方文化讲究个性、人权、自由和民主，但其个人主义、利己主义、人与人之间冷漠等弊端，容易导致种种无法解决的社会矛盾。中国文化讲究"和"，其优点是：强调为他人服务，整体合作，团队精神，社会和谐。深层次中包含着处理好人与身心的关系、人与人的关系、人与自然关系的文化底蕴。当然，中国文化的缺点也很多，如故步自封、信息闭塞、安于现状等。只有使中国与西方文化的优势互补，才有利于人类文明健康发展。

中国国门打开之后，文人们开始从新的角度观察和思考中国政治和领导现象，"中国向何处去"这个历史大课题一直是摆在近代之后中国人面前的重要问题。究竟用什么样的社会制度和国家体制及形式来取代旧的封建专制制度？到底由什么样的社会力量来领导这种社会转变？以及怎样实现这种社会转变？这三个问题的核心其实都是领导问题，从这个角度来说，近代中国哲学的产生、发展及演变，是围绕着改造旧中国创立新中国的斗争领导权而进行的。从龚自珍、魏源、康有为、梁启超，到孙中山等，都对中国的未来走向问题进行了探索，但由于其局限性导致探索的失败。只有以毛泽东为代表的中国共产党人，坚持以马克思主义哲学为指导，结合中国的具体实际，明确提出和论证了只有社会主义能够救中国，只有中国共产党的领导才能救中国的历史性结论。中国社会主义革命和建设的实践，证明了马克思主义哲学在解决"中国向何处去"问题上的成功和胜利，也使得马克思主义哲学成为当代中国的领导哲学。

近代以来的中国哲学，对于中国政治和领导现象的关注和思考，虽然与传统中国哲学有着根本的不同，但是，无论是哪一派、哪一家，包括地主阶段开明派、各资产阶级理论派别以及无产阶级的马克思主义哲学在内，都与传统哲学保持着密切联系。中国的传统哲学源远流长，无论是其精华的部分，还是糟粕的因素，都具有顽强的生命力，特别是它们对中国几千年社会政治和领导现象的研究成果，都以不同的形式渗透和存留于近代之后的中国领导哲学中，并对其思考和解决中国的社会政治和领导问题产生极其深远的影响。

二　中国领导学研究是在反思历史传统中走向科学的

虽然说，对领导问题的关注在中国由来已久，但真正把领导问题当作科学来研究还是在改革开放之后。改革开放使中国人民对科学表现出空前的重视，领导学在中国被称为"领导科学"，是有其深刻的历史背景的。领导学的早期研究者们，往往都把科学技术的发展和社会化大生产看成是领导学产生的主要时代背景。1978 年 3 月，全国科学大会在北京隆重召开，邓小平在会上明确指出"现代化的关键是科学技术现代化"，重申了"科学技术是生产力"。大会通过了《1978—1985 年全国科学技术发展规划纲要（草案）》，中国科学院院长郭沫若做了《科学的春天——在全国科学大会闭幕式上的讲话》，从此，重科学、重技术成为中国社会的主旋律。领导科学正是在这样的社会氛围中兴起的。有学者回忆到："我国领导科学的研究，是从科学学的研究开始的。由于现代社会管理和四化建设的需要，领导科学在八十年代初一经酝酿提出，就很快有了长足的发展，充分显示了它具有很强的应用性，实践性和强大的生命力。"①

十年"文化大革命"结束，中国进入现代化建设和改革开放的新时期。国家和社会都面临着改革的新任务，改革的重点仍然是个领导问题。无论是经济建设还是社会生活的其他领域，无论是从宏观和全局还是从微观和局部，无论是体制、机制还是工作方法和思维方式，都要求实现现代化，都需要加以改变。为了做到这一点，哲学首先发挥了其先导作用，关于"实践是检验真理的唯一标准"的大讨论，廓清了思想解放的道路，思想理论的解放，社会生活的活跃带来了哲学研究的空前繁荣。应当说，这场哲学争论集中解决的是领导思想和原则问题，这是时代给予有关领导问题进行哲学思考的肯定。十一届三中全会前夕，邓小平在一次中央工作会议上做了题为《解放思想，实事求是，团结一致向前看》的讲话，提出："要努力把马克思主义的普遍原则同我国实现四个现代化的具体实践结合起来，当前大多数干部还要着重抓紧三个方面的学习：一个是学经济学，一个是学科学技术，一个是学管理，学习好，才可能领导好高速度、高水平的社会主义现代化建设。"② 随后，1980 年，邓小平又做了《党和国家领导制度的改革》的讲话，提出改革和完善党和国家的领导制度，这是毛泽东等老一辈革命家没有完成的任务，"这个担子已经落在我们的肩上"，"现在提出改革并完善党和国家领导制度的任务，以适应现代化建设的需要，时机和条件都已成熟"。③ 伴随着领导问题所引起的人们普遍的重视，社会上逐渐形成一种共识：长期以来，我们没有把领导问题当作科学来研究，反思以往在领导工作中的非科学现象，这确乎是领导失误的原因，也是领导问题研究的一个巨大缺憾，而造成这种缺憾和失误的，又似乎主要是与中国传统文化、政治哲学有关。结论是，领导首先应是一种科学，而非哲学。

于是，领导科学摆脱哲学的框架，作为具体的应用科学在中国迅速发展起来，其速度之快令人难以想象，各类学术著作纷纷出版，各个方面的

---

① 张兴民：《我国领导科学研究的现状与前景》，《领导科学》1985 年第 1 期。

② 《邓小平文选》第 2 卷，人民出版社 1994 年版，第 128 页。

③ 同上书，第 342—343 页。

论文不断发表，国外有关领导学、管理学的观点和理论纷纷涌入中国，如科学管理理论、马斯洛的需求层次理论、行为科学理论等，一时间，领导科学研究气象宏大，蔚为壮观。有学者对 20 世纪 80 年代至 90 年代上半期作了这样的描述："我国研究领导科学的论文、著作、辞典、论文集以及讲座、研究班、学术讨论会、研究会等，如雨后春笋，纷纷面世。据不完全统计，到目前为止，全国已创办领导科学专业报纸杂志 10 多家，领导科学研究所 10 多个，许多省、市、自治区成立了领导科学研究会，全国领导科学研究会正在筹建中。各级党校和 200 多所高等院校相继开设了领导科学课程，领导科学图书的出版，至今已达近千种，全国性的领导科学学术讨论会已举行八届。可见，领导科学已是近些年来我国学术界发展最快的新兴学科之一。"①

　与领导科学研究的繁荣局面相比，哲学却越来越被边缘化，学者们不时地感叹着"哲学的贫困"，在很多书籍和报纸杂志上，随处可见有关哲学被边缘化的评论和叹息。哲学的边缘化表现在许多方面，如，各大学哲学系的招生困难，生源萎缩；许多原本从事哲学研究的人纷纷转行，从事其他方面的工作；哲学研究缺乏经费，哲学书籍很少有人感兴趣，等等。人们感到哲学远离生活，在市场经济日益发展的状况下，人们不再喜欢抽象的、形而上的东西，功利主义、实用主义的色彩越来越浓。2004 年，由中国社会科学院哲学所、北京大学哲学系、北京师范大学哲学系、中国人民大学哲学系、中央党校哲学部、求是杂志社、中山大学哲学系等 10 多家单位的青年学者们发起，举办了"青年哲学论坛"，青年学者们对哲学的边缘化现象进行了讨论，不少学者认为，马克思主义哲学作为当代中国的主流哲学，其学科的现状确实令人担忧，哲学脱离了现实的状况大致是从 20 世纪 80 年代末开始的（与领导科学的繁荣同步，笔者加），表现在以下几个方面：一是从事马克思主义哲学的圈内或圈外人士都觉得该学科被边缘化了，正是由于有这种感觉，才有那么多的哲学家主张要回归生活世界；二是从研究状况上看，要么是传统的空洞的"宏大叙事"，要么就故弄玄虚，把本来清楚的问题弄模糊了；三是在现实问题面前的失语。"在急剧变动的生活现实面前，哲学基本上游离其外或漂浮其上，对现实的疏离也导致哲学研究自身的贫乏，'边缘化'就是疏离生活后被生活所

---

　①　黄强：《我国领导科学发展的回顾与展望》，《政治学研究》1999 年第 4 期。

冷落的一个后果，其实所谓边缘化并不是哲学被社会所抛弃，而是哲学'自我放逐了'。"①

哲学被边缘化有其学科的自身原因，当然也与现实社会的特点相联系。领导科学研究的繁荣局面并没有持续下去，从 20 世纪 90 年代中期开始，领导科学的影响力开始下降。相关的研究陷入了沉闷、踟蹰的局面。从表面上观察，领导科学的相关研究似乎是隔靴搔痒，存在不新鲜、不切实际、不成体系等缺憾。近些年来发表和出版的领导科学论著，大多为先期研究成果的翻版，在"炒剩饭"，鲜有新意。1998 年，在全国领导科学发展与创新研讨会上，领导科学界对研究中存在的问题进行了分析：一是学科长期在一个水平上徘徊，提高较慢；二是理论联系实际不够；三是引进、消化和吸收国外先进的领导理论不够；四是研究方法单一、落后、随意；五是忽视了领导科学的发展研究；等等。②

中国哲学绝不会长期甘心于"坐冷板凳"的局面，领导科学要想再度繁荣，也需要与哲学密切结合。要看到，两者之间的融合是有条件的，一方面，领导科学的成就为哲学关于领导问题的研究提供了新的基础和条件，另一方面，繁荣的领导科学研究出现新的危机，又在呼唤着哲学对领导问题的新思考。同其他任何具体科学对任何问题的研究一样，具体科学研究都不能完全取代相应的哲学思考。哲学思考可以而且必须不断改革和完善，但是不能中止，也不能被取代。进入 21 世纪后，中国政治和领导现象出现新的问题和矛盾，领导关系的普遍紧张，公共危机和不确定因素增多，使人们站在新的历史高度重新意识到，必须借用领导科学的研究成果，对新时期的领导问题进行整体与局部相结合的综合的哲学思考和研究。

三　走向领导哲学是未来中国领导
问题研究的大趋势

领导哲学在中国的形成是哲学长期关注和研究领导问题的成果，是哲

---

① 参见《被边缘化还是自我放逐：关于马克思主义哲学研究的学术性与现实性的对话》，《哲学研究》2004 年第 1 期。

② 参见吉勇夫、刘兰芬《领导科学的发展与创新》，《领导科学论坛》1999 年第 4 期。

学发展中由理论哲学走向应用哲学，由对客观世界的一般性总体性研究向具体的分支性研究发展的结果；从另一方面来看，由具体科学走向哲学，即由领导科学走向领导哲学，又体现了领导问题研究本身发展的内在要求和必然趋势。

从纵向的角度看，领导问题研究的历史发展的基本线索表现为：由具体向抽象，由经验向理论，由科学向哲学发展的总体趋势。事物的认识规律表明，对任何事物和问题的认识都是由该事物和问题的实践主体和经验主体出发，然后上升到抽象的理论思维和理性认识。对领导问题的认识和思考也是如此。首先思考领导问题的是担负领导实践主体的历代统治者及其集体，然后逐渐转向专门为领导主体服务的知识群体。当然，这里的实践和经验主体与知识群团之间的界限并不严格，某些高明的领导者本身既是领导实践和经验的主体，又是思考和研究这个领导实践和经验的当事者。但是从大的发展走向看，具体的领导实践和经验主体的自我体验和反思总是在前，而后走向专门的理论研究，形成指导当时并传诸后世的理论著作，《史记》、《贞观政要》、《资治通鉴》等都是研究和整理统治阶级领导经验的。孙中山、毛泽东、邓小平等老一辈革命家，他们既是领导中国革命和建设的领袖，也是著名的思想家和哲学理论家。

从横向的角度看，领导问题的研究及其科学研究与哲学有着内在的必然联系。领导者在任何时代都居于社会的最高层，包括各个具体领域的领导，其主体都有一个居高临下的主宰全局的地位和作用。其所承担的使命、发挥作用的对象和环境，都要求领导主体具有较高的智慧，而人类智慧的最高层次正是哲学。领导工作的突出特点还在于其综合性，他们可以不是精于某一具体领域或方面的专才，但必须是对社会生活的各个方面都有相当了解和研究的通才，而这种具有广泛综合性的通才的基本条件，是具有哲学思维的能力，因为在人类的各种知识和理论中只有哲学具有最广泛的综合性和普遍性。领导主体的工作环境和面对的情况千变万化，极其复杂，要驾驭和处理好这一切，凭某项单一的方法无济于事，自觉不自觉地都要掌握和运用哲学的辩证方法。

就领导者所作用的对象被领导者来说，他们两者之间在任何情况下都是对立统一的矛盾关系。领导主体对客体的认识和驾驭有一个过程，被领导者对领导者的适应和配合也有一个过程，领导活动的成效，在不同程度上代表着双方的共同利益。这一切，不仅领导者的认识需要哲学思维，作为被领导者的人的因素，也需要哲学思维的力量才能认识和适应之。从领导学的意义上讲，作为领导客体的人在领导活动中处于被动地位，而在总的历史进程中归根结底是一种主动的决定的力量。因为这种特定的领导客体在宏观的社会生活中，正是我们所说的决定历史命运的人民群众。他们不仅是整个社会实践和物质文明生产的主体力量，而且是总的社会精神文明生产的主人，因而从根本上讲，人民群众也是哲学思想的真正主体。

另外，从领导的本质等因素来看，关于领导问题的思考和研究也必然上升到哲学的高度。如"领导是统治"、"领导是控制"、"领导是决策"、"领导是指挥"、"领导是管理"、"领导是沟通"、"领导是服务"等，都有一定的道理，都是从不同方面和角度上来定义领导的本质。但这类定义至多反映了人们对作为整体的领导问题的不同方面和角度、不同层次和等级的思考。而在哲学的层面上，领导则是一种社会实践，这是把领导问题研究上升到哲学高度的必然性。说领导活动是一种指导性的实践活动，这种指导性（就领导活动的主体而言）是指领导者对于领导客体中人的因素的指挥、导向、控制和驾驭。这不仅需要凭借权力地位发出命令，还需要用切实可行的规划目标来吸引被领导者，要用一定理论观点和精神力量来影响和推动被领导者，要用一定的方法和手段来组织和实施。领导者要达到自己的目的，完成自己的使命，其思想就要有预见性、超前性，要有判断和决策的能力。总之，领导者要使其指导性的东西变为现实可能性的东西，必须具有超出常人的哲学思维能力，在领导者所需要具备的各种能力中，最基本的、最重要的是一种具有哲学修养并善于进行哲学思维的能力。

哲学对领导的作用还表现在许多方面，在领导目标的确定和完成，对领导方法和手段的选择和改进，对领导环境的认识和改造等，都需要领导把领导活动作为一个有机整体来对待，要着眼于领导各要素之间的内在联系进行综合的哲学思考和研究。从某种意义上讲，始终保留和局限于具体的局部的思考和研究，不能上升到哲学的高度，有关领导问题的思考就很难成为一门真正的学问。

就中国哲学本身的特性来讲，它绝非是远离生活的学问，尤其是事关国家、社会的大是大非问题的判断，哲学绝不能视而不见。20世纪90年代以后，中国哲学研究中，确实存在着失去了时代感和生活气息的问题，不少学者以"学术凸显，思想淡出"作标榜，搞学问上的"自产自销"，使哲学成为学者们自娱自乐的东西。这其实并非是中国哲学的传统，如果哲学与生活的关联断裂了，必然导致自身的贫困化。当然，哲学在一段时间的隐退，确实也为应用学科的发展提供了一定空间，这也正是不少应用学科在 20 世纪末繁荣发展的部分原因（如同前面所讲到的领导科学得到快速发展一样）。一方面，中国哲学绝不会长期甘心边缘化地位，成为象牙塔里的学问；另一方面，领导科学等应用学科要获得长足发展，必须借助于哲学，这也正是笔者提出要由具体科学走向哲学、由领导科学走向领导哲学的依据。

我们党无论是革命年代，还是建设年代始终要求领导干部重视学哲学。早在 1938 年，毛泽东就倡议成立延安新哲学会，动员、组织大家学哲学。1941 年，成立了高级研究组、中央研究组。1942 年，又在全党开展了整风学习，主要内容就是学习马克思主义哲学。邓小平曾说过："建议中央提倡学习，主要是学习马克思主义哲学，重点是学习毛泽东同志的哲学著作。陈云同志说，他学习毛泽东同志的哲学著作，受益很大。毛泽东同志亲自给他讲过三次要学哲学。他在延安的时候，把毛泽东同志的著作认真读了一遍，这对他后来的工作关系极大。现在我们的干部中很多人不懂哲学，很需要从思想方法、工作方法上提高一步。"[1] 近两年，李瑞环的《学哲学用哲学》，又在领导干部中吹进了一股新风，为新时期领导干部如何学哲学和用哲学树立了良好的榜样。

总之，回顾和反思中国领导研究所走过的路程，更加深切地感到，中国学术的发展离不开文化传统的滋润，中国文人很难背叛历史延续的民族特性。中国领导问题研究正经历着"领导伦理—领导科学—领导哲学"的发展路径，这一路径既是一门新兴学科由孕育、成长到发展、成熟所震怒经历的路程，也是学术规律所致，符合中国政治文化传统的特性，符合中国领导问题研究对哲学依赖的历史传统。总之，中国领导问题研究的发展趋势是从领导科学走向领导哲学，其实，近年来这种趋势已经开始显露出来。

（作者单位：上海浦东干部管理学院）

---

[1]　《邓小平文选》第 2 卷，人民出版社 1994 年版，第 303 页。

创新与领导者实践的哲学阐释

李德迎

胡锦涛同志在 2006 年全国科学技术大会上的讲话中要求发展创新文化，努力培育全社会的创新精神以来，社会各界开始重视对创新性理论的学习和研究。各行各业的领导者和管理者更是积极谋求将创新精神融入自己的管理工作。自此，一个对领导理念和领导实践极为重要的深层次理论问题得以彰显：如何从哲学方法论角度认识领导工作创新的必要性、可能性？如何探索领导工作的创新路径？

一　坚持领导工作创新的必要性

领导活动是人类社会中一项极为特殊的实践活动，是人的本质，即人的社会属性的集中表现，伴随人类社会的发展始终。表征领导实践的概念很多，如领导活动是指领导者在一定环境下，为既定目标，对被领导者进行统御和指引的行为过程；领导工作是指对组织中每个成员和群体的行为进行导引和施加影响的活动过程等。在诸多概念中有一种认为：领导就是想办法处理问题。这种对于领导实践的朴素表达恰恰说明了领导工作最深层的本质，从中可归纳出领导工作的两大要点。第一，提出了领导者工作的目的。"领导者是处理问题的"，这个问题一方面可以理解为群体自身存在的亟待解决的难题。如：财务困境、销售困境、凝聚力问题；另一方面也可以理解为目标问题，这个目标既可以是以上难题的消除，也可以是群体自身发展目标的制定和完成。第二，提出了领导者工作的方法和手段。"领导者是想办法处理问题的"，说明领导者在整个事物的处理流程中所担当的角色即是拿出方式、方法和措施，依靠什么拿出办法呢？依靠"想"，即人的思维。思维是人类独有的精神活动，它指的是在表象、概念的基础上进行分析、综合、判断、推理等活动的过程。思维的对象是群体所面对的各种矛盾和问题。在大致明确了领导主体的性质和手段后，我们还应该对领导工作的对象——思维客体加以分析，才会最终明确领导工作的创新性质。

1. 领导工作对象的哲学分析

上文已经谈到领导思维的对象是群体所面对的各种现实矛盾和问题。这些问题又是如何产生的呢？列宁在《谈谈辩证法问题》中曾经说过："发展是对立面的斗争。"[①] 哲学意义上的矛盾并非是指现实的两种势力或力量之间的角逐，更不是两个人或群体之间的紧张关系。哲学上的矛盾是对产生事物表象的深层本质的内部关系的描述。列宁在《谈谈辩证法》中就说道："就本来的意义来讲，辩证法是研究对象的本质自身的矛盾。"[②] 事物的本质又是通过概念来表达的，所以无论本质或是概念都是通过理性的思维而不是通过人的眼睛的进行的抽象地掌握。黑格尔的逻辑学就认为对一个概念的肯定性的理解中包含着对它的否定性的理解即"规定性即是否定性"。例如：当我们说一朵花是红色的时候，就自然包含着这朵花不是红色以外其他颜色的理解。红色和不是红色构成了一对矛盾，这个矛盾会随着条件的改变而发生改变。因此，事物本质自身所包含的肯定和否定的逻辑关系就构成了哲学意义上的矛盾。正是因为事物本质在各种条件的作用下自身发生了改变，同时引起了事物的表象或外在形式发生改变，我们也就从发生论角度弄清了事物发生变化的原因，事物发生辩证运动的根源。正是在这个意义上我们才可以说一个企业和群体在生存和发展中存在矛盾和问题是极为正常的现象，因为时时有矛盾，事事有矛盾。正是一个个问题的解决和矛盾的转化给予了群体前进的动力。同时，一个个新的问题和矛盾又会接踵而至，不同的矛盾和问题将伴随整个群体发展的始终。而领导者工作的任务恰恰是通过各种政策和措施的发布、监督使事物的本质及矛盾关系发生改变，争取向符合群体利益和诉求的方面发展。领导者克服与解决矛盾和问题后，其现实的表现为，一方面各种亟待解决的现实问题如：财务困境、销售困境、凝聚力问题等解决或缓解；另一方面则是领导集体所制定的各项目标、政策的实现。

---

① 《列宁选集》第 1 卷，人民出版社 1995 年版，第 712 页。
② 《列宁选集》第 2 卷，人民出版社 1995 年版，第 711 页。

2. 领导工作的对象决定了领导活动的创新性质

虽然各种事物的产生及其变化都可以用"矛盾理论"很好解释，但这种解释是抽象的，没有完成对领导者面对问题的现实解决。现实生活中的领导工作是具体的，每个领导者由于所在领域和群体的不同，面对的问题也千差万别。正如"世界上没有两片相同的树叶"，马克思曾说："极为相似的事情，但在不同的历史环境中出现就引起了完全不同的结果。如果把这些发展过程中的每一部分都分别加以研究，我们就会很容易地找到理解这种现象的钥匙；但是，使用一般历史哲学理论这一把万能钥匙，那是永远达不到这种目的的，这种历史哲学理论的最大长处就在于它是超历史的。"① 当我们深入分析马克思的论断时，会发现：极为相似的事物结果却出现极大差异的原因，即是事物存在条件的改变。唯物辩证法本质联系的观点告诉我们：事物的内在本质是诸多的，各项本质又是相互联系相互作用的，一项本质的变化将作为条件，促使事物的其他本质发生连锁改变。以一家企业为例，当企业的产品滞销，销售环节出现严重问题时，将带来一系列连锁问题产生：库存大量增加→增加仓储成本→企业资金链条紧张→原材料采购不足→企业利润率下降→员工士气低落→企业凝聚力下降。可见环境与条件的重要。当一个条件改变到使事物的一方面本质发生变化时，就预示着事物的整体存在将发生重大变革。"橘生淮南为橘，生淮北则为枳"，单单一项地理条件，就足以产生橘和枳的类之差别。时间、空间等条件性因素的不同造成了在具体的领导工作中碰到的每一个问题可以说都可能是独特的，这种情况随着现时代发展变化的不断加速而变得更加突出，那种在传统年代社会长期停滞情况下所形成的行之有效的方法和思想观念已经严重不适应时代的发展需要、跟不上时代发展的脉动。经验主义和本本主义的诠释力和有用性空前下降。以富士通坠楼案这样的极端案例为例，这些跳楼者的年龄大都是"80后"，大都受过比较完整的教育。坠楼的主要原因并非是源于工资低和生活条件差等传统原因，而是因为生活单调乏味、孤独、心灵空虚等困境造成惨剧的频繁发生。这也就意味着传统的以物质利益鼓励为主的管理方式已经不再适应新形势和新要求，新的问题和新的矛盾的不断出现已经开始倒逼领导者和管理者拿出不同以往的方案和措施。因此，新时期领导工作对象性质的变化决定着领导

---

① 《马克思恩格斯全集》第 19 卷，人民出版社 1963 年版，第 131 页。

者必须具有创新性思维，领导工作必须具有发现性和开拓性。

二 领导工作如何实现创新

在从理论上确证了领导工作的创新性质之后，马上就遇到了又一个课题即怎样从理论上说明如何实现领导工作的创新化？领导工作应该创新毕竟是一个应然问题，而从实然到应然还有相当的一段路要走，每一个领导者更加关注的是应然的实现途径和实现方法。"工欲成其事，必先利其器"，领导工作的完成即群体目标的达到或是存在问题的解决，从表面上看是领导者下达的措施和方案在实践中取得了效果，实际上是证明了领导者主体自身把握了领导对象并且解决了问题，这里就又出现了两个问题：领导者怎样把握问题？领导者怎样解决问题？

1. 领导者把握领导工作客体的方式

领导工作和群体中其他岗位的工作的性质是存在很大差异的，作为群体的最高指挥者不会有现成的处理宏观问题的方针、策略，和处理微观问题的措施和手段。这一切都等待着领导者自身去策划和制定，然后才是具体执行者的遵照和实施。在领导者做出正确的决策之前领导者必须对领导工作对象有正确的认识，否则，领导工作就注定成为脱离实际的瞎指挥。按照唯物主义反映论的观点，认识是主体以意识、观念的形式掌握客体的过程，是领导者对客体即所面临的难题和所要达到的目标的反映，这种反映是在主体和客体的实际作用的基础上发生的，但并不是像照镜子那样在一瞬间一下子实现的。反映是一个过程，是一个由生动的直观到抽象的思维、从感性认识到理性认识的辩证发展过程。它由一系列相互联系而又有序的反映形式构成，这些反映形式也就是反映得以实现的形式。生动的直观、感性认识，是一个具体的观念反映过程的第一阶段，即感性阶段；抽象的思维、理性的认识，则是观念反映过程的第二阶段，即理性阶段。

这两个阶段在认识中的作用和重要性又是不同的。感性的反映尽管也有其丰富多彩、真实可靠的一面，但是它只能达到对事物的感性存在、事物的感性形象和事物的外部分立性的确定性的感性掌握。仅仅是这种感性掌握，还不能为领导者认识问题提供深层次的认识，领导者所要达到的是通过大脑的思维活动观念的或理论的掌握现实事物，它以感性的反映为基础，但又超越了感性反应的界限和范围，达到对于事物的一般属性、内部本质和规律的掌握。这里要说明的是领导者单纯的认识事物的一般属性和内部本质是没有意义的，搞清事物的内部规律即一定条件下，事物本质之间相互关系才是问题的关键。这里要应用的是历史和逻辑相一致的方法。当领导者深入理性认识阶段时，思维将会把客体当成许多规定的综合、多样性的统一的具体整体加以再现，将通过各种思维形式的联系，反映具体整体各种要素、规定之间的联系，形成一定的逻辑结构，即所谓逻辑的东西。逻辑的东西是作为发生发展结果的具体整体的现成结构方式及由他所规定的本质属性的逻辑表现。它不仅仅是再现过程的结果，当他以逻辑的方式建构具体整体各种要素、规定之间的相互关系的时候，也必然再现具体整体现成结构的生成或建构过程和本质属性的形成过程，即必然再现历史的东西。逻辑的东西和历史的东西的一致，同从抽象到上升到具体，密切相关，他们一起构成思维掌握客体的基本方法，并且是其他一切思维方法所必须遵循的基本原则。这个方法和原则在我们在探讨如何解决问题实现创新时仍然要经常使用。还是以一个企业为例，弄清楚企业目前的经营状况如库存数量、流动资金数量、员工人数、原材料数量等表征事物本质及企业的外部条件如税率、汇率等概念固然非常重要，更为重要的是弄清在不同条件下这些本质之间的相互关系，只有我们对诸如库存、成本、工资、利润等反映事物本质的抽象概念之间的关系即事物规律性的东西了解得越多，我们对事物的认识就越具体越深刻，正确处理事物的可能性就越大。

2. 领导者处理问题的方式

领导者在经过了对于事物的感性认识、理性认识并最终运用逻辑和历史相一致等方法达到对事物的思维的具体掌握后，将要面临的就是拿出有针对性的方针、策略或措施和方法。从形象的角度来看，领导者此时的工作实际上就是在做一道连线题，起点是经过领导者理性分析的事物的思维具体，终点是领导者所要达到的状态和目标。上文所说的领导工作的创新性质实际上就是指的这个连接过程，正是因为面对的问题即事物的思维具体的独一无二性导致这个思维的具体连接过程一定也是独特和创新的。在这里有必要指出的是这种连接方案并非注定只有一条同时也不可能是无限多的，因为领导者所面对的对象自身很多本质规定的不可改变性限定了这个连接方案的有限性。例如：在中国当前情况下发展经济增加人民收入就有很多前提或本质规定性的东西无法改变，包括人口总规模、人均受教育程度、国内资源总量等本质规定注定在很长的时间内都无法改变。所以，某些中东国家仅仅依靠出卖能源就能解决国内的经济问题的路子在中国是根本行不通的。同时，这种连接方案也绝对不止一条。马克思在《德意志意识形态》中就说每一代人都曾说过："历史不外是各个世代的依次交替。每一代都利用以前各代遗留下来的材料、资金和生产力；由于这个缘故，每一代人一方面在完全改变了的环境下继续从事所继承的活动，另一方面又通过完全改变了的活动来变更旧的环境。"① 这句话用来说明历史的生成机制的，但是用来说明领导者的工作同样是适合的，领导者在做这道连线题时实际上是面临着一个由选择性和非选择性一起构成的可能性空间。仍然以当前国情下发展中国经济增加人民收入这道连线题为例，这里就包含着很多种可能选择，例如：存在着大力发展第一产业、第二产业或第三产业这样大的选择，在这样大的方向性选择的前提下还仍然有很多小的选则。例如：在第二产业中可以选择优先发展发展劳动力密集型产业、还是发展资金密集性产业，当然这里还包含着时间的分配、地域的分配等一系列的选择。选择越多证明领导者工作的回旋余地和自由度就越大，但是，在现实每个具体的领导工作中，每个领导领导者面对全新的问题或是极为复杂的问题时最苦于没有现成的选择。这时学习理论和学习别人的经验的重要性就显示出来了，这里的学习并非是指照搬照抄的使用别人现成的方法，而是通过运用逻辑和历史相统一等一系列思维方法，理性的分析出别人看待问题的角度和别人做连线题时的思路。例如有些地区靠发展旅游致富，有些地区靠发展靠出卖资源致富，有些地区依靠发展衣服加工厂等劳动力密集型企业致富，看似差别巨大实际上思路都是一样的，都是通过发挥和挖掘本地优势资源走上富裕路。这种创新行为就属于借鉴他人思路下的二次创新。因此，抽象的思维过程的学习和吸收对于领导者做出自己正确决策的实际意义更为巨大。

在领导者针对事物的思维具体试图解决事物的应然与实然之间的矛盾过程中，领导者可以尝试运用发散性思维、横向思维、纵向思维、超前思维、静态思维、动态思维等多种思维方式来开发解决问题的思路，思考出的办法和思路越多、越新颖往往意味着最终的解决方案越优化，越具备使用性。面对众多的解题思路领导者如何进行选择呢？到底哪一种是最佳方

---

①　《马克思恩格斯选集》第 1 卷，人民出版社 1995 年版，第 88 页。

案呢？这里仍然要使用逻辑的思维方式进行思维检验和思维操作的检验，这里有人会问不是实践是检验真理的唯一标准，为什么要用逻辑来证明呢？首先，由于客观条件的限制，我们不可能挨个在实践中实验所有的思路，这样的行为既无必要也无可能。其次，虽然实践是检验真理的唯一标准，但是思维推理所遵循的规则本身就是经过人类的千万次实践检验的结果，其有效性能够得到保证。最后，这种操作或实验由于是在思维或思想中进行的，不管设想多么巨大的力量，采用多么强大的手段，对客体进行大规模的分解和综合，也不会产生实际的非理性后果。因此，只要在逻辑上能完成应然到实然直接的对接就说明这个方案是可行的，例如：在针对一国当前经济发展问题时，在提出思路的阶段想到靠出卖资源来谋求经济发展是正常的，在逻辑证明阶段我们就要找到证明这个命题能够成立的逻辑要件如：一国的人口规模是多大，目前探明的资源矿藏量及其使用情况，能够出口的矿藏的在当前国际市场价位是多少等。经过严格的逻辑证明再最后确定思路是否可行。在存在多个可行的思路和观念模型时，我们仍然要运用思维实验和思维操作的方法按照人们的价值要求进行比较和选择，直到找到一个最佳模型为止。然后领导者就用政策、计划或措施等形式将这个最佳思维模型表现出来。

　　当然，囿于篇幅所限以上只是从哲学思维和方法论的角度将领导工作创新进行了大致的分析和描述，所体现的只是领导者实现创新领导的过程中的一个环节。在现实的管理过程中，领导者对客体本质属性和规律的了解和把握是一个十分复杂、十分曲折的过程。因为客观事物的规定性、属性、本质具有多样性，他们不仅有一个暴露过程，而且还经常变化。因此，领导者必须要时刻注意外在条件的变化和事物本质的变化情况，适时的作出调整。所使用的还是上文中提到的各种方法。

（作者单位：延安干部管理学院）

权威问题研究

权威实质的马克思主义哲学研究

薛广洲

权威是一个非常熟悉的字眼，人们常常在不同的场合使用它，但是，究竟什么是权威却不甚了了。权威概念并非已解之题，探讨权威的实质不仅仅只是具有一般的社会学意义，也不仅只具有哲学的意义，它还同时具有十分突出而迫切的现实意义。

一　权威是权力与威望的有机统一

权威是一种社会现象，它表现的是一种主从或从属的社会关系，这种社会关系是通过最有影响力或具有使人信服的力量与威望的人或物而实现的。

社会关系有多种多样，主从或从属性的社会关系同样有多种表现形式，社会生活中的主从性关系在很多情况下是通过强制性手段达到的。权威这种社会现象所表现出来的关系，同样具有鲜明的主从性，但它主要是表现为一种意志的施加者与服从者之间的关系。通常情况下，或从根本上说，权威是与强制性相对立的，因而其主从关系是通过意志施加者的影响力或威望达到的。事实上，任何主从关系都离不开影响力的作用，只是影响力作用的方式有很大的差别。美国学者罗伯特认为："影响力是行动者之间的这样一种关系：一个或更多行动者的需要、愿望、倾向或意图影响另一个或其他更多行动者的行为，或行动倾向。"[①] 他并提出影响力具有三种不同的手段："通过由提示或信号组成的信息传递所形成的影响力，可称为受训控制。通过提供有关行动的选择方针是有利还是不利的信息（正

---

① ［美］罗伯特·A. 达尔：《现代政治分析》上海译文出版社 1987 年版，第 37 页。

确的或错误的）的传播手段所产生的影响力，可称为说服。用在一个选择上增加好处，或在一个选择上强加新的坏处，或两者兼用的手段来改变选择本身的性质的影响力，可称为诱导。"① 在这三种手段中，说服又分为理性说服和操纵性说服，诱导则分为权力诱导、强制诱导以及强力诱导。显然，一个人或更多人对他人的影响力的产生，不是凭空的，不管采用了什么方法，都必然由他自身首先具备一定的力量。从一人对他人的服从来说，以权力强制和强力的手段实现比较容易，只要施加者具有超出被施加者的外在因素即可以，如掌握更多的资源和社会组织力量，而不管这种服从是否出于自愿，以及是否在内在方面具有更多的能力。所以一般来说，最有影响力的人是那些具有除自身内在因素较好之外，同时外在条件也比较充裕的人。这种外在条件在人类社会发展的前期，主要是借助于习惯、传统及其对自然力量的人格化来达到的，而到了阶级社会，则主要是依赖政权的力量来达到的。然而，以诱导等为主要形式的影响力可能表达出多种社会关系，即它未必仅是指称权威这种社会关系，权威还应体现于一定的具有使人信服的力量和威望的人或物之上。所谓使人信服的力量和威望，主要是从意志施加者的自身因素而言，它要求意志的施加者在不通过强制和权力的外部条件下，以自身的智识、道德等因素而影响他人，从而获得威望，使他人信服。从这个角度来说，权力和威望是权威的最初的要素，也是权威现象在其发展历程中最初实现的基本条件，所以，可以认为，权威最初就是权力与威望的统一。

所谓权力，一般是指影响和控制他人，并使他人按照一定方式进行活动的能力。通常情况下，权力的实现是与直接的强制行为和对资源的控制联系在一起的。权力也是一种社会关系，这种关系主要是一种支配和服从的关系，即谁拥有超过对方的支配力量，谁就拥有权力；反之，就没有权力，并只能受人支配。② 这里所说的支配的力量并不是支配方独自获得的，支配从来是与服从相统一的，支配的实现是由于服从的具备，而服从之所以具备则是因为社会的因素，即支配方的力量获得一定的社会意义，它在一定程度上是作为社会的一种代表形式。不管支配主体本身的动机是什么，也不管主体的表现者是谁（单个人或集体），它都是以社会名义来实

---

① ［美］罗伯特·A. 达尔：《现代政治分析》上海译文出版社 1987 年版，第 56 页。

② 参见王安平等《领导权力学》，黑龙江人民出版社 1991 年版，第 3 页。

现支配力量的。因而，权力所强调的是支配力量的社会性，没有对于社会组织的代表，权力是难以实施的。

威望是一种令人崇敬的威势和声望，它的实现通常有两个因素：一个是主体自身的素养，另一是客体对这种素养的心理认同。所以威望注重的是支配力量的主体性，强调的是主体如何以自身在知识、道德等方面的全面性和高尚性来赢得他人的崇敬。因而，社会的强制性在这里不是主要的，或者说，它主要不是通过社会组织的力量来实现自身威望的提高。正因此，威望总是把支配力量限制在非强制性的方式之内，凡以强制手段迫使他人服从的方式，必然难以获得他人的崇敬，尽管他人可能绝对地服从。只有当这种强制性不是对准自身的，那么才可能获得这种崇敬，而只要这种强制性是对准自身的，这个受强制性支配的人便很难产生这种崇敬心理。

权威在其存在的历程中，特别是在阶级社会，其影响力的实现总是通过这样两种方式达到的。它也很难同权力做出截然分明的区别，在很多情况下，权威实现的方式与权力实现的手段是一致的，但它毕竟又不同于权力，因而在一定程度上，它又通过威望来实现。权力和威望的有机统一应该是权威的内在要求，是权威发展历程一定阶段的必然形式。

权威作为一种社会现象，在人类社会产生之时即已出现，它对于社会秩序的维护、社会生活的运行，都起到了不可替代的作用。而人类对于权威现象的认识则是不太久远的事情。无论是权威现象本身还是对权威的认识，都是一个发展的过程。权威被认识最初是在政治学领域的，因而与权力的联系比较密切，即更多的是以社会组织的力量来实现。这不仅是人们的认识发展水平所限，也是权威现象本身的发展所制约。人类有记载的理性认识，在西方产生于古希腊，在中国产生于殷商时期，当时人类社会正处于奴隶制社会，或奴隶社会开始解体之时。奴隶主阶级在对奴隶阶级的统治中，采用的是棍棒与枷锁的强权手段，他们不需要通过奴隶的崇敬和信服来达到维护统治地位的目的。古希腊社会的民主制是在奴隶主内部实行的，对于奴隶没有民主，在维护社会秩序方面靠的是强有力的国家政权，中国古代社会也是如此。权威的表现离不开这种社会政治生活的现实，也就是说，在当时，权威的实现是与权力具有的强度相关的。当然，威望作为权威的一个内在要素，在当时也是存在的，比如奴隶主内部的民主，必然要有一定的统一意见，这种意见的统一体现，一定程度上是对一定权威的尊崇，即是说，在统治阶级内部系统中，也有权威体现，这种权威首要的是实力，即对资源（政治资源，经济资源等）的拥有程度，但同时也不排除个人威望的作用。这种威望的树立和拥有，是在对奴隶阶级的统治过程中达到的。因而，从总体上说，奴隶社会中权威的体现是以国家权力的强制达到的。权威在这样一种现实的社会基础上，只能是更多地体现于社会政治生活之中。

与之相应，科学在古希腊时还处于萌芽状态，因而是以笼统的形式出现，各门科学还都被包括在哲学之中。到古希腊中晚期，理论上已认识到社会科学有分离出哲学的必要。亚里士多德既是古希腊思想的集大成者，又是他开始对思想各学科进行分类，逻辑学、政治学等学科已开始从哲学中分离出来。当然由于社会生活领域本身的成长还处于早期，一切都是以政治为中心，所以在社会科学从哲学分离出来时，便以政治学为所有社会科学的代表。可见，在奴隶社会及其解体过程中，权威的实现只能是以强制性手段达到，只能是通过社会组织的力量来达到对权威的服从，此时，权威的另一面，即权威关系中支配者一方的主观的内在性要素，还没有迫切的需求。

二 权威是意志的施加者和服从者的统一

随着人类社会的发展，社会生活领域日益扩大和分化，尤其是近代以来，科学技术的成长，使得人类对于外部世界以及人类自身的世界（社会和人自体）的认识也日益深化，维持社会机体的运行秩序就不仅仅只存在于政治生活领域。社会生活其他领域其秩序的维护也日益重要，采用政治领域的方法来解决社会其他领域的关系，对于社会的进步和发展已是消极和负面的了。一方面社会生活不同领域的特征越来越明显，另一方面社会科学的不同学科也逐渐分化出来，于是权威现象的存在领域也不再只是由政治生活领域所包括，与此相应，对权威的认识也就从政治学领域而转到社会学领域。由于社会生活并不同于政治生活，在政治生活中所采用的以国家权力为中心维护社会秩序的形式，并不能适用于社会生活的各个领域，社会生活的不同领域既有自己的特征，自然就需要不同的运行机制。若把政治权力在经济领域中推行，便会损害经济自身的发展规律。思想文化领域的问题同样不能采用政治的权威和手段来解决。这个时候，在权威的实现中，强制性因素无论是在适用的程度上和广度上都大为削弱。在社会生活不同领域中，权威的支配力量也主要不是来自于社会组织，权威施加者主要是以内在的主观素质的提高而获得他人的崇敬与信服。这表现了在权威的支配与服从关系中，权力等强制性因素退居次要位置，而一定的价值标准和行为模式开始受到重视。

社会生活中，特定的价值体系和行为模式对于社会秩序的维持和运行的作用，是随着社会生产力的发展引发了人们对自己地位的重新估计和解放而日显重要的。生产力的提高，表现了人对自然的征服能力的增强，科学技术的发展，使得人对于自然及社会中复杂现象的认识日益深刻，资本主义社会代替封建社会，也在一定意义上是对封建专制的彻底否定，于是人的意义和价值开始受到人自己的认识和理解。在这种情况下，权威的实践便必然渗透着人们的价值体系的因素。强权和专制历来是与人的解放与价值相对立的，当一个社会进入新的社会形态时，其新的价值标准的影响绝不只限于道德领域，而是体现于社会生活的整体之中，同样，权威的运行倾向于非强制性的力量就是十分显然的了。

当然，权威既然是维护社会秩序的一种机制，它自然不可能没有一定的权力因素起作用，尤其是国家的权力部门，更难以将权威完全从权力之中剥离出来。而且，权威既然是一种社会现象，存在于社会生活的不同领域，我们也难以排斥社会组织的力量对于权威实现的支撑和依靠作用。但是，有一点是很清楚的，人们在认识这些现象时，已逐渐区别开权力与权威的一般关系，已开始将权威视为与权力不同的社会控制机制。如果说，权力是以其社会组织的力量，在一定社会阶段以其合法性（法律化、制度化、规范化）为基础，那么，权威则是以其非强制性的意志和支配力量为基础的。

由此可见，权威最初的表现就是权力与威望的统一。而随着社会的发展，社会生活领域的扩展和分化，对权威的认识也开始深化，再以权力与威望的统一来定义权威概念，便不易帮助我们认识、了解权威的内在本质。为此理论界提出了一系列新的解说，我们在前一章中已对这些解释作了分析。从分析中可知，不管已有的解释有多大差异，但都认为权威是在某种范围内被公认为最有影响力或具有使人信服的力量与威望的人或物。作为一种特殊的社会关系，它包含两个方面，即意志的施加者和意志的服从者。这一认识已经跳出了单纯从政治学角度理解权威的模式，而开始从社会学角度给权威一个定义。由于权威现象不再只是政治学概念，因而用权力和威望的简单结合已难以真正说明权威的实质，所以提出意志的施加者与服从者的关系来为权威作诠释。意志的施加与服从可以有不同方式，但至少排除了绝对的权力的强制性和社会组织力量的作用，它在一定程度上更强调意志的价值标准和非强制性。当然，这种认识同权威是权力与威望的统一并不矛盾，今天的权威形式在许多领域并不能排除与权力的相互影响和作用，有些权威形式也正是依赖于其所具有的权力地位而形成的，对此无须讳言。我们要强调指出的是关于权威实质的理解，已不可能以权力作为具有普遍意义的解释，它需要根据权威现象的历史发展及现实存在，在普遍的意义上作出解释。从这一角度来看，说权威是意志的施加者和服从者的统一，可以使我们在一个新的角度和层次来认识权威，也有利于将对权威实质的认识推向深入。

三　权威是对客观必然性的认同和选择

社会实践的不断发展，决定了人类的认识的不断深化，权威现象随社会的发展而日益扩大自身的实现领域，必然为权威认识的深化创造了现实的条件。而以往认识所存在的缺陷，恰是认识进一步发展的前提。尽管权力和威望是权威的组成要素，尽管我们认为权威实际上是在一定范围内的被公认为最有影响力或具有使人信服的力量与威望的人或物，尽管权威作为一种特殊的社会关系，是关于意志的施加者和意志的服从者之间的关系等，但是作为权威的实质，它们还是没能回答为什么一些人会对另一些人具有权威的影响？或为什么一些人会信服另一些人的权威？如果说权威在某种意义上是意志的施加者与服从者之间的关系，那么为什么一些人的意志具有这种力量？或一些人为什么会服从另一些人的意志？如果说以上都还不能完全避免权力因素的作用，那么在权威现象存在的一些非权力领域，权威又是如何获得的呢？当权威不再具有强制性，而更多地表现为对某一价值标准和行为模式的认同时，这种价值标准和行为模式又为什么会影响某一类人？或者说，某些人为什么会信仰某种价值标准，推崇某种行为模式？这就需要一个更为深层、更为根本的东西来解释了。

法国社会学家莫里斯·迪韦尔热在《政治社会学》一书中对此有过论述："一个人为什么能够让另一个人服从他（尽管社会标准和价值并未承

认他有这种权力）呢？答案可有几个：首先，我们可以区分建立在强制或暴力基础上的影响力与建立在威望之上的影响力，其次，可分为违背集体价值体系的影响力和符合价值体系的影响力。"① "当一种力量来自威望和门第，即它具有某种精神方向的优越性时，这种力量就会使服从它的人甘心接受。众所周知，提出要求的人，他本人并没有提要求的权力，也不拥有权力，但人们却听从他的要求，这是因为他们承认他有比自己更好的判断能力、理解能力和阐述能力。领袖被人服从是由于他有威望，而不是因他有一种被集体正式承认的权力。"②

在这里，迪韦尔热首先指出一些人对另一些人的服从，可以是对具有强制或暴力的影响力的服从，也可以是对一种建立在威望基础之上的影响力的服从，他接着强调了价值体系的影响力，人们对于一种力量的甘心接受和服从，并不是所具有的权力，而是一种威望，一种精神方面的优越性，即是其所具有的价值标准。就一个具体的人来说，他之所以具有一种权威，即在于他的判断能力、理解能力和阐述能力的超群性。

人们之所以会服从某一权威，从最一般的意义上说，至少有以下三点根据或条件：一是因某些人具有对某些事物的更多、更全面的知识；二是因某些人对某些事物的认识更深刻、更合理；三是因某些人控制了社会生活和生存的一定资源，从而对其他人的生存具有支配作用。权威是一种支配—服从的特殊的社会关系，当这种支配—服从的社会关系不是从强制和暴力的意义上来规范之时，权威的获得便必然更多地来自于上述三点。

马克思主义历来认为，人类是以社会的形式而存在并进行活动的，人的一切活动都是为了处理人与自然以及人与人的关系，而后一种关系又是建立在前一种关系之上的，或者说是围绕着前一种关系而发生的。人在处理与自然的关系时，即需要组织起有效率的社会活动，这种效率性既体现在社会组织起来的统一意志上，又体现在对自然以及对社会自身的内在规律的认识之上。社会活动的统一意志是社会活动一致性的必要前提，因为"许多个人进行协作的劳动，过程的联系和统一都必然要表现在一个指挥的意志上，表现在各种与局部劳动无关而与工场全部活动有关的职能上，

---

① ［法］莫里斯·迪韦尔热：《政治社会学》，华夏出版社 1987 年版，第 114 页。
② 同上书，第 115 页。

就象一个乐队要有一个指挥一样。"① 这个"指挥的意志"就是权威。没有权威，任何一个社会要保证生产连续不间断地进行，社会秩序正常运转，都是不可能的。同时，社会生产和社会秩序的正常运行，又必须建立在对社会生产规律和社会发展规律的正确认识之上。不了解生产的内在规律性，权威的作用越是突出，其对社会生产的破坏性也就越大，不了解社会发展的内在规律，权威的作用将会导致社会专制独裁的现象，并最终破坏社会的正常秩序。

上述之产生与存在的根据和条件，前两点主要是从权威主体的理性认识角度而言，正是因为人类首要的是处理与自然的关系，是了解和认识自然的规律，以指导自己从自然中获得维持生存的生活资料，因而，在这样一个永恒的主题面前，对于自然、客观事物的知识的完备性了解与对其内在规律的正确揭示，就具有了对缺乏这种了解和认识的人们的影响力。人们对某个人、某类组织的权威的服从，是因为这个人、这个组织具有对某一特定事物的更多、更全面、更深刻的认识和了解，服从由这一认识所形成的解决面临问题的意志，是人类处理与自然及与自身关系的必须。一个人、一个组织要确立自身的权威，就必经具有比别的人更多地对于事物的了解和认识。我们常说的知识权威、教育权威、科学权威等，都是指这些权威们（权威的主体）具有比平常人在知识、教育和科学等领域更多的了解，也正是因为他们了解得更多、掌握更多的知识，我们才称其为权威。再如，我们常看到和听到新闻媒介称某权威部门，某权威人士如何如何说，都说明这些权威部门或人士掌握了更多的信息、资料，因而比其他人对某些事物更具有发言权。

然而，仅仅具有更多地信息和资料，还不能构成具有权威的充分条件，因为对于同样的信息、资料，人们可以做出不同的分析和判断，形成不同的认识，而这些不同的认识在指导人们的行动时必然会带来不同的结果。人们在对某些人的意志予以接受并付诸行动后，若是获得的是失败的结果，那么这些人和组织的意志就很难再具有权威性了。在社会生活中，常常有一些新闻媒介在传播信息及作出判断时，因不同原因导引出错误的结论，就很难再为人们所相信，于是也就丧失了权威。社会生活实践给予了人们一次又一次的考验，正是在这一不断地实践考验下，人类对于权威

---

① 《马克思恩格斯全集》第25卷，人民出版社1974年版，第431页。

及其确立的认识也进了一步。权威的确立不仅需要对于事物的更多、更全面的了解和认识，还需要对于事物的内在本质和规律的揭示，只有更加深刻地认识了事物的实质，才可能按照事物的内在规律去组织起人们的社会活动，从而获得成功。这样的意志的施加才会得到人们的服从，才能真正地确立起权威。事实上，只有获得真理性的认识，只有按照事物的内在规律去组织社会活动，才会对人们具有最终的影响力。随着社会的发展和人类理论认识能力的提高，使这种最终的影响力，大大地缩短了发挥作用的历程，人类对于外在世界及内在世界的认识，从问题的提出到最后的解决，其间的历程日益缩短。近代以来，科学技术的飞速发展，使得人类处理与自然的关系的能力大为提高。同样，人类现今处理人与人的社会关系的能力，也由于对人类社会规律的不断深刻认识，而获得提高。

当然，我们所说的对于事物认识的更全面与更深刻是确立权威的必要条件，但这又毕竟是权威发展中应该具有的理想型的规定，在权威的发展历程中，要完全达到这样一种形态尚需要人类社会的进一步发展。在现实社会，权威的确立还离不开前述所论根据的第三点，即对于人类社会生活和生存资源的控制。这一点与前述两点不同，它不属于人类的理性认识范围，而属于社会的活动范围。控制一定的社会生活和生存的资源，毫无疑问会增加一个人、一个集团对于他人的支配能力，这种支配尽管可以不以强制、暴力的形式出现，但却与一定的权力结合在一起。人类社会生活和生存的资源，严格说来都是属于社会的，即使在私有制社会中，私人占有一定的社会资料，却也是为社会认可的，即是社会组织赋予了他拥有这些资源的权力。因而，从这种意义上说，它似乎体现了社会组织的力量。当某个人拥有了一定的资源，他在实施支配力量时，就可以用这些资源作为使别人服从其意志的筹码，或者给予，或者剥夺，以示奖惩。在这种状况下，一些处于资源缺乏的人及群体，就可能为生存所迫，而去服从控制资源的人的支配。这一点在阶级社会表现得十分突出。

阶级社会中，统治阶级的意志的执行，主要依靠的是其手中所掌握的国家政权的力量，而这种力量其来源正在于对生产资料的占有。奴隶主对于奴隶所拥有的权威，乃是他利用其国家政权的强制工具获得的，奴隶不仅不占有生产资料，而且自身也是一种生产资料为奴隶主所占有。封建地主对农民的统治和剥削，从总体上是依赖于其阶级利益的代表——国家政治的力量来实现的，但其具体的剥削方式又不同于奴隶主对于奴隶的剥削，他是真正通过其对生产资料，主要是土地的占有，而迫使农民不得不依附于他。对于资源的占有和控制在这里体现的十分明显，就名义上说，地主并不具有对农民的生杀予夺大权，但农民在其超经济的压迫下，不得不服从其意志。而事实上，这种服从乃是对生产资料这种社会生活与生存资源的服从。资本家对于工人的统治和支配，比起奴隶主和地主又有不同。资产阶级在法律上规定人人生而平等，在社会经济活动中执行平等交换原则，劳动者自身是自由的，是自己的主人，然而，在现实的社会关系中，这一切规定都因其对生产资料的控制与否而全都改变了其性质。如果劳动者不臣服于资本家的意志，尽可自由地离去，但最终也就会自由地死去，因为生活资料的资源并不具有。我们从现代资本主义自诩为民主、自由象征的议会制，就可看出拥有资源在支配社会生活中的强有力作用。各个不同的大财团通过院外势力以及其在政府和议会中的代理人，来贯彻自己的意志，其对社会生活的支配作用这种权威的拥有，是同其对社会资源的控制分不开的。即使我们前面所说的权威确立的两个条件，即对某些事物的更全面、更深刻的了解和认识，从某个方面而言，也常常与对社会资源的控制有关，特别是对信息资源、事物背景知识资的控制源等等。因为对事物的更多、更全面的知识，本身就是一种资源，是所要了解和认识的该事物的资源。因而，对于人类生活和生存资源的控制，尽管在阶级社会是十分突出的，但也是人类社会整个发展过程中不可缺少的一个环节，即它是权威被确立的必要条件。

　　通过上述分析，我们看到，权威包含着权力与威望两个因素，它通过最有影响力或具有使人信服的力量与威望的人或物而实现，它本质上的含义应该是指，人们对于掌握了某种必然性的人的意志的服从，因而它事实上是一种对客观必然性的东西（规律性、真理）的一种认同和服从，这种认同与服从在一定意义又是一种价值选择。这应该是权威概念的最本质的定义，是一种哲学上的规定。只有把权威视为对某种必然性（规律性、真理及价值）的认同和选择，才可能最终解释人们为什么会服从一些人的权威，也才可能解释为什么一些人能够对另一些人具有权威。

四　权威的内在两重性

　　事物总是一分为二的，对事物内在矛盾的认识可以因我们的认识水平而有差别，而且也会因对于事物发展的认识程度而有区别。权威是一种社会现象，它也具有自身的内在规定性，这一规定性即是其内在矛盾的体现。作为一个矛盾统一体，它自然是对立统一的，在矛盾的对立统一中，最基本的两重性是其普遍性与特殊性，也就是事物矛盾的精髓即共性与个性的关系。同样，我们在考察权威现象时，也应抓住其内在两重性，从普遍性与特殊性，共性与个性上加以分析。

权威的普遍性、共性，即是指权威存在的普遍性，它不仅存在于社会生活的各个领域，而且存在于人类社会的始终，它是社会运行的不可缺少的机制，是组织社会生活、维护社会秩序、促进社会发展的必要条件。这一共性特征从对权威的认识而言，又体现为它是人类文化精华的积淀。从权威是权力与威望的统一，到权威是意志的施加者与意志的服从者之间的特殊社会关系，从权威是最有影响力或使人信服的力量和威望的人或物，到权威在本质上是对客观必然性（规律性、表现）的认同与选择，等等，都表现了人类对权威这一客观社会现象认识的发展。这是权威理论发展的必然过程，也是人类认识的共同成果。它尽管是随社会的发展而在不同历史阶段所获得的对权威的认识，但却构成了权威认识的总体架构，是获得对权威全面性的认识的基础。任何权威都最终要受经济基础的制约，这是一种客观的历史事实，但对它的认识则是马克思主义产生之后。然而作为一种正确的科学认识，它又构成对权威全面认识的一个重要环节，所以又具有普遍性和共性的特征。

权威的特殊性、个性，即是指权威又总是具体的，在不同的历史时期和不同的社会生活领域，权威的表现都是有差异的，都是各具特色的。在阶级社会里，受一定的阶级的制约，权威具有阶级性，不仅是不同的阶级有不同的权威意识，而且是每一权威现象都深深地打上了阶级的烙印，是阶级意志的体现。即使许多本不具有阶级特性的事物，也难以不在其生存背景上受到阶级意志的影响。即如科学，也还存在一个应用的问题，即当要确认科学权威时，很难保障非科学的因素的排除。当然真正的科学权威应该是不受阶级等因素的影响，但那在目前只能是一个理想的目标。因而，权威的个性、特殊性，也就表现为阶级性和时代性。即便进入非阶级社会，同样存在着社会组织的因素的影响。而像在我国这样一个消灭了剥削阶级，即不存在大规模的阶级对立的社会主义初级阶段，科学技术的应用、教育的实施、艺术的评价，都很难做到避免非科学、非教育、非艺术的因素的影响，乃至支配或控制。

因而，我们在考察权威现象时，必须从权威的这一内在属性出发，才可能真正明确权威在现实生活中的表现及作用，如果不顾及权威所具有的这种特殊性，就难免会混淆权威与权力的界限，或者会不切实际地追求权威表现的完美，从而不能满足维持社会秩序的需要。

如果把权威当作一个事物个体来看，把权威现象当作具有主体地位的个体来看，那么，它所具有的两重性，也可看作其社会属性与自然属性。所谓社会属性，即包括着其时代性和阶级性，而其自然属性，即指它本身所具有的不受外在因素作用的共性的东西。理解权威的属性将有利于我们对于权威的实质的进一步认识，也将有助于我们正确处理权威在现实社会生活中的特殊作用。

（作者单位：中共中央党校）

马克思恩格斯论五种社会形态权威

隋学礼

因为马克思恩格斯很少专门讨论权威问题（当然除了《论权威》一文），他们关于权威的思想一般都是结合着具体的研究重点而涉及的。所以，我们要全面理解、完整地掌握马克思恩格斯权威理论，就有必要结合着他们对社会历史发展过程的具体研究，特别是他们的五大社会形态理论，来阐述不同社会形态条件下的权威特征。

马克思于 1859 年撰写的《〈政治经济批判〉序言》中把人类社会划分为几个不同的经济的社会形态："所以人类始终只提出自己能够解决的任务，因为只要仔细考察就可以发现，任务本身，只有在解决它的物质条件已经存在或者至少是在生成过程中的时候，才会产生。大体说来，亚细亚的、古代的、封建的和现代资产阶级的生产方式可以看作是经济的社会形态演进的几个时代。"① 当然，资产阶级的生产关系是社会生产过程的最后一个对抗形式，马克思指出这里所说的对抗不是指个人的对抗，而是指从个人的社会生活条件中生长出来的对抗。而且是从资本主义社会的细胞里面发展起来的生产力，同时又创造着解决资本主义本身所存在的对抗。马克思最后结出结论，人类社会的史前时期就以资本主义这种社会形态而告终。代替资本主义社会形态的是社会主义制度，因此，加上在资本主义基础上建立起来的、代表更先进生产力水平的社会主义社会，这样就可以把迄今为止所存在的人类社会的历史划分为五大社会形态。②

---

① 《马克思恩格斯选集》第 2 卷，人民出版社 1995 年版，第 33 页。
② 还有另外一种观点，即根据马克思在《1844 年经济学哲学手稿》和马克思恩格斯在《德意志意识形态》中的观点，提出马克思恩格斯的"三大社会形态理论"，"人的依赖关系（起初完全是自然发生的），是最初的社会形态"，"以物的依赖性为基础的人的独立性，是第二大形态"，"建立在个人全面发展和他们共同的社会生产能力成为他们的社会财富这一基础上的自由个性，是第三个阶段。"很明显，马克思恩格斯在这里主要是根据人与人、人与物关系的不同发展水平及特点所做出的划分。参见陈刚《马克思的自由观》，河南人民出版社 1996 年版。也可参见孙伯鍨、张一兵《走进马克思》，江苏人民出版社 2001 年版。

正因为生产关系不仅是人类劳动力发展的测量器，而且是劳动借以进行的社会关系的指示器，一定社会的生产力状况是劳动者、劳动手段和劳动对象的动态结合，是权威理论根本意义上的决定性因素，所以基于此考虑，我们来思考与梳理马克思恩格斯关于五种社会形态条件下的权威形态的论述。

一　原始社会的权威

原始社会的权威其存在的客观物质基础主要是生产力发展水平低下，人类生活的自然界就成为崇拜对象，原始社会权威的形式主要表现为对部落酋长、氏族首领的个人崇拜，原始的权威在内容上表现为力量的权威、神秘的权威，反映了原始社会权威观的自发状态。在所形成的权威关系中，作为权威主体的酋长、首领往往表现为领袖的权威，原因就是他们对于其他人来说仿佛具有超人的力量、掌握着神秘的力量。这样一来，作为权威客体的其他人，由于自身的原因就比较乐意接受这种权威领导，而且是自觉自愿地接受与服从这种权威领导，从而构成了恩格斯所论述的具有非强制性服从关系的权威形式。从民主政治上看，原始社会的权威表现为一种原始的民主制度。

亚细亚所有制形式应该是最古老的形式，它是随着历史的发展自然而然形成的一种共同体形式。马克思和恩格斯在《德意志意识形态》提出了两种形式的所有制，第一种所有制形式是部落所有制，社会分工在这个阶段很不发达，仅限于家庭中现有的自然形成的分工的进一步的扩大。因此，社会结构也只限于家庭的扩大：父权制的部落首领、他们管辖的部落成员和奴隶。在这里，权威就表现为对部落的酋长、氏族的首领的崇拜与服从。第二种所有制形式是古典古代的公社所有制和国家所有制。这种所有制是由于几个部落通过契约或征服联合为一个城市而产生的，在这种所有制形式下保存着一定的奴隶制，由于生产力的发展、生产资料和生活资料数量上的增加，私有制便逐渐出现了，人们共同对生产资料的支配权威日渐衰落。从权威表现形态的发展过程来看，自然对人的权威就走向了人对人的权威。

《家庭、私有制和国家的起源》是恩格斯晚年的一部重要著作，恩格斯写作的一个主要原因是为了完成马克思已经开始但未能完成的关于原始社会研究的任务，从而为我们从中探讨马克思恩格斯关于原始社会的权威理论提供了宝贵的第一手资料。

　　恩格斯在书中提出了两种生产的理论，这为科学地研究原始社会的权威提供了理论方面的依据。恩格斯指出："根据唯物主义观点，历史中的决定性因素，归根结蒂是直接生活的生产和再生产。但是，生产本身又有两种。一方面是生活资料即食物、衣服、住房以及为此所必需的工具的生产；另一方面是人自身的生产，即种的蕃衍。一定历史时代和一定地区内的人们生活于其下的社会制度，受着两种生产的制约：一方面受劳动的发展阶段的制约，另一方面受家庭的发展阶段的制约。劳动越不发展，劳动产品的数量、从而社会的财富越受限制，社会制度就越在较大程度上受血族关系的支配。"① 人类社会要生存与发展必然需要两种生产，也就是不仅包括物质生活资料的生产，而且也包括"人类自身的生产"。物质生活资料的生产主要指人们衣食住行所必需的资料以及为生产这种生活资料所必需的生产工具的生产；而人类自身的生产主要指人类肉体生命的世代延续，也就是血缘关系和家庭关系的建构与发展。在远古时代，物质资料的生产力水平非常低下，人类自身的生产即血缘和家庭关系对社会制度的制约作用相当大，家庭对于每一个的人权威也就非常明显。

　　"随着男子在家中的实际统治的确立，实行男子独裁的最后障碍便崩毁了。这种独裁，由于母权制的倾覆、父权制的实行、对偶婚制向专偶制的逐步过渡而被确认，并且永久化了。但是这样一来，在古代的氏族制度中就出现了一个裂口：个体家庭已经成为一种力量，并且以威胁的姿态起来与氏族对抗了。"② 家庭权威就这样出现了，在一定范围内取代了部落酋长、氏族首领的权威，同时这也意味着私有制已经产生和存在，它已经对权威开始发挥作用了。

　　随着社会物质生活资料的生产逐步逐渐发展，人类自身的生产即血缘和家庭关系的作用不断的弱化，特别是以私有制、阶级的产生和国家统治为特征的政治社会取代了以血缘关系为基础的氏族社会制度之后，人类由无阶级的原始公有制社会进入到以私有制为基础的阶级社会，家庭的权威作用更是明显下降。这种变化说明了权威形式变化的背后原因是生产力、

---

① 《马克思恩格斯选集》第 4 卷，人民出版社 1995 年版，第 2 页。
② 同上书，第 162—163 页。

生产关系的共同作用。

　　总之，原始社会的权威是建立在人们对自然界依附关系的基础之上，与后来的权威形态来说是低层次的，权威产生与形成的根本原因在于当时人们生存的迫切需要，因为只有对部落酋长、氏族首领的权威表示认同，以他们为中心形成一个能够抵御来自自然界的危险，才能安全地生存，可以说这种权威是人们自发意识的产物。但从根本上说，原始社会的权威仍然根源于现实的生产力水平、相当于当时的生产状况，即客观物质基础是起基础作用的。

二　奴隶社会的权威

　　奴隶社会的权威自然不同于原始社会的权威。在自给自足的自然经济条件下，由于生产力水平有了一定的发展，生产出来的产品除了能够满足自己的需要以外，还有了一定程度的剩余，出于改善自己生活水平的需要，人们彼此开始有了交换多余产品的行为，这种交换的行为对于人类社会来说标志着一个巨大的进步。交换的结果就是有一部分人逐渐富裕起来，成为奴隶主，他们不仅拥有更多的生产资料和生活资料，而且还拥有失去人身自由的奴隶。奴隶主为了控制奴隶，保护自身的利益，客观上就需要有一种表现为凌驾于社会之上的力量，于是产生了拥有军队、警察、法庭、监狱等暴力机关的国家，因此国家存在的目的就是充当实行奴隶主专政的权威机关。非常明显，这种政治权威是以父权家长制家庭为基础不断发展起来的，奴隶主对奴隶拥有绝对权威，权威表现出完全的强制性特征。

　　在奴隶社会中，社会的主体主要分成两个部分：奴隶和奴隶主，他们之间的关系是相互依赖的，而且是高度的依赖性，当然这种依赖性不是奴隶主动要求的，而是被奴隶主强制施行的。由于所有制的形成与发展，奴隶主通过"棍棒"式的权威不仅占有奴隶所创造出来的全部劳动成果，而且还占有奴隶本身，奴隶完全属于奴隶主所有。奴隶社会的权威在形式上更多的是表现为国家的政治权威，其最终的物质根源仍然在于其生产力的发展水平。

　　在奴隶社会的权威关系中，奴隶主是权威主体，奴隶是权威客体，权威主客体之间的关系是绝对的、强制性的和无条件的。从权威形式上看，奴隶社会的权威是政权与族权的一致与统一体，奴隶主贵族在政治上的等级关系表现在其权威方面就变成了层层相属的宗法关系，原始社会中大量存在的非强制性的权威关系也已经消失得无影无踪了，代替它的是奴隶社会中广泛存在的强制性的权威关系。奴隶主就是依靠这种几乎完全是强制性意志服从关系的权威形式、依靠残酷的刑罚等缺乏人道的权威手段来保护自己的利益不受侵犯。

客观地讲，马克思在论述前资本主义社会形态时并没有详细地讨论奴隶社会。一般而论，奴隶主是把奴隶当作自由再生产的无机自然条件，因为在原始社会后期，作为人活动的前提条件的自然界与人发生了一定程度的分离，这主要是由于生产力的发展、社会分工的深化所致。而到了奴隶社会时期，人与自然的分离得到了进一步的发展，自然对于人的权威逐渐让位于人对人的权威，而人对人的权威的背后则体现着社会存在的物质条件的决定作用。在奴隶社会的权威条件下，奴隶主把奴隶与牲畜、工具看作是一样的东西，奴隶就是奴隶主的劳动工具、土地附属物、牲畜等，奴隶就是会说话的工具，其丧失了人身的全部自由，完全是在奴隶主的皮鞭、棍棒下从事着最繁重的体力劳动，"一切先前的所有制形式都使人类较大部分，奴隶，注定成为纯粹的劳动工具"。① 这主要是由于奴隶社会生产力水平极其低下，奴隶主为了自己的生存与生活，就必须强迫奴隶进行高强度的劳动，而这只有以人身依附关系为基础把奴隶限制在土地上才有可能。当然这样一来，原始社会所存在的人与自然的内在的统一便被打破了，表现为自发形式的权威、对神或者自然界的崇拜变成了对棍棒、武力、人本身的权威，奴隶社会的权威第一次使权威在内容和形式上有了发展，虽然从道德意义来看，奴隶社会的权威比原始社会的权威下降了很多，但是从对权威的认识方面来看，关于权威的理论却比之前有了更大的进步。

三　封建社会的权威

封建社会的权威与奴隶社会的权威在本质上并没有太多的差异，只不过是其强制性不如奴隶社会的权威那么高而已。封建社会实行的是高度集

---

① 《马克思恩格斯全集》第46卷下，人民出版社1980年版，第88页。

权的封建官僚制度，这种权威体系的顶端就是皇帝或国王，由于其拥有绝大部分土地，甚至在一定意义上还拥有本国人民的全部，例如中国古代就有"普天之下，莫非王土，率土之滨，莫非王臣"①为证，所以封建社会的权威就表现为皇帝或国王作为代表的土地所有者拥有对依附于自己的农民的巨大权威。

虽然农民比奴隶在人身自由方面有了一定的解放，农民不再被看作是"会说话的工具"，但农民对地主较强的人身依附关系仍然存在，其原因主要是封建地主拥有主要的生产资料即土地，农民要生存就得向地主租种土地，这样一来就形成了农民因租种土地而对封建地主的某种形式的人身依附关系。封建社会的权威关系中的权威主体就凭借着对土地的占有，从而拥有了对农民进行剥削的多种具体权威，当然这个时候权威的主要载体不再是"棍棒"，而是变成了"土地"了。虽然封建社会权威的强制性要比奴隶社会权威的强制性要少一些，虽然农民有了一定的人身自由的权力，但因为土地所有制的关系，所以农民还是很难摆脱对土地所有者的依附关系，封建社会的权威依然表现出很强的强制性。

在讨论封建社会的权威时，我们始终不要忘记封建社会中人与人之间关系的背后具有物的性质，即土地在封建社会的权威关系中扮演着一个非常重要的角色。依靠土地的占有与使用而形成的封建专制就是整个封建社会当中最重要的权威形式，当然在封建社会中，由于生产力水平有了一定程度的发展，人们的认识水平比奴隶社会有所提高，所以，权威主体对权威客体来说，其意志的服从关系并不仅仅是依靠暴力、专制等强制性手段来形成与维护，同时也辅助于道德、法律、意识形态方面的权威形式与手段，而且在某些情况下，后者这些并非是强制性的权威所起到的作用要远远优于前者。欧洲中世纪的宗教权威、中国的三纲（"君为臣纲"、"父为子纲"、"夫为妻纲"）、五常（仁义礼智信）以及名教观念等都起到了一定的维护社会秩序、规范人际关系的作用，从实际效果来看，这种封建礼教的权威所起的作用一点也不比暴力手段的权威弱。

从总体上说，封建社会权威的消极方面是非常明显的。劳动者对他的生产资料的私有权是小生产的基础，小生产又是发展社会经济和劳动者个体自由个性的必要条件，这种客观条件就使封建社会的权威具有了鲜明的

---

① 《诗经·小雅·北山》。

强制性特点。封建社会的生产方式和生产关系主要表现为土地私有制即封建地主占有土地，而同时土地和其他生产资料又是分散地存在各个地方，这种状况既不利于生产资料的集中、生产过程的相互协作，同时又排斥同一生产过程内部的必要的分工，在社会上排斥对自然的统治和支配，限制了社会生产力的向前发展。所以，依附于封建土地制度的封建社会的权威在客观上就要被依附于资本制度的资本主义权威所代替。

四　资本主义的权威

资本主义的权威也是通过各种暴力手段来建立与维护的，只不过是资产阶级通过各种方式来掩盖这些暴力，从而隐藏其对劳动人民政治上压迫、经济上剥削的内在本质。无论如何，不仅资本原始积累时期以"羊吃人""圈地运动"等为代表的血腥暴力是资本主义权威形成的非常重要和关键的因素，而且，当资本主义资本向外扩张的时候通常都是伴随着暴力的使用，所以，对资本主义的权威应该按照马克思主义基本原理去进行分析，而不能只看表面而忽略了其本质。

虽然在资本主义社会中，商品生产和商品交换表面上表现出平等的关系，每个人似乎都是自由的，好像每一个人都是在自愿的形式下进行着公平的交易，在这个过程中任何一方都不使用暴力，但是马克思却一针见血地指出，资本家是资本的人格化，资本主义社会中这种形式上的平等与自由掩盖着本质上的绝对不平等与不自由，掩盖了资产阶级对无产阶级暴力镇压的实质，只不过是权威在资本主义条件下以现在的这种方式具有更大的欺骗性而已。"在现存的资产阶级社会的总体上，商品表现为价格以及商品的流通，等等，只是表面的过程，而在这一过程的背后，在深处，进行的完全是不同的另一些过程，在这些过程中个人之间表面上的平等和自由就消失了。"[1] 资本主义社会中所存在的商品拜物教抛弃了前资本主义社会中农奴与领主、地主与农民、陪臣与诸侯、俗人与牧师之间赤裸裸的以人身依附为特征的社会关系，因为在自给自足的农业社会中，劳动产品不需要采取虚幻的形式，直接表现为实物特性；但在资本主义社会条件下，产品的背后却是资本家与工人之间的剥削与被剥削关系，因为劳动产品变

---

① 《马克思恩格斯全集》第46卷上，人民出版社1980年版，第200页。

成了商品，成了可感觉而又超感觉的社会的物。特别是货币这种充当一般等价物的特殊商品的存在，进一步强化了商品拜物教这一现象，由于其形式进一步的虚拟化，商品拜物教转化为货币拜物教形式，从而使货币成为在资本主义社会中取代一般权威形式的更具有神秘性的非人格化的权威。"货币对个人的关系，表现为一种纯粹偶然的关系，而这种对于同个人个性毫无联系的物的关系，却由于这种物的性质而赋予个人对于社会，对于整个享乐和劳动等等世界的普遍支配权。"① 所以说，在资本主义社会中，物压倒了人，货币就是上帝，生产的一切目的就是为了剩余价值，从而资本对人来说就是具有决定性的权威。

马克思在《资本论》中分析资本主义企业内部的权威时指出，一切规模较大的直接社会劳动或共同劳动，都或多或少地需要指挥，以协调个人之间的活动。对于一个社会来说，一切规模较大的直接社会劳动或共同劳动，就更需要组织、协调和指挥，即需要社会权威、政府权威等来协调个人的各种活动。马克思还通过分析生产协作中的雇佣劳动状况来阐述资本主义权威的存在及重要性，对此马克思指出："雇佣工人的协作只是资本同时使用他们的结果。他们的职能上的联系和他们作为生产总体所形成的统一，存在于他们之外，存在于把他们集合和联结在一起的资本中。因此，他们的劳动的联系，在观念上作为资本家的计划，在实践中作为资本家的权威，作为他人意志——他们的活动必须服从这个意志的目的——的权力，而和他们相对立。"② 显而易见，资本家的权威在观念和实践上都是雇佣工人劳动协作的"他人的意志的力量"，是权威的主体，而工人毫无疑问的是权威的客体，必须服从以资本形式表现出来的资本家的权威。这是因为"资本意识到自己是一种社会权力；每个资本家都按照他在社会总资本中占有的份额而分享这种权力"。③

这样一来，过去的权威形式与产品生产、自由贸易、等价交换原则根本不适应，权威就从以前自然界的权威、人的权威转变到机器的权威、资本的权威，由以前人对自然界权威消极的应对转变到人对机器权威的积极调整，于是资产阶级找到了适合其统治的新的权威形式——资产阶级民主

① 《马克思恩格斯全集》第 46 卷上，人民出版社 1980 年版，第 171 页。
② 《资本论》第 1 卷上，人民出版社 1975 年版，第 368 页。
③ 《马克思恩格斯选集》第 2 卷，人民出版社 1995 年版，第 445 页。

制，实际上这种权威不外是体现资产阶级意志并以国家强制力为依托的资产阶级专政，正如马克思所指出的那样，资本主义的自由、民主理论是虚假的、庸俗的，因为一旦离开简单的商品流通领域或交换领域，事情就发生质的变化："原来的货币占有者作为资本家，昂首前行；劳动力占有者作为他的工人，尾随于后。一个笑容满面，雄心勃勃；一个战战兢兢，畏缩不前，像在市场上出卖了自己的皮一样，只有一个前途——让人家来鞣。"① 就这样，从过去表现为人对人的直接权威转化为这里的物对人的间接权威，其表现形式日益多样化与抽象化，例如制度权威、资本权威、技术权威等等，虽然从权威的范围和形式看，较之过去的社会形态的权威形式有了很大进步，但实质上资本主义权威比过去的权威在统治劳动人民方面更加隐蔽、更加残酷，而且因为隐去了过去形式上的人对人的权威，权威变成了让权威客体看不见、找不到权威主体的"匿名权威"，② 同时权威在形式上、表面上还在某种程度上获得了"合法性"与"合理性"的特征。

虽然在资本主义社会中并不以财富的多寡直接决定政治权力的大小，但财富却以间接的方法实现了它对政权的控制。总之，资本主义权威比奴隶社会的权威、封建社会的权威在表现形式上更合理、更合法，但在本质上资本主义权威所起的作用更隐蔽、更残酷，其欺骗性更强。

五　社会主义的权威

社会主义的权威的性质和特点完全不同于之前所有社会形态的权威，因为它是第一个消灭了剥削制度的新型社会，权威就由代表少数人的意志变成了代表最广大人民群众意志的最大范围的权威。具体地讲，在社会主义社会里权威本质上是社会主义民主的权威，其存在的目的就是为了实现社会主义民主和自由。

---

① 《马克思恩格斯选集》第2卷，人民出版社1995年版，第176页。
② "匿名权威"是法兰克福学派中的霍克海默、马尔库塞等人针对资本主义社会与政治统治出现的新特征而提出的概念。霍克海默认为，当代资本主义的控制实践了一种新权威的建立，从粗暴的直接的权威变成了一种潜在的权威；马尔库塞则认为，资本主义的统治不再通过政治强权而是以科学和正义的形式来实施，统治者本身被人格化了，不是人在统治社会，而是科学理性在支配社会，制度在起着决定作用，马克斯·韦伯所提出的法理型权威是整个社会正常运转的主要机制。参见张一兵、胡大平《西方马克思主义哲学的历史逻辑》，第345—347页。

　　在社会主义条件下，工人阶级为了维护自己已经得到的政治地位并且按照本阶级的历史使命去改造社会，还必须具有强大的政治权威，这种政治权威的集中表现就是人民民主专政和共产党的领导。社会主义社会对广大人民群众实行民主，对少数敌对分子实行专政，权威存在的基本形式是社会主义的民主和法制的权威。从权威的形式上看，国家权力机关、各级政府是权威的主体，广大的人民群众是权威的客体，尽管有的时候权威主体的意志并不完全被权威客体所自觉自愿地服从，但从权威的本质上看，社会主义国家实行的是人民民主专政，人民群众是国家的真正主人，他们的利益就是国家的最高利益，国家的一切活动都是为了提高与服务于人民群众的利益，而且各级国家机关的权力都是人民授予的，所以从最根本的意义上来说，人民群众才是权威真正的主体，权威的主体与客体之间的关系是高度的一致，并可以互换。另一方面，社会主义民主的存在与发展对社会主义权威也有极大的促进作用，没有社会主义民主就没有社会主义制度，当然没有社会主义民主也就不可能有社会主义的权威制度。只有经过民主的程序来监督权威的运行过程，通过合法有效的途径把全体人民的意志集中起来，才能使社会主义权威真正代表广大人民群众的意志，才能实现权威主体与权威客体意志服从关系上的一致。

　　随着社会主义制度的建立，人民群众在政治上当家作主，社会主义权威集中代表了最广大人民群众的根本利益，所以，人民群众原则上是自觉自愿承认服从社会主义权威，这样的结果有利于发挥其积极性与创造性，有利于社会主义制度的发展与完善。因此，社会主义权威必然是代表人民群众的根本利益，必然是尊重人民群众的根本意愿，必然是满足服务于人民群众的根本需要。而社会主义权威之前的任何阶级社会的权威从本质上来看都不应该称其为权威，把这样的权威叫作权力或者强力可能更加符合事物的本来面目，因为这样的权威形式其形成主要是依靠强权、暴力，权威客体的服从主要是被动和消极的。而只有社会主义的权威才是真正的权威形态，因为社会主义权威不仅表现为权威客体对权威主体意志的自觉自愿地服从，而且最重要的是权威主体的意志就是代表着最广大权威服从者、接受者的根本利益，双方的最终目的与利益是高度的一致。

六　结论

具体实践的多样性，决定了在其中得以呈现的权威的多样性。尽管这些多样性的权威形态之间具有某些共同的品质和特征，但同时它们之间又具有由具体实践情况所决定的权威特殊性。因而要想在具体的实践中准确把握权威现象，对权威的形态进行类型区分就十分必要。

马克思恩格斯对权威的分类不是从权威的表象出发，而是从权威的本质出发来划分权威类型的，并且通过考察权威的主客体关系，也即在哲学含义的基础上提出了权威类型的科学观点：强制性权威与非强制性权威。正是基于这种科学的划分理论，马克思恩格斯继续从社会发展的阶段性以及社会制度入手，区分了不同社会形态权威，即原始社会权威、奴隶社会权威、封建社会权威、资本主义权威和社会主义权威，并分别阐述了不同社会形态的权威内涵和其特有品质，它们构成了马克思恩格斯权威理论体系的重要内容。

（作者单位：北京航空航天大学）

赢得领导权威

领导权威也就是得到了服从和认同的创造性影响力，从领导方面看，是创造性地开展新工作开拓新局面，从群众的方面看，则是对领导的创造性影响力的服从和认同。因此，赢得领导权威，从群众的方面看，就是要赢得放心、赢得认同；从领导的方面看，就是要有创造性、能够创造性开展新工作开拓新局面。

一　领导权威的构成

领导权威，是由三个基本要素构成的，它们是创造性、服从和认同。如果需要一个关于领导权威的定义，我们认为，领导权威也就是那些被服从与认同的创造性影响力。领导权威是由创造性、服从、认同三位一体构成的领导权威。所谓三位，也就是创造性、服从和认同三个要素，这三个要素，要能构成一个权威，还需要三个要素组成一个共同体，也就是说三位要一体，才能构成我们所说的权力权威，这是关于领导权威的三个构成要素。

领导权威的三个要素，或者说三位一体的领导权威，可以分成两个方面，应该从两个不同的方面去看待。第一个方面，应该从领导者这个方面去看，领导权威之所以是领导权威，根本上是由于领导具有创造性，具体地说，领导的创造性包括哪些创造性呢？第一，需要领导者的领导活动具有创造性，第二，需要领导者促进干部和群众的创造活动。另一方面，从群众这个方面看，需要有群众对领导的服从，需要有群众对领导的认同，通常这两个方面我们往往强调的是领导者领导活动这方面具有什么特殊的品质、具有什么样人格的魅力，这当然是正确的，但是是不全面的。一个领导权威之所以能够确立，除了应该从领导者的领导活动这个方面去看，还应该从群众和干部的服从和认同这个方面去看，从这样一个方面去看，我们可以注意到领导权威在很大程度上是干部和群众的服从与认同，让渡给领导者的。领导权威的两个方面不应该孤立、片面、割裂地去看，领导者及领导活动的创造性方面，与干部、群众的服从和认同这个方面是相互促进、相互规定、相互影响的。

领导权威包括领导者的创造性和干部群众的服从与认同这两个方面，就其内在的逻辑关系看，应该说领导者的创造性是因，干部群众的服从和认同是果，首先是领导者的领导活动富有创造性，然后干部和群众才有了对领导者的领导活动的服从与认同。如果领导者的领导活动是缺乏创造性的，是缺乏人格魅力的，是缺乏对干部、群众创造性的促进和认同的，那么，干部群众的服从能够服从于什么东西呢？干部群众的认同，能够认同于什么东西呢？所以，在三个要素两个方面中，创造性是最根本的、最核心的和决定性的。概括为一句话，我们认为任何权威、任何领导权威都包含有最低限度的创造性的成分，这是我们需要讲的第一个问题，也就是领导权威的构成。

二　赢得服从

第二个问题，领导者如何赢得服从呢？领导者赢得群众的服从，赢得干部的服从，这是他赢得领导权威的一个方面、一个要素，首先一个问题需要我们广大的领导干部对群众的服从心理有一个明确的了解和把握。关于群众的服从心理，第一，我们认为服从有一种内在的、强烈的、对自身价值观、对自身情感的尊重，这个方面的要求。也就是说，干部和群众之所以愿意服从，之所以服从，需要领导者尊重他们的情感，尊重他们的价值观。大家知道，在历史上，曾经存在原因比较广泛的、长时间的奴隶制，对于奴隶制的起源，我们通常认为主要的方面是因为奴隶是被征服的，是从他们是被统治者这个方面去看，从这个方面看有一定的理由，有一定的合理性，但是，同样是片面的。

意大利学者维柯曾经指出，奴隶之所以愿意服从，不仅仅是因为他们的战败，他们的被征服，而是由于他们丧失了自己的守护神，丧失了自己的社稷，丧失了自己的精神家园。也就是说，奴隶、被征服的部落，只有当他们的守护神被消灭的时候，他们才愿意服从，他们才心甘情愿服从。他们服从什么呢？他们服从征服者、占领者的守护神，也就是说他们服从一个新的神。

二战期间，日本在占领韩国的首都，占领他的故宫时，曾经采取了一系列措施，想争取、想镇压、想取得韩国人的服从。韩国首都的故宫和我们北京紫禁城的结构有相似的地方，周围是比较高的山、树木茂盛、山泉潺潺溪流，日本占领了故宫以后把周围的树木给砍伐了，把山泉用水泥、木桩堵塞住，希望借助这样的手段让韩国人服从，但是韩国人坚持到最后，始终不愿意服从日本的统治。

无独有偶，在二战期间，美国在是否要攻占和日本本土的问题上，也存在着基本相似的考虑。大家知道，在是否攻占日本本土的问题上，在美国军事和政治家内部存在着分歧，当时的兰德公司曾经向美军和美国的高层决策层提供了一个建议，保留日本的天皇制，不要攻占日本本土。由于兰德公司的建议被美国军方和决策高层接受，实际上是对日本的民族文化、民族情感和历史传统保持了某种限度的尊重，所以，最后日本人宣布接受美国的占领，从而避免了大量的军事损失，迅速赢得了战争的胜利。我们从这个方面分析，绝不是要求我们的领导干部要征服我们的干部群众的守护神，而是说，要对我们的干部群众的情感、对他们的价值观有一基本的尊重、基本的认同。只有尊重了干部和群众的情感，尊重了他们做人的准则，我们的干部和群众才心甘情愿地愿意服从我们的领导。

在这个方面，我们还可以看出要赢得干部群众的服从，首先需要把服从内化，把服从变成干部群众对自身的服从，表面上看来是干部群众在服从某一个领导者，实际上是干部群众在服从于他自己，当然，把服从内化了，而不是把服从奴化了，这个是关于服从的情感需要和价值观的需要。

另外一方面我们也需要注意到，干部群众的服从，存在一个矛盾心理，什么是矛盾的心理？也就是说，干部群众在服从的同时，还有另外一种比较强烈的倾向，他们倾向于独立，他们倾向于反抗。群众的服从心理完整地说是一个矛盾的心理，只有服从的一面，也有要求独立、要求自主的一面，干部群众的服从心态是双重的，大家可以注意到，在青春期阶段的孩子，他们要求独立和自主的心理逐渐占了上风，而服从的心理越来越少，特别是在那些有比较强烈的逆反心理的孩子中，服从与反抗的矛盾，服从与独立自主的矛盾在他们的心态中始终交织在一起，也就是说群众的服从心理有一个发展过程，某一个阶段之前服从为主，进入某一个阶段之后，他们要求独立、要求自主的心理、意识，也就是说，他们的反抗意识越来越加强，那么，要想赢得干部群众的服从，除了尊重他们基本的情感和价值观需要，还应该考虑到他们对独立、自主的要求，只有在这样的方面进一步信任他们、尊重他们、爱护他们，才能当群众的独立自主的心理处于占上风的时候，能继续赢得干部、群众的服从。在这样一个阶段，就需要我们的领导与干部、群众重建情感上的创造性的关系。这是我们讲的第二个问题，如何赢得服从。

三　赢得认同

第三个问题，如何赢得认同。

在赢得认同的问题上，领导与干部群众既不是完全相同的，也不是完全相异的，也就是说，在赢得认同的过程中，有一个心理转化的关节点，这个关节点就是认同。我们说，领导与干部、群众，他们是同中之异和异中之间的关系，他们有相同的一方面，但是，相同之中又包含着差异，他们有不同的一方面，但是，不同的一方面当中又包含着基本相同，这就是我们通常所说的从群众中来，到群众中去，既来源于群众又高于群众，青出于蓝而胜于蓝，先做学生，再做先生。

彭湃是我们党的历史上搞农民运动比较早的，被称之为农民运动大王，彭湃在赢得农民的认同问题上，曾经积累了很好、很丰富的经验，彭湃是中山大学的大学生，为了赢得农民的认同，彭湃首先脱下了上学时候穿的白衬衫，穿上农民的土布衫，农民不认同他，他又脱下了自己上学时穿的白球鞋，穿了上农民的布鞋，农民还不认同他，他又改掉了官话，说起了土话，家乡话，也就是闽南话，农民还不认同他，大家知道，农民是要拜菩萨、拜祖宗的，后来彭湃和农民一起拜祖宗、拜菩萨，这时候，广大的农民就感觉到，彭湃是我们的人，也就是说，他们在心理上把彭湃看作自己的人，这就是在赢得农民的认同过程中的心理转变的关键，这就是我们说的同质同想和优质优量的基础上，有一个认同的根本的转变，我们某种意义上可以把它概括为"认"，只要群众、干部认了你这个人，这就是赢得认同的最关键的一个转折点。

认同有三种基本类型或者阶段。

第一个类型、阶段，叫情感的认同。要想赢得广大的干部和群众的认同，我们领导者自身首先要对干部、群众，对他们的审美趣味、对他们的情感有一种起码的认同。大家知道，毛泽东对广大农民群众的认同，首先就有一个朴素的、油然而生的情感上的尊重、关怀和爱护，正是由于从对农民情感上的关怀和需要出发，所以，毛泽东赢得了广大人民群众的衷心拥护。情感的认同是赢得干部群众认同的第一个阶段，或者说第一种类型。

第二个阶段，叫做理智的认同，也就是有批判、有比较的认同，毛泽东曾经说，欲与天公试比高，这可以说就是赢得认同的第二个阶段，也就是理智的认同，有比较、有分析、有批判的认同。有些影响力能够得到认同，有些做法、有些作风就不能得到认同，大家可以注意一下，改革开放以来，我们广大领导的领导权威在很大程度上就具有理智认同的特征。

第三个阶段，叫做欣赏与审美的认同。改革开放经过 20 多年的发展，我们初步告别了匮乏经济，基本上进入了富裕社会，或者富裕社会这么一个阶段，有人把这个阶段称之为优雅社会，在这样一个社会形态中，要想赢得别人的认同，首先要学会欣赏人、爱护人，只有你作为领导者欣赏了你的干部、欣赏了你的群众，才能反过来为领导者赢得干部、群众对自身的认同。在这样一个初步进入富裕社会的阶段，我们可以注意到，广大的员工、广大的职工到我们公司里面来，并不单纯是为了提高工资、提高奖金、提高物质方面的福利待遇，他们有着一种强烈的被尊重、被理解这么一种认同的需要，他们发展的动因是内在的而不是外在的，他们需要实现自我发展、自我完善，那么在这样一种情况下，要想赢得广大的员工、广大的职工和一般的干部群众的认同，首先就需要我们领导者学会尊重干部群众的这样一个基本心理需要，学会尊重人、关怀人、欣赏人和爱护人，只有在这样的基础上，才能赢得干部群众对我们领导者的认同。

四　领导活动的创造性

第四个问题，赢得领导权威，需要创造性，需要领导者的领导活动的创造性这样一个渊源、这样一个基础。那么，领导者的领导活动具有哪些创造性呢？我们在领导权威的构成里面曾经交代过，这种创造性有两个主要方面，第一，领导者的领导活动创造性，第二，领导者促进干部群众的创造性。赢得领导权威，最终就需要领导者在这样两个方面富有创造性。

第一，领导活动的创造性。领导者的领导活动要具有创造性，大家可能存在这样的疑问，什么是领导者的创造性呢？或者说，领导者的创造性领导活动，到底是什么样的活动呢？在这个方面，我们倾向于认为领导者的创造性的领导活动，归根结底，是，而且只能是创造性的转化矛盾的能力。让我们把这个问题再强调一遍。所谓领导者的创造性的领导活动，在归根结底意义上，是，而且只能是创造性的转化矛盾能力。那么关于创造性的转化矛盾的能力，我们认为应该从这样几个方面入手。

（1）领导者的创造活动，要创造性地转化矛盾，首先它是一个切入的概念，在这个方面，领导者的创造活动的第一步，正像打保龄球一样，打保龄球不是直接去打一号瓶或者二号瓶三号瓶，而是打一号瓶与二号瓶之间，或者一号瓶与三号瓶之间，从这样两个缝隙之间切入到一个矛盾去，在这样一个方面来看，创造性的领导活动既不可能忽视矛盾、回避矛盾，也不可能消灭矛盾，而只能是切入到矛盾之中，创造性地去转化矛盾。在这样一个方面，我们的许多领导干部往往有一个错误的或者不正确的观念，在企图去解决矛盾、转化矛盾的时候，往往采取一种正面冲撞的态度，企图通过正面的接触去解决问题，不能否认这种正面接触的办法也是一种办法，但是，应该说它不是一种合适的，或者切合的办法。另外我们可以看到，许多人在解决矛盾的问题时候，采取一种回避、拖延、害怕矛盾的态度，当然我们讲这些态度都是不应该的，也是不好的。

（2）创造性的领导活动，需要我们领导者注意两个"借"。从领导者自身来说，应该说领导者自身的力量相对于所要完成的任务的巨大性，相对于广大人民群众的力量来说，应该说领导者自身的力量，是比较弱小的，但是，领导者如果能够善于借势、善于借力，那么就可以把这样一个弱势转化成为一种优势。

第一个所谓的借势。封建社会，我们从电影中经常可以看到，一个秀才、读书人考中了举人、探花，被皇帝指派到千里之外的一个县城任知县，我们经常会纳闷，这样一个白面书生到千里之外地方赴任，他有什么力量、什么能力完成那样的领导活动呢？仔细地分析，我们可以发现这样一个领导者首先需要借助千里之外一个陌生的地方，那个地方正在生成、正在酝酿的趋势、趋向、苗头，也就是说在借势这方面需要领导者对事物发展、事态发展的基本苗头、基本趋势要有一种敏锐的把握、敏锐的洞察，这个是所谓的借势。日常生活中我们经常可以看到，比方说，鹰，只有借助上升的热气流，才能展翅飞翔，在这个方面就需要我们的领导干部在进行领导活动，特别是进行创造性的领导活动的时候，要对事物发展的这样一个苗头、这样一个趋势，有一种敏锐的和深刻的把握，这就是所谓借势。

另一个借是所谓的借力，借势是借助客观、外在事态本身的趋势，借力，则是借助自己所领导的广大的干部和群众本身的力量，借势和借力分别来自于两个不同方面的趋势和力量。什么是借力呢？大家知道，近代以来，特别是 1840 年以来，中国人被称为积贫积弱，一盘散沙的东亚病夫，但是，正是这样的积贫积弱，一盘散沙的东亚病夫在以毛泽东为核心的第一代领导集体的领导下，通过组织起来、通过动员和组织起来，取得了中国革命的辉煌胜利，这样一个积贫积弱、一盘散沙的东亚病夫有什么力量呢？我们可以注意到，在这样一个方面，比如说水泥，水泥恰恰是由那些弱小的泥、沙，这样一些分子的颗粒和水这样弱势的东西组织起来，把它组合起来，变成像水泥这样强大的力量，也就是说，问题不在于我们的干部，我们的群众，他们是否是弱、是贫，而在于领导者是否能够把他们动员起来和组织起来。如果能够动员起来和组织起来，即使是像农民那样积贫积弱、一盘散沙的东亚病夫，也可以完成像中国革命这样辉煌的业绩。

创造性的领导活动需要两个"借"，而两个借中，借势是前提，只有你能够借来势，才能从干部和群众中借来力，只有借势借得好、借得巧、借得妙，才能够从群众、干部那里借来真正的支持、真正的力量。所以我们说，创造性的领导活动，既不凭空地产生什么东西，也不能无缘无故地消灭什么东西。归根结底它只能是一种转化事物的存在状态。这是创造性领导活动的两个借。

（3）创造性地转化矛盾。创造性地转化矛盾，而不是转嫁矛盾，所谓转化矛盾，也就是使得矛盾的双方，通过沟通、协调、通过引导，达到一种理想的、我们所期望的状态。那么在这样一个意义上讲，所谓转化矛盾，可以概括为这样两个方面。第一，是所谓的转，在领导活动中，我们经常可以看到，矛盾的双方对峙在一起，比方说，许多人、许多部门有矛盾、有纠纷、有冲突，矛盾的双方产生了严重的对峙，那么在这样一种情况下，我们领导者要想具有创造性的领导活动，就需要使得矛盾的双方"转"起来，而不是使得矛盾的双方"撞"起来。

大家知道，在淮河和长江流域经常形成的梅雨季节，梅雨之所以形成就是由于南方的冷气流和来自南方的热气流，在淮河和长江流域形成对峙，怎么样才能够形成降雨呢？不是冷气流和热气流继续对峙，不是这两种力量撞起来，而是这两股力量转起来，要么是热气流继续向北方推进，要么是冷气流继续向南推进，无论是哪一种推进都使矛盾的双方发生了转化，结果就形成了降雨，形成了气候。在这个方面，我们领导干部要想创造性地转化矛盾，也启发我们不是要使得矛盾的双方撞起来，也不是使得矛盾双方的矛盾冲突更加激化，而且使他们发生转化，这样一个转化可以用我们日常生活中所讲的这样两句话来概括，一句话，叫做退一步开阔天空，让一让天长地久。也就是说使得矛盾双方转起来的空间和时间是相当宽裕的，也就是说在小转折中有大艺术。这是我们领导者在进行创造性的领导活动中施展领导艺术的广阔的空间。

另一个方面是所谓化，如果转是矛盾双方的结构性转化，那么，化就是矛盾双方的历时性转化。所谓化，也就是矛盾冲突的双方开始转化，以及它转化之后不断扩大自身影响的这么一个过程。大家可以注意一下，1949 年之前，红色的革命势力、革命的影响从延安到全国，它有一个不断转化的过程，不断扩大自身的影响，不断使得敌对的势力投入到革命的潮流之中来的过程，大家知道，北京郊区有个地方叫怀柔，山东有个地方叫招远，在转化矛盾这样的方面，只有我们的领导者善于创造性地使矛盾转起来，使矛盾得到转化，才能够扩大自身的影响，只有自身领导者人格具有吸引力，只有怀柔才能招远。转，可以说是从静态的方面来看矛盾双方的转化，化是从动态的方面来看矛盾的转化，这样两个方面结合起来我们就可以看到，所谓转化矛盾首先是使得矛盾的双方才结构上实现转化，然后从动态上有一个不断扩展自身的影响力、不断扩大领导权威范围的过程。

创造性的领导活动，第一点是一个切入点，而不是一个正面冲撞的概念，第二点需要巧妙地实现两个借，而两个借之中，首要的一点又是借势，其次才是借力。第三个环节，我们把它概括为转化矛盾，转化里面一个是转一个是化，只有这样，才能够使得领导活动本身富有创造性，这是我们所说的创造性的领导活动的第二个方面。

第二，领导活动的创造性，最根本的一点，不是领导自身，比如说他的人格，也不是领导活动本身是否富有创造性、富有多大程度的创造性，最根本的一点在于领导者要善于、勇于促进广大干部群众的创新，在目前的社会条件下，如何促进广大干部的创造性呢？大家知道，我们人类的基本需求层次可以划分为五个基本层次，第一个层次是所谓生理需要，第二是安全需要，第三个层次是交往的需要，第四个层次是认同与归属的需要，第五个层次是自我实现与自我完善的需要。大家可以注意一下，这五个层次的需要可以划分为两种基本的类型，生理和安全的需要是物质方面的需要，认同与归属这个需要，与自我发展、自我完善的需要，是精神的、心理的需要，通常我们说生理、安全的需要是低层次基本的需要，追求认同和归属、追求自我发展和自我完善高级的、精神和心理的需要，介乎二者之间是交往的需要。在现代社会，交往的需要越来越迫切，对于我们领导干部来说，也是领导与干部群众的关系越来越重要，我们通常称之为干群关系。在这样一个方面，正确地处理干群关系，是领导干部促进干部和群众创新的一个关键点。

（作者单位：国家行政学院）

树立权威的手段与方法

汪世锦

在一个社会里，其发展离不开权威的作用。权威的产生和发展有其必然性，服从于一定的规律。社会是由人组成的，人是有意识的，是具有主体性和能动性的，因此，掌握一定的手段和方法对于权威的树立，能起到积极的促进作用。在传统的手段中，暴力手段和财富手段显得突出，而在"知识经济已见端倪"的当今社会，文化权威中的知识的力量被信息技术革命推上了浪潮的尖峰，随着时代的发展，知识权威越来越显示其强大的威力。因此，我们在此想讨论一下暴力权威手段、财富权威手段、知识权威手段，掌握这三种权威手段，对于领导权威的确立是有意义的。为了与我们日常的一些习惯用法相一致，我们也可以称这些权威手段为权威，比如暴力权威手段也可以称为暴力权威，财富权威手段也可以称为财富权威，知识权威手段也可以称为知识权威。

在这里值得特别注意的是，这些权威手段是为一定的目的服务的，它起作用的性质取决于其目的的性质，如果离开正义和先进的目的，滥用这些手段的话，其作用就会走向反面，会对社会的发展造成大的危害。

一 暴力是权威树立的强有力手段

暴力在社会发展中具有重要的地位，政治权力在某种意义上说就是暴力，"原来意义上的政治权力，是一个阶级用以压迫另一个阶级的有组织的暴力。"① 革命与暴力有着密切的联系，在暴力权威中革命权威占有重要地位。恩格斯在《论权威》一文中写道："革命无疑是天下最权威的

---

① 《马克思恩格斯选集》第 1 卷，人民出版社 1995 年版，第 294 页。

东西。革命就是一部分人用枪杆、刺刀、大炮，即用非常权威的手段强迫另一部分人接受自己的意志。获得胜利的政党如果不愿意失去自己努力争得的成果，就必须凭借它以武器对反对派造成的恐惧，来维持自己的统治。"① 革命的手段就是暴力权威的手段，革命无疑具有暴力性质，对此，毛泽东同志在《湖南农民运动考察报告》中说得很明确："革命不是请客吃饭，不是做文章，不是绘花绣花，不能那样雅致，那样从容不迫，文质彬彬，那样温良恭俭让。革命是暴动，是一个阶级推翻一个阶级的暴烈的行动。"② 因此，在一定意义上说，革命就是被压迫阶级利用暴力权威手段争取实现自己目的的过程，而革命本身也是实现无产阶级解放的权威手段。

马克思主义认为，生产力与生产关系、经济基础与上层建筑的矛盾是社会的基本矛盾。当这种矛盾达到不可克服的程度时，就必然出现社会革命，就会采取暴力手段，砸碎旧的国家机器，取得政权后，建立与先进的生产力、经济基础相适应的新的生产关系和上层建筑。比如从封建社会到资本主义社会就是如此。马克思说："所有这些方法都利用国家权力，也就是利用集中的、有组织的社会暴力，来大力促进从封建生产方式向资本主义生产方式的转化过程，缩短过渡时间。暴力是每一个孕育着新社会的旧社会的助产婆。暴力本身就是一种经济力。"③

尽管从暂时的意义上说，革命采取非常权威的暴力手段，对生产力和经济基础来说是一种破坏，这是"破坏一个旧世界"的应有之义；但是相对于建设一个新世界来说，这只是前进过程中所必须付出的代价或成本而已。从长远和根本的意义上说，革命成功后所建立的适应生产力和经济基础发展的新的生产关系和上层建筑，能够有力地促进生产力和经济基础的发展，从而促进社会的进步和发展。无产阶级只有用暴力的手段打破旧的国家机器，建立自己的政权，建立无产阶级专政，才能确立和维护无产阶级的领导权威。在这个过程中，暴力手段的利用是不可或缺的和至关重要的。

在日常生活中，暴力也有它不可替代的作用。阿尔文·托夫勒说：

---

① 《马克思恩格斯选集》第 3 卷，人民出版社 1995 年版，第 227 页。
② 《毛泽东选集》第 1 卷，人民出版社 1991 年版，第 17 页。
③ 《马克思恩格斯选集》第 2 卷，人民出版社 1995 年版，第 266 页。

"没有人怀疑暴力能产生令人生畏的结果。嵌在法律中的暴力或武力的阴影笼罩着政治的每一个行为。每个政府到头来都依靠士兵和警察把自己的意愿强加于人。社会中始终存在这样一种经常存在的关于政府要使用暴力的必要威胁，有助于使社会存在下去，使普通的企业合同得以实施，减少犯罪活动，为和平解决争端提供组织机构。从这种奇怪的意义上说，正是这种关于使用暴力的含蓄的威胁有助于使日常生活不出现暴力。"① 以暴制暴、以暴防暴，这正是暴力的作用辩证法。

当然，革命的暴力权威其作用是利大于弊，但反动的暴力权威就不同了。比如作为统治阶级的没落势力，为了保持其既得利益，也采取暴力的手段，对进步势力进行残酷的镇压，必定阻碍社会的发展；还有帝国主义、军国主义和殖民主义，也利用暴力的手段进行掠夺、压迫和殖民统治，这些都是反动的，极具败坏性的，不人道的。

一切政治实体都与暴力机构有关，而且只要掌握了足够的暴力手段，就具有扩张和对外追逐实力的性质，这种情况在历史上随处可见。马克斯·韦伯说："一切政治实体都是暴力机构。但是同其他方式的机构相比，在对外使用暴力和以暴力威胁的方式和规模，对政治共同体的结构和命运起着一种特殊的作用。并非任何政治的实体在对外追逐实力的意义上，也就是说，暴力准备的目的是为了获得统治别的领土和共同体的政治暴力，在这个意义上，其'扩张性'的程度都是同样的。因此，政治的实体是在不同的规模上对外的暴力机构。"②

不仅如此，就暴力本身而言，总是存在着一种破坏的因素，而且缺乏灵活性。阿尔文·托夫勒说："一般的暴力有一些重要的缺陷。首先，它鼓励我们拿着一罐液体催泪瓦斯，或者搞军备竞赛，从而增加人人遭受的风险。即使暴力能'行得通'，也会遇到反抗。受暴力之害的人或幸存者一遇到机会，就会进行反击。"③ 单纯使用暴力手段，只能是霸道，而不可能是王道，它不能令人心服口服。而且，"单纯凭武力或者暴力的主要弱点还在于它一点灵活性也没有。它只能用来进行惩罚。简单说来，它是低

① 阿尔文·托夫勒：《力量转移——临近21世纪时的知识、财富和暴力》，新华出版社1996年版，第16页。
② 马克斯·韦伯：《经济与社会》（下），商务印书馆1997年版，第227页。
③ 阿尔文·托夫勒：《力量转移——临近21世纪时的知识、财富和暴力》，新华出版社1996年版，第17页。

质量的力量。"①

在以和平与发展为主题的当今世界，其实并不怎么太平，恐怖主义、单边主义、先发制人，动辄以武力威胁或对他国采取军事行动就是很好的证明。因而，尽管暴力权威存在不少缺点，是低质量的力量，但它并不会马上消失："暴力作为一种力量源泉的使用不会很快结束。军队还会跨过边界。政府还会在他们认为有用的时候使用武力。国家决不会放弃枪炮。"② 但我们也应该看到，世界上热爱和平的人们其力量在增长，反对暴力的力量也在增长，尽管有这样那样的暴力活动，但和平仍然是世界的主题。

在社会主义社会，我们实行的是人民民主专政，对敌人必须使用暴力手段，然而大量使用的是非暴力的手段，因为社会主义国家是人民当家作主的国家，这种国家所出现的领导者与被领导者之间的矛盾，大量的是人民内部矛盾，解决这种矛盾一般说来暴力权威手段是使用得很少的。但是，我们并不是没有敌我矛盾，国外的敌对势力企图西化、分化我们，祖国的完全统一也不能轻易承诺放弃武力，因此我们绝不能放弃掌握暴力权威手段，而应该很好地发展和正确地使用暴力手段。

二　财富是权威树立的基础手段

同暴力权威相比较，财富权威的质量要高得多，使用暴力从根本的意义上说，还是为了追求经济利益。因此，"财富是力量的一个好得多的工具。鼓鼓囊囊的钱包的作用大多了。它不是仅仅进行威胁或者施加惩罚，而且还能够给予等级分得很细的奖赏——以现金或实物支付的报酬。财富既可以积极地加以利用，也可以消极地加以利用。因此，它比武力要灵活得多。财富产生中等质量的力量"③。金钱、财富在资本主义社会起着很重要的作用，财富权威在资本主义社会集中表现为资本的权威。

马克思不仅从总体上科学地揭示了经济基础在社会发展中的重要地位，指出上层建筑如果不适合经济基础的发展，或迟或早总要得到改变；

---

① 阿尔文·托夫勒：《力量转移——临近21世纪时的知识、财富和暴力》，新华出版社1996年版，第17页。

② 同上书，第493页。

③ 同上书，第17页。

而且还具体研究了资本的权威。在马克思看来，资本是财富（货币）的特殊形态，就本质上说资本不同于货币。货币转化为资本的标志是，资本家通过货币购买到了劳动力商品，并且占有了劳动力所创造的剩余价值。"资本存在的历史条件并不等于商品流通和货币流通。只有当生产资料的所有者在市场上遇到在那里出卖自己劳动力的自由劳动者的时候，资本才产生；而单是这一历史条件就包含着整个新世界。资本从一开始就标志着社会生产的一个时代。"[①] 这个时代的特点在于，"对工人本身来说，劳动力具有归他所有的一种商品的形式，他的劳动因而具有雇佣劳动的形式。另一方面，正是从这时起，产品的商品形式才成为占统治地位的社会形式"。[②]

　　这就是说，资本产生以后，也就改变了原有的世界，使世界变成受资本控制的新世界。首先，资本变成了劳动的主人，即资本达到了使劳动中的劳动力或者劳动者本身服从于资本的规律的目的。资本家监督工人精心地以应有的强度工作。其次，资本表现为一种强制关系，迫使工人阶级超出自身狭隘的需要范围而从事更多的劳动。作为别人的活动的制造者和利用者，作为劳动力的剥削者和剩余劳动的榨取者，资本主义制度在精力、效率方面并以其无限的力量，超过了以往一切直接以各种强制劳动制度为基础的生产制度。

　　马克思指出，尽管在资本的开始阶段，它对劳动的指挥具有纯形式的性质和几乎是偶然的性质，但一旦雇佣工人之间有了协作，资本的指挥就发展成为劳动进行所必要的条件，成为实际的生产条件。这时资本的权威开始发挥作用。因为在这种生产场所不能缺少资本的命令，就像在战场上不能缺少将军的命令一样。马克思进一步指出，在社会化大生产的条件下，权威的作用是必不可少的，这也是一条客观规律："一切已经达到相当规模的社会劳动或共同劳动，都需要指挥，以协调个人的活动。这种指挥必须执行生产总体的运动和构成生产总体的各独立部分个别运动之间的差别所产生的各种一般职能。一个独奏的音乐家是自己指挥自己，一个乐队就需要一个乐队指挥。"[③]

---

　　① 马克思：《资本论》第 1 卷（根据作者修订的法文版第 1 卷翻译），中国社会科学出版社 1983 年版，第 154—155 页。
　　② 同上书，第 155 页。
　　③ 同上书，第 332 页。

在资本主义社会，当从属于资本的劳动成为协作劳动时，其指挥、监督和调节的职能就成为资本的职能，进而成为具有特殊性质的资本家的职能，于是资本的权威就成为资本家的权威。也就是说，一方面资本家通过其权威对生产活动行使职能，另一方面资本家还通过其权威剥削他人劳动，榨取剩余价值。

因此，马克思说："雇佣工人的协作只是资本同时使用他们的结果。他们的个别职能之间的联系和他们作为生产总体所形成的统一，存在于他们之外，存在于把他们集合和联结在一起的资本中。因此，对他们来说，他们的劳动的联系在观念上表现为资本家的计划，而他们的集合体的统一在实践中表现为资本家的权威，一种使他们的活动服从资本家的目的的他人的意志的力量。"[①]

尽管资本的权威在资本主义社会中仍起着作用，并且不会马上消失，对巨大财富的控制——无论是平民还是当官的——将继续赋予控制者以巨大的力量。财富仍将是可畏的权势工具。但是，财富权威或资本权威在当今社会，并不是最有威力的高质量权威，真正具有高质量的权威是知识权威。当然这种知识权威也是同暴力权威、资本权威结合起来起作用的，并且是同广大人民群众的实践活动紧密联系在一起的。

就社会主义社会来说，我们现阶段面临的主要矛盾是人民日益增长的物质文化需要同落后的社会生产之间的矛盾。因此社会主义建设的根本任务是，进一步解放生产力、发展生产力，逐步实现社会主义现代化，并且为此而改革生产关系和上层建筑中不适应生产力发展的方面和环节。也就是说要大量创造财富，允许一部分地区和一部分人先富起来，逐步消灭贫穷，达到共同富裕。因此，社会主义也必须掌握财富权威，贫穷不是社会主义。但是，社会主义社会所掌握的财富手段，是为被领导者即广大人民群众服务的，而不是为少数人服务的，不是为领导者服务的。社会主义的本质，就是解放生产力，发展生产力，消灭剥削，消除两极分化，最终达到共同富裕。

---

① 马克思：《资本论》第 1 卷（根据作者修订的法文版第 1 卷翻译），中国社会科学出版社1983 年版，第 333 页。

三　知识是权威树立的软实力手段

随着信息技术革命和网络的出现，知识的作用越来越发挥其威力，以至有人说现在美国的经济已经是知识经济，至少"知识经济已见端倪"是没有问题的；还有人说现在的社会可称为《知识社会》，其理由在于"当代社会可以被描绘成知识社会，这种社会是以科学知识向其一切生活领域的渗透为基础的"。[①] 在中国甚至有人根据北京中关村高科技发展所出现的情况，提出"知本家"概念，用以说明在社会发展中知识为本的作用。对此，如果用阿尔文·托夫勒的话说，就是知识是高质量的力量，"在社会控制的三个根源中，正是作用最大的知识产生五角大楼高级官员喜欢说的'钱换来的最大威力'。知识可以用来惩罚、奖赏、说服、甚至转变。它可以把敌人转变成盟友。特别是有了适当的知识，人们首先可以防止出现不愉快的局面，从而完全避免浪费武力或财富"。[②]

知识在社会的发展中起着越来越重要的作用，是显而易见的。知识权威同暴力权威、财富权威相比较，更重要且更具复杂性。因此，我们对知识权威的作用，必须加以审视。

法国著名哲学家、后现代思潮理论家让－弗朗索瓦·利奥塔尔在《后现代状态：关于知识的报告》一书中，对知识的合法化作了较为全面、系统的论述。他在该书的《引言》中说，他的"后现代状态"是指最发达社会中的知识状态。在这种状态下，"只要科学不想沦落到仅仅陈述适用规律的地步，只要它还寻求真理，它必须使自身合法化"。[③] 他将知识的合法化看成是科学追求真理的标志，而问题的关键在于，知识的作用越是突出，知识的合法化就越显得重要。因而，从合法化的角度考察知识，是知识研究的重要的基本的任务。

利奥塔尔认为，科学技术的迅猛发展对知识产生巨大的影响，最受影响的是知识的两个主要功能：研究与传递。关于第一个功能——研究功

---

① ［加］尼科·斯特尔：《知识社会》，上海译文出版社1998年版，第13页。

② 阿尔文·托夫勒：《力量转移——临近21世纪时的知识、财富和暴力》，新华出版社1996年版，第17—18页。

③ 让－弗朗索瓦·利奥塔尔：《后现代状态：关于知识的报告》，生活·读书·新知三联书店1997年版，第1页。

能，遗传学提供了外行也能明白的一个例子：它的理论范式来自控制论。也就是说，遗传学的研究受到控制论的影响。关于第二个功能——传递功能，由于各种仪器的标准化、微型化和商品化，知识的获取、整理、支配、利用等操作在今天已经发生了变化。也就是说信息机器的增多，特别是网络的出现，正在影响并将继续影响知识的传播。

知识主要功能的变化必然导致知识的性质的变化。知识只有被转译为信息量才能进入新的渠道，成为可操作的知识。其发展趋势是，一切构成知识的东西，如果不能这样转译，就会遭到遗弃，新的研究方向将服从潜在成果变为机器语言所需的可译性条件。不论现在还是将来，知识的"生产者"和使用者都必须具备把他们试图发明或试图学习的东西转译到这些语言中去的手段。因此，利奥塔尔得出结论说，以前那种知识的获取与精神、甚至与个人本身的形成（"教育"）密不可分的原则已经过时，而且将更加过时。知识的供应者和使用者与知识的这种关系，越来越具有商品的生产者和消费者与商品的关系所具有的形式，即价值形式。不论现在还是将来，知识为了出售而被生产，为了在新的生产中增殖而被消费：它在这两种情形中都是为了交换。它不再以自身为目的，它失去了自己的"使用价值"。

这样一来，知识的确切划分就不再是"有知识"或"无知识"，而是像货币一样成为"用于支付的知识"和"用于投资的知识"，即一方面是为了维持日常生活（劳动力的恢复，"幸存"）而用于交换的知识，另一方面是为了优化程序性能而用于信贷的知识。

关于知识在知识社会或者在信息社会所发生的变化，经济合作与发展组织（OECD）在《以知识为基础的经济》报告中，也有类似的看法。利奥塔尔所谓的转译，实际上要通过编码化才能达成。而该报告正是从知识发展的形式化和编码化的角度，说明知识的商品性及其快速传递对于经济和社会发展的重要作用。

首先，该报告从能否编码化的角度对知识作了区分，认为"知识可以分成：知道是什么的知识（know – what），知道为什么的知识（know – why），知道怎么样做的知识（know – how）和知道是谁的知识（know – who）。知识的概念比信息要宽得多。信息一般是知识 know – what 和 know – why 范畴。这些也是最接近市场商品或适合于经济生产函数中的经济资源的知识类型。其他类型的知识特别是 know – how 和 know – who 方面的知识，是属于'隐含经验类知识'（tacit knowledge），更难于编码化和度量"①。

其次，该报告指出了信息技术的发展对知识编码化的促进作用："信息技术的发展是为了有效地处理 know－what 和 know－why 知识的需要。信息技术和通信基础设施的存在，极大地推动了对某类知识的编码化。所有能够编撰并使其成为信息的知识都可以长距离传播，而且花费甚少。正是由于知识的一些可编码成分的不断增加，使得现在的时代具有'信息社会'的特征。而大多数工作者不久将从事信息或编码类知识的生产、处理与传播。数字革命强化了知识的编码化并改变了在经济活动的知识储备中编码化知识对隐含经验类知识的比例。"②

再次，该报告论述了知识的编码化对知识自身的发展和经济发展的作用："由于编码化，知识获得了更多的商品属性，这方便了市场交易，加速了知识的扩散。另外，编码化也使得为获得更多的知识而需额外投资显得不十分重要。知识的编码化拓宽了人们胜任工作的能力范围，并减少了知识的'零散'。这些发展加速了可用知识存量的增长速度，并对经济增长产生积极的作用，这也隐含着由于知识的过时和报废率越来越高，知识存量的改变也随之加快，而这对于经济的调节能力来说是增加了更大的负担。信息技术正在加速知识的编码化并刺激知识经济的增长，这对劳动力市场也会有所牵动。"③

当然，《以知识为基础的经济》中所讲的知识，主要是能够编码化的知识，即科学技术知识。这实际上是一种知识的功能主义，突出的是实证主义的知识。这种知识很容易应用在有关人和材料的技术中，很适合成为系统不可缺少的生产力。

知识性质的变化使知识与权力的关系更加紧密了。现在科学知识似乎比过去任何时候都更依附于权力，利奥塔尔认为知识和权力是同一个问题的两个方面：谁决定知识是什么？谁知道应该决定什么？在信息时代，知识的问题比过去任何时候都更是统治问题。这种知识和权力的密切关系，决定了考察知识的合法性时，就不仅仅是知识的合法性了，而必须与社会

① 经济合作与发展组织（OECD）编：《以知识为基础的经济》，机械工业出版社 1997 年版，第 8 页。

② 同上书，第 10 页。

③ 同上书，第 11 页。

政治的合法性联系在一起了。

利奥塔尔指出："这种考察社会政治合法化的方法与新的科学态度是一致的：英雄的名字是人民，合法性的标志是共识，规范化的方式是协议。由此必然产生进步观念：它表现的仅仅是一种假设知识不断积累的运动，但这一运动扩展到了新的社会政治主体。如同学者共同体争论什么是真假，人民也在内部争论什么是正义和非正义；如同前者积累科学法则，后者也积累民法；如同前者借助自己的知识，通过生产新的'范式'来修改共识规则，后者也通过宪法条文来完善自己的共识规则。"①

在知识权威中，意识形态的作用占有重要地位。因为利用知识权威手段来干什么、怎么干，则往往取决于人的世界观、人生观、价值观。意识形态在树立这些观念方面具有决定性的作用。资产阶级意识形态的特点是个人主义、利己主义，拜金主义，因此资产阶级则利用知识权威手段为自己的利益服务，千方百计地榨取工人的剩余价值。马克思主义意识形态是工人阶级的意识形态，是先进科学的意识形态，它是为工人阶级和最广大人民群众服务的，因此，与资本主义的意识形态有着本质的不同。

不管怎么说，意识形态是为经济利益服务的，资产阶级学者马克斯·韦伯的学生奥托·欣茨也承认这一点，他说："所有的人类活动都是由一个共同的根源引起的……社会活动的第一推动力通常是由实际利益，即政治利益与经济利益引起的。但观念利益也会加快实际利益的速度，赋予这些利益以一种精神意义，并能够为这些利益提供理论根据。……因而，没有'精神翅膀'的利益是跛行艰难的。但从另一方面来说，只有当观念与实际利益联系起来时，而且只有在此范围内，观念才能在历史上取得成功。……意象是利益与观念的极坐标。从历史的角度讲，利益与观念从长远来看，如果二者彼此失去对方，就不能存在下去；每一方都需要另一方作为补充。每当利益得到强烈追求时，一种观念形态就易于得到发展，同时也会使这些利益赋予新的意义，并使这些利益得到增强和合法化。因此，这种观念形态如同实际利益本身一样'实际'，因为观念形态是人们活动过程中必不可少的一部分。相反，如果观念能够征服世界，那么观念就需要实际利益的杠杆作用，尽管观念会经常或多或少地从其最初目的中

---

① 让-弗朗索瓦·利奥塔尔：《后现代状态：关于知识的报告》，生活·读书·新知三联书店1997年版，第63页。

贬低这些利益。"① 但是，仅仅承认意识形态是为经济利益服务的是不够的，还必须承认不同阶级的意识形态是为不同阶级的经济利益服务的，没有适合全人类经济利益的意识形态，即没有超阶级的意识形态。资产阶级往往因为意识形态的阶级性而否定意识形态的科学性，特别是否定工人阶级的意识形态，并由此把意识形态排除在科学之外，以所谓超意识形态的面貌出现，实际上是要掩盖其资产阶级的意识形态的性质。

相比之下，就奥托·欣茨来说，他在这里强调观念形态对于经济利益具有重要的作用，在某种程度上说，还是不容易的。但是他进而夸大了意识形态的作用，说什么"从历史的角度讲，利益与观念从长远来看，如果二者彼此失去对方，就不能存在下去；每一方都需要另一方作为补充"，这样就滑向了历史唯心主义的泥潭了。因为，意识形态是对经济基础的反映，而经济基础是不依赖于人的意志而存在的，如果硬把观念说成是利益存在的基础，就是历史唯心主义。

按照马克思主义的观点，人民群众是历史的创造者，不仅创造物质财富，而且创造精神财富，因而，知识的合法性只能来源于人民，来源于人民群众的伟大的实践活动。知识权威的威力也只有在人民群众的伟大实践中才能真正地发挥出来。

总之，暴力权威、财富权威、知识权威在现代社会中，是一个相互联系的有机整体。由于"科学技术是第一生产力"，知识在现代社会中起着越来越重要的作用，知识权威在这个整体中，也越来越显示其威力。"知识还可以使财富和武力增加。知识可以用来扩大可利用的武力或财富，也可以用来减少为了实现某一目的而需要的数量。不管是这那种情况中的哪一种情况，知识都能提高效率，使人们可以在任何摊牌中少花费一些力量'筹码'。"② 尽管如此，我们并不能只重视知识权威，而忽视暴力权威和财富权威。我们必须既坚持重点论，抓住主要矛盾和矛盾的主要方面，又照顾到次要矛盾和矛盾的次要方面，坚持辩证法的全面性。

暴力权威、财富权威与知识权威的相互联系主要表现在以下方面。首先，暴力权威在资本的原始积累过程中起了不可替代的作用。而财富权威

① 转引自罗德里克·马丁《权力社会学》，生活·读书·新知三联书店1992年版，第359—360页。

② 阿尔文·托夫勒：《力量转移——临近21世纪时的知识、财富和暴力》，新华出版社1996年版，第18页。

也为知识权威的建立及能够起作用提供了条件，知识的获取及知识的研究、开发和应用都离不开金钱的支持，越是高新技术越是需要大的投入。因此在某种意义上说，暴力权威、财富权威是知识权威的基础。其次，暴力权威和财富权威也是知识权威起作用的重要途径，在多数情况下，知识权威是通过暴力权威和财富权威而行使自己的权威作用。同时，暴力权威和财富权威要发挥作用，也离不开知识权威的支持。

在现实社会中，领导权威需要这三种权威手段的支持，离开了这三种权威手段，领导权威就毫无威力可言，甚至会消失。领导权威在掌握和使用这三种权威手段时，必须根据具体情况，或同时使用暴力权威手段、财富权威手段和知识权威手段，或交替使用它们，才能取得更好的效果。这是因为这三者是相互联系、不可分割的，我们不能把它们对立起来，而应该把它们有机地结合起来，根据情况灵活运用。

四　斗争和联合是权威树立的辩证方法

如果从哲学方法论的角度方面说，斗争和联合也是一种权威树立的方法。斗争和联合作为权威树立的方法，与暴力手段、财富手段和知识手段不是在一个层次说的，暴力手段、财富手段和知识手段等手段只是具体的手段，而斗争和联合则是根据目的或要完成的任务的需要，对具体手段的不同的运用方法。比如在不同的条件下，根据不同的目的的需要，暴力手段、财富手段和知识手段等这些手段既可以用来进行斗争，也可以用来进行联合。也就是说，斗争和联合是对暴力手段、财富手段和知识手段等的灵活运用，如果说暴力手段、财富手段和知识手段等是子弹的话，那斗争和联合就是枪手。

在我党的历史上，取得革命胜利的三大法宝是统一战线、武装斗争和党的建设，在这三大法宝中，就有两个讲的是联合和斗争。党的建设则是体，联合和斗争是用。"体"建设得强了，"用"的效果自然也就强了。统一战线就是联合的具体运用，武装斗争就是斗争性的具体运用。斗争和联合都是力量运用的不同方法，从哲学的意义上说，是矛盾的斗争性和同一性在现实实践中的灵活运用。同一性和斗争性是一个矛盾的不同方面的性质，它们同属于同一个统一体，在这个统一体里，这两种性质的力量对比存在三种情况：一是二者势均力敌；二是同一性的力量大于斗争性的力量；三是斗争性的力量大于同一性的力量。当二者势均力敌的时候，在矛盾统一体内就没有权威。当同一性的力量大于斗争性的力量的时候，在矛盾统一体内同一性就是权威，因为在矛盾统一体内，除了同一性和斗争性外，还有中间势力，这些中间势力是服从同一性的。当然这时斗争性也是存在的。当斗争性的力量大于同一性的力量的时候，在矛盾统一体内斗争性就是权威。

不仅如此，毛泽东认为，权威不是靠人为的宣传来"大树特树"起来的，而是通过斗争的途径建立起来的。许顺富在《党史博采》2012 年第 7 期上撰文①，梳理了毛泽东对所谓的大树特树权威所进行的六次批评。1967 年 11 月 3 日，《人民日报》发表了以杨成武署名的《大树特树毛主席的绝对权威大树特树毛泽东思想的绝对权威》文章（此文是陈伯达决定发表的，题目也是陈伯达改定的），该文在全国影响很大，其标题一时间成了最流行的口号。毛泽东对此提出了几点批评：第一，认为绝对权威的提法不妥，是不符合辩证法的。在毛泽东看来，从来没有单独的绝对权威，凡权威都是相对的，凡绝对的东西都只存在相对的东西之中，犹如绝对真理是无数相对真理的总和，绝对真理只存在于各相对真理之中一样。第二，大树特树的说法也不妥。在毛泽东看来，权威只能在斗争实践中自然建立，不能由人工去建立，因为由人工去建立的权威是不能立起来的，是必然要垮下来的。因此，其结论就是，就文章的标题来说，就是反马克思主义的。针对这种情况，毛泽东认为这关系到全党的学习问题，他要求全党都要学习马克思主义，并告诫全体党员不要专吃清白菜，要吃点杂花菜，也就是说要看点马列主义。

（作者单位：中国社会科学院）

---

① 许顺富：《毛泽东六次批评"大树特树"》，《党史博采》2012 年第 7 期。

企业领导权威的理论分析模型

秦志华

企业法人治理结构的关键在于企业控制权问题，而企业控制权与企业领导权威密切相关：谁是企业领导权威主体，谁就控制着企业，在具体实践中，企业控制权呈现出多种状况，它可能掌握在投资者手中，也可能掌握在经营者或者劳动者手中，由于企业控制权配置状况直接影响企业行为方式，因此揭示企业领导权威形成规律具有重要的理论与实践意义，目前对这方面的研究，描述性和规范性探讨多，解释性研究少，不能对企业领导权威不同状况的成因做出一般性说明。本文力图建立一个直面现象的理论分析模型，对企业领导权威的形成规律进行解释，为企业控制权问题的解决提供方法论参考。

一 权威研究状况

企业作为一个微观经济组织，以有计划的生产经营活动参与市场竞争；因此，企业领导权威的存在是企业本质的规定性之一。

所谓企业领导权威，在直观形态上，表现为企业中一些人服从另一些人的意志，并且往往是多数人服从少数人的意志。因此，对企业领导权威的解释，中心任务是说明这种意志服从关系是如何形成的。对此的解释大致可以划分为如下几类：第一种观点，力图用人与人之间的个体差异来解释领导权威的产生原因。这种观点通过搜集大量资料，对领导人和普通人进行比较，寻找领导者的特点，包括能力特点、性格特点、行为特点、经历特点等等，用这些特点来说明人们为什么会服从领导者的意志。第二种观点，力图从人与人之间的行为差异来解决权威产生的原因。这种观点通过分析人们影响他人的行为方式，以及在相互影响中产生的行为习惯和社会规范，来说明人们为什么会服从领导者的意志。第三种观点，力图用人与人之间的力量差异来解释领导权威产生的原因。这种观点通过分析人们行为选择的依托条件，以及这些条件的社会作用，指出人们客观上处于一定的社会境况之中，只有一定的行为空间，以此来说明人们为什么会服从领导者的意志。第四种观点，力图用人与人之间的地位差异来解释领导权威产生的原因。这种观点通过解释组织系统的客观结构和运行规律，强调社会生活的整体性和秩序性，指出人们在社会体系中占有不同的地位，具有不同的功能，以此来说明人们为什么会服从领导者的意志。

上述这些观点体现出两种不同的解释范式。一种范式把权威看成行为自主的结果。认为具有不同属性的个人，通过自主的行为选择与人们之间的相互作用，达到一种组织均衡，在这种均衡中形成意志从属关系，权威由此而产生。另一种范式把权威看成行为约束的结果。认为社会生活具有不能从个体属性派生出来的整体结构，人们客观上生活在这种结构的约束之中，必然存在着意志从属关系，权威由此产生。

如何认识和评价两种不同的解释范式？应该承认，两种范式都有合理之处，因为社会生活本来就具有两重性。人类社会是一个系统，一方面，这个系统在社会成员的个体活动中产生的，每个成员的活动都影响系统的状况；另一方面，这个系统又具有整体属性，这种属性不能从社会成员的个体属性中推导出来。人类社会中个体与整体的相互关系，这一历史哲学的中心问题，同样制约着对于企业领导权威的解释。为此必须辩证地处理两种解释范式的关系，关键在于合理地把握个体行为自主性与组织约束客观性之间的关系。人们如何建立组织，又如何在组织的框架中活动，成为研究权威关系及其产生原因的中心问题。

二　理论分析范式

企业是人们自觉建立起来的经济组织，企业领导权威是这种经济组织的本质属性，因此，研究企业组织与企业成员之间的关系，研究人们为什么会建立企业？在企业中如何进行选择活动？以什么方式服从企业要求？也就能够说明企业领导权威的性质及其产生原因。

关于企业组织与企业成员之间的关系，本文提出如下分析范式：

环境条件 —— a ——→ 领导权威 —— b ——→ 环境条件

个体需要 —— b ——→ 行为选择 —— a ——→ 社会均衡 —— a ——→ 个体需要

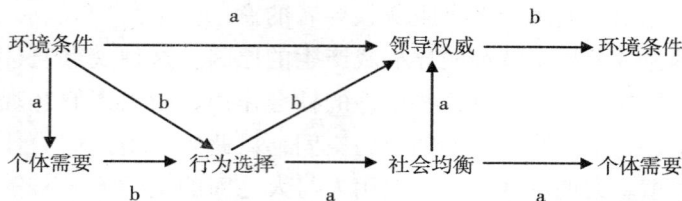

（上图中，a 表示联系无意识发生，b 表示联系有意识建立）

　　这个分析范式指出，权威是人们在一定约束条件下进行行为选择的客观结果，而这种结果又作为新的条件，影响人们的下一次选择。本文力图以此说明企业领导权威的产生原因。

　　对于这个分析范式，重要的是把握如下几点：

　　第一，领导权威是一种社会现象而不是个体现象，不能从个体属性中加以解释。寻找企业领导权威的产生原因，就要说明与此相关的社会条件，指出在什么样的社会条件下，企业领导权威必然出现。这里体现着社会现象之间的因果必然性，即"如果 A，必然 B"。这个分析范式的上半部，指出的是环境条件与领导权威的内在联系，这是对于企业领导权威的宏观社会层面分析。

　　第二，权威又是一种通过行为活动产生的社会现象，不能离开人们的个体行为来理解。在日常经验层面上，社会行为主体是一个一个具体的人，每个人都在自主地安排自己的活动。但是，人的行为自主只是有限的自主。首先，行为选择总在一定的约束条件下进行，只有一定的自由空间。其次，人们的选择会产生相应的后果，但这种后果不会完全体现人们的意愿。也就是说，人们的自主行为会产生不能自主的社会关系结构，产生一定的社会均衡状态；所谓领导权威，就存在于这种均衡状态之中。分析范式的下半部，指出了领导权威通过个体选择而产生的途径，这是对于权威来源的个体行为层面的说明。

　　第三，宏观社会层面与个体行为层面，二者之间具有内在联系；联系分为两种形式：一是无意识的联系，二是有意识的联系。无意识联系表现为个体属性特别是个体需要在一定环境条件下的形成过程；这个过程是潜移默化的，不以个体意志为转移。无意识联系还表现为个体之间相互作用所产生的社会均衡；这种均衡是客观产生的，不以个体意志为转移。而有意识的联系，则表现为个体在既定主客观条件下进行的选择活动；这种活动是自觉进行的，引发出各种矛盾并加以解决，从而推动组织的发展。有意识联系和无意识联系综合作用，导致权威的产生。

第四，在权威赖以形成的机制中，"行为选择"这一环节占有中心地位。通过分析范式可以看到，一方面，人们的行为选择处于微观个体活动层面，把作为行为动因的需要和作为行为效果的均衡联系起来；而需要和均衡，又与宏观层面的环境条件和领导权威相关。另一方面，人们的行为选择直接涉及环境条件和领导权威，体现环境条件对行为选择的约束和行为选择对领导权威的塑造。通过这两种关系的分析，不仅能够对领导权威在宏观层面上的因果联系提供机制性解释，而且能够对个人作为社会主体如何能动地塑造领导权威提供了操作性的途径。

运用上述分析范式研究企业领导权威，要求解决两个方面的问题。其一，说明企业领导权威与社会条件之间的联系。也就是说，在什么条件下，企业领导权威必然产生？随着条件的变化，企业领导权威会发生什么样的变化？例如，在业主制企业与公司制企业的不同条件下，领导权威具有什么样的不同？这一方面的问题是宏观层面的问题，可以通过资料搜集和统计分析等方法来研究。其二，说明企业领导权威与个体行为之间的联系。企业领导权威固然与一定的社会条件相关联，但为什么这些条件会导致企业领导权威的产生？以什么样的方式导致企业领导权威产生？宏观分析不能解决这类问题。例如，统计分析可以指出不同股权结构的企业中，领导权威有不同的状况，甚至可以对二者的相关性做出比较准确的量化说明。但为什么二者之间存在着这样的相关性，统计分析不能回答，必须从企业成员的行为活动中去寻找。只有说明了约束条件、行为选择、社会效果之间的关联方式，说明了个人在这种联系方式中的地位和作用，才能回答为什么在一定条件下企业领导权威必然产生。例如，就股权结构与领导权威之间的关联方式而言，要回答这种关联是如何建立的，需要解决三个层次的问题：一是股权结构的变化如何影响人们行为选择的改变；二是行为选择的改变如何导致了不同的社会均衡状况；三是不同的社会均衡状况如何产生出相应的企业领导权威。

上述分析范式的两方面内容中，第二方面的研究尤其值得重视。其原因不仅在于，关于企业领导权威的描述性研究相对来说比较充分，而对企业领导权威产生原因的理论解释则相对薄弱，亟待发展；而且在于，描述性研究的结果只有与人们的具体行为相结合，才能转化为企业发展的动力。因此，解释企业领导权威与企业成员活动之间的内在联系，说明企业成员的行为选择如何导致企业领导权威的产生，是实践中迫切需要解决的问题。

三 组织均衡机制

以上述模式研究企业领导权威，关键在于把握组织均衡的性质。均衡状态是一种稳定状态，是从无序达到的有序，表现为一定组织秩序的形成。具有不同需求和能力的人们，通过相互交往，在互动过程中逐渐从无规则变为有规则，从不平衡走向较平衡，使相互关系稳定下来，形成一定的关系结构，建立起一定的组织秩序。组织均衡、组织结构、组织秩序，这些概念在一定意义上是等价的。而权威关系，正是组织秩序中体现出来的意志服从关系。因此，研究企业领导权威的产生，也就是要说明企业组织均衡状态的形成方式，这涉及两个问题：首先，企业成员之间的关系均衡是如何在人们的行为选择中建立的？其次，这种关系均衡如何导致企业意志服从关系的产生？

关于企业成员之间的关系均衡，分析范式指出是人们的行为选择结果，而行为选择又受到需要和环境两方面的约束。具体地说，人们在一定环境条件下形成特定的需要，在需要的推动下利用可能条件进行行为选择，通过行为选择与他人发生相互作用，由此产生一定的社会均衡状态，而企业领导权威就产生于人们之间的社会均衡状态之中。因此，能否建立组织均衡，建立什么样的组织均衡，取决于人们进行选择的约束条件和主观能动性。不管选择者的环境状况还是自身状况，对于每一次行为选择而言，都是既有的约束条件，而对于这些条件的处理方式，则是选择者的主观能动性。一个合适的行为选择，是选择者对于约束条件的合理应用。所谓合适，是指能够达到选择者的预期目的。但是，由于在组织生活中，每一个人的行为选择都不是单独的、孤立的活动，会受到他人行为选择的影响，因此不管行为选择的决策多么合理，这一决策的实施结果都会在他人影响的干预下发生偏移，最终产生的实际状况，是不同行为者之间相互作用的综合结果。问题在于，由于每个行为者面临的约束条件不同，因此在最终形成的关系状况中，彼此将会占据不同的地位。当这种地位相对稳定时，就达到了一定的组织均衡状态，形成了一定组织关系结构。就企业而言，体现为企业内部秩序的形成。这种秩序的状况，与不同行为者的预期状况是可以比较的；与谁的预期最为接近，就可以认为，谁是这种秩序中的权威主体，是意志服从关系的服从对象。由此可见，意志服从关系，实际上是作为行为结果的组织均衡状态，是与行为主体主观意图的对照结果，因此具有相对性。在具体实践中，这种相对性表现为权威主体的可变性和灵活性。

不仅如此，上述分析范式进一步指出，作为意志服从对象的权威主体，并不直接产生于均衡结构，而是组织均衡与行为选择的共同结果。为什么不是组织均衡直接产生领导权威，而是在组织均衡和行为选择的共同作用下产生领导权威？问题在于这里所说的行为选择，不同于导致组织均衡的行为选择；二者的区别在于，前者发生在均衡产生之后，后者发生在均衡产生之前。也就是说，人们在不同约束条件下进行的行为选择，客观上会产生一定的组织均衡，但对于这种组织均衡，人们还要进行二次选择，要认识它、理解它、适应它。而这种对于组织均衡的态度才是影响领导权威产生的直接原因。说得简单一些，为什么不是组织均衡产生权威，而是在组织均衡与行为选择的共同作用下产生领导权威，是因为人们在组织关系中所处的地位，和人们对于组织关系的态度是不一样的，领导权威与人们对于组织关系的态度直接相关。就企业而言，仅看人们在企业运行中的地位和作用，还不能够理解领导权威，领导权威与人们对自己在企业中的角色认同相应。

这就是说，作为分析范式的中心范畴，"行为选择"具有多层次含义。在社会生活中，每个人都在进行行为选择，这是一个基本事实，问题在于如何从这一事实出发，通过一定的理论分析，解释社会生活中错综复杂的行为选择现象及其社会效果。对此，有限理性的学说提供了重要参考（H. 西蒙，1964 年）。所谓有限理性包含着两层意思。一层意思是说，人们行为是理性的。就是说，人们总是自觉地按照一定的标准选择行为方式。另一层意思是说，人们的理性是有限的。就是说，人们只能在一定的约束条件下进行尽可能满意的选择。把两层含义综合起来，就是说，人们总是在具体条件的约束下自觉地选择相对满意的行为方式。其结果，就是人们会把一些行为约束条件当成自然而然的东西来接受，把这些东西当成行为选择的当然前提。用赫伯特·西蒙的话讲："人类理性是在心理环境的限度之内起作用。这环境迫使人们不得不选择一些要素，作为它的决策必须依据的'给定条件'"①。一旦组织均衡及其相应的结构秩序被人们所接受，所认同，成为组织成员行为选择的依据，企业领导权威就形成了，因为人们对于组织结构和秩序的认同，会具体化为对于组织领导者的服从。

有限理性的学说，就其根源来看并不新奇，只不过是对于人类理性内在矛盾的另一种表达方式，其所作的贡献在于，它不仅把这一矛盾展开了，而且使之与行为选择的具体机制相结合，为分析人类行为特别是个人在组织中的行为，提供了一套可操作的分析工具。在有限理性学说中，人们的行为选择不是分析单位，分析单位是行为选择赖以进行的各个前提，即影响人们行为选择的不同约束条件。因此，通过对于约束条件的分析，通过分析人们在不同约束条件下的理性选择方式，能够找到对于企业领导权威的解释。

四　行为约束条件

通过研究有限理性在一定约束条件下的行为选择方式，来说明企业领导权威的产生原因，重点在于分析三个层面的内容。

首先是市场经济对于有限理性的约束。

企业是市场经济的产物，又是对于市场机制的替代。要说明企业领导权威为什么会产生，就必须说明人们为什么会建立企业和进入企业。在市场交易中，人们以平等互利的方式相互发生关系。所谓平等互利，是指人们之间意志平等，每人都按满意原则自主地进行行为选择，并在不妨碍他人利益的条件下实现自身的利益。但是意志平等不等于意志赖以产生的客观条件相同，行为互利不等于人们通过交往所实现的利益程度一致。人们在各自条件下按平等互利原则进行的市场交易，由于各自条件的不同，会产生实际上不平等的利益从属关系。但是，仅仅这样的利益从属关系，还不构成企业领导权威。只有当人们认识到从属关系的必然性，并自觉地适应这种必然性时，企业领导权威才会产生。促使人们产生适应态度的原因，是人们的理性选择。也就是说，在市场经济的约束下，人们为了更好地实现自己的目的，主动地以计划取代了市场，企业制度和企业组织结构就在这种取代中产生。如果说，由平等交易所导致的利益制约关系，是一

---

① ［美］赫伯特·西蒙：《管理行为》，北京经济学院出版社1994年版，第106页。

种经济均衡状态，那么对利益制约关系的自觉适应和相应的组织形式，则是对均衡状态的理解和认同，体现着意志服从关系，这是企业领导权威赖以产生的经济根源。

其次是组织体系对于有限理性的约束。

企业是人们自觉建立起来的正式组织。正式组织的特点，是具有明确的目的和结构。要说明企业领导权威为什么会产生，就必须说明人们为什么会认同企业组织的目的与结构。所谓企业组织，在技术内容上表现为一个分工协作体系，在社会内容上表现为一个利益互动体系。每一个企业成员，由于企业的要求和个人的特点，在组织中占有一定的位置。在非正式组织中，组织成员的位置是客观均衡的结果，在正式组织中，组织成员的位置是自觉安排的结果。重要的是，不管是均衡还是安排，个人一旦取得某个位置，这个位置就会作为非常重要的约束条件，影响人们的行为选择。组织结构的稳定性导致行为方式的重复性；行为方式的重复性导致行为选择的习惯性，行为选择的习惯性导致观念意识的倾向性。人们在组织环境约束下形成的意识倾向，是企业领导权威赖以形成的直接依托。组织之所以是组织，就是因为组织成员之间不会时时刻刻地以理性算计的方式交往，而是能够自然而然地服从一些共同的行为准则，在这种服从中，体现着企业成员的相互信任和共同信念，体现着对企业组织目标的意志服从关系，这就为企业领导权威提供了存在发展的组织环境。

再次是个体特征对于有限理性的约束。

企业是一个指挥服从体系，指挥服从关系的建立与人的个体特征相关。要说明企业领导权威的产生，还必须说明企业中为什么正是这样一些人服从那样一些人。对此可以简单地回答：由于一些成员在企业中发挥了较大的作用，因此能够树立自己的威信，得到他人的服从。人在组织中的作用有两种。一种是技术作用，体现为分工协作体系的一个角色；这个角色对组织效能的影响越大，其作用就越大。一种是社会作用，体现为利益互动体系中的一个角色；这个角色对组织目标的影响越大，其作用就越大。企业成员之间的相互关系，由这两个方面的作用所决定，其中后一方面的作用尤其明显。就是说，谁能够超越个体目标的狭隘性，理解企业成员的普遍利益，并且自觉地为此而努力，谁就能够代表企业整体，影响企业的整体目标，得到其他企业成员的拥护。而这是取决于人们之间个体差异的。只有站得比别人高，看得比别人远，具有为整体利益而努力甚至献身的强烈愿望，才会成为企业中的领导人物，才会被其他企业成员所信任、追随和服从。企业领导之所以是领导，因为他是整体利益的代表，能够为企业成员指出共同目标并引导企业成员为之而努力，这是企业领导权威的直接体现。

市场经济、组织体系、个体特征，是约束人们理性选择的三种基本条件，企业领导权威就在这三重条件的约束下产生和变化。其中市场经济的条件约束导致企业制度的建立；组织体系的条件约束导致企业行为体系的形成；个体特征的条件约束导致企业中领导者与被领导者的分化。对这三方面条件进行具体分析，说明它们如何影响人们的行为选择，就能够现实地、具体地、能动地说明企业领导权威的性质及其产生原因。

总之，对于企业领导权威的研究，必须科学地建立指导研究工作的理论分析模型。本文建立分析模型的基本思路是：以历史唯物主义的基本观点为指导，通过分析客观条件对主观选择的影响，说明企业领导权威的产生原因。由此建立的分析模型，其优点在于能够把客观层面的社会因果联系，与微观层面的个体能动行为联系起来，不仅有助于从理论上说明企业领导权威的产生，而且有助于从实践上推动企业领导权威的塑造。而后一方面的任务，正是推动人们研究企业领导权威的直接动力。

（作者单位：中国人民大学）

领袖权威的生成机制及实现途径

李 鑫

恩格斯说："能最清楚说明需要权威，而且是最需要专断的权威的，要算是在汪洋大海上航行的船了。那里，在危急关头，大家的生命能否得救，就要看所有的人能否立即绝对服从一个人的意志。"① 领袖权威是贯穿于人类一切社会历史活动中，它是领袖在其社会实践活动中自发生成的，而一旦形成之后，领袖和群众又可以自觉地去维护领袖权威。

一 领袖权威生成的实践基础

1. 领袖权威在实践中产生

领袖权威是从主客体的关系中产生的，在主体方面是权力与威望的统一，在客体方面是价值的认同与意志的服从的统一。但是，这种统一必须在实践的基础上才能得到实现。实践是人的存在方式和本质活动。马克思主义哲学把人类世界当作实践去理解，实际上就是从主体方面去理解人类世界。实践首先是人以自身的活动来引起、调整和控制人与自然之间物质交换的过程。在这个过程中，人和人之间又必然要结成一定的关系并相互交换其活动。同时，实践结束时得到的结果，在这个过程开始时就已经在实践者头脑中作为目的以观念的形式存在着，这个目的是实践者所知道的，是作为规律决定着他的活动的方式和方法的。这就是说，实践内在地包含着人与自然的关系、人与社会的关系以及人与其意识的关系。而这些关系的总和又构成了人类世界的基本关系，而领袖权威作为一种特殊的人与人之间的关系，它也必然是在实践中产生。

---

① 《马克思恩格斯选集》第 3 卷，人民出版社 1995 年版，第 226 页。

领袖权威是与领袖的社会历史活动相伴随的，没有参与社会实践活动，领袖就不能成为领袖，也就不可能拥有领袖权威，所以说，成为领袖是拥有领袖权威的先决条件。而在成为领袖的过程中，领袖也必然以其巨大的社会影响力成为杰出的领袖，也就是说，历史人物必然以其对于历史的巨大作用才能成为领袖，然后才有其领袖权威存在的合理性。而这一切，必然以领袖参与社会实践作为基础的。

首先，领袖是历史事件的当事人。历史事件千差万别，历史事件的多样性，是同领袖的个人特性密切相关的，也首先为当时的一定社会历史发展阶段所约束和规定。历史事件是人参与的，领袖人物往往就是这些具体的历史事件的直接参与者、策划者和指挥者。这样，在历史事件中就深深地打下了历史人物的烙印，使每个历史事件都有其特殊的历史外观，展现不同的历史形态。领袖人物对于历史事件的影响，就一定历史时期一定历史事件而言，领袖人物有可能起决定性的作用，他的个人决定甚至某种程度上改变了历史发展的局部面貌，也正是在这点上，成就了领袖人物的形成，也同时树立了领袖人物的权威。但是，由历史人物所决定的个别历史事件至多只能使历史的发展发生这样或那样的曲折或跳跃，从长期的历史发展来看，不能决定历史发展的总方向。

其次，领袖又是历史任务的发起者。成熟的历史任务总是由少数的历史人物首先发现和提出来的。普列汉诺夫说：一个伟大人物之所以伟大，"是因为他自己所具备的特性使他自己最能致力于当时在一般和特殊原因影响下所发生的伟大社会需要"，"伟人确实是发起人，因为他的见识要比别人的远些，他的愿望要比别人的强烈些。他把先前的社会理性发展进程所提出的紧急科学任务拿来加以解决；他把先前的社会关系发展过程所引起的新的社会需要指明出来；他担负起满足这种需要的发起责任"。① 领袖就是在社会实践过程中，促使主观的努力满足客观的需要，把历史的可能变成历史的事实。

2. 领袖权威在实践创新中得到强化

按照马克思主义哲学的观点，人最初来自自然界，是自然界发展到一定阶段上的产物，马克思说："人的存在是有机生命所经历的前一个过程的结果。只是在这个过程的一定阶段上，人才成为人。但是一旦人已经存

---

① 《普列汉诺夫哲学著作选集》第 2 卷，人民出版社 1965 年版，第 373 页。

在，人，作为人类历史的经常前提，也是人类历史的经常的产物和结果，而人只有作为自己本身的产物和结果才成为前提。"① 这就是说，人是通过自己的活动自我创造、自我塑造的结果。也只有通过实践活动的创新活动，人才能进一步发展和巩固自己或前人的成果，在实践活动中获得更大的进步和成功。作为领袖权威的存在也是如此，领袖在其社会实践过程中，由于其卓越的才能和顺应了当时时代的需要，取得了巨大的成就，树立了自己的领袖权威，但是领袖权威的持久维持并不能停留在原来的成就之上，它必须要结合时代的变化和发展，作出新的实践创新，才能使已有的领袖权威得到发展和强化。

　　领袖权威的维持和发展不是一个静态的过程，它在实践中仍然是需要不断经过实践创新进行强化的，这主要有两点原因：首先，这是由于事物发展的变化，领袖所面对的客观环境也随之发生变化，在新的历史时期，面临着新的历史任务，领袖人物必须要进行实践上的创新，才能解决当前出现的新问题和新任务，也才能获得群众的认同，继续维持领袖与群众之间的一种权威互动关系；其次，即使是面对着一个一定历史时期内变动不大的社会历史时期，领袖人物要想继续保持自己的权威，也必须要寻求实践上的创新，力求实践的突破，以求于群众的认同，并继续保持对于领袖权威的树立并加以强化。所以，对于领袖权威的维持和加强，一方面是在以往实践基础上的自发形成，另一方面就是形成以后领袖要在实践创新上有所突破来强化领袖权威。这种实践创新活动有两种方式：一是在前人的实践活动基础之上归纳、总结、提炼；二是在自己的实践活动基础进行创新。对于领袖权威的创新实践活动，更多的是二者的结合。

　　3. 领袖权威在群众实践中得到认同

　　领袖权威是领袖在社会实践树立起来的，但是这种实践决定不是单个人的简单实践，它是需要领袖和群众一起共同参与的。马克思主义认为，只有人民群众的社会实践才始终是最普遍、最持久、最客观的基本实践，群众的社会实践体现着人类实践的本质、特征和主流，也正是在这个意义上，群众的实践才是对于领袖权威考验的真正标准，才是领袖权威具有持久生命力的源泉。马克思主义把人民群众看作社会历史的主体，在领袖与群众互动中就要充分尊重和理解人民群众的实践反映，只有最终得到人民

---

① 《马克思恩格斯全集》第 26 卷 Ⅲ，人民出版社 1974 年版，第 545 页。

的持续认同，领袖权威才具有持久的生命力。

领袖权威的产生及其强化离不开群众的社会实践，最终只有在群众的认同中领袖权威才得以体现，这是因为：首先，领袖权威是来自于群众实践，领袖是在群众的实践中不断提高思想认识水平，总结经验教训，制定出政策，然后在群众实践中去接受考验，在不断的成功中使自己的领袖权威得到群众的认同；其次，群众实践是领袖权威的产生和创新的根本源泉，离开了群众的实践，领袖权威就是无源之水、无本之木。经过群众实践的检验，群众认识到领袖制定路线和政策的正确性，才能获得认同，才能真正使群众对于领袖有意志上的服从。领袖对于群众只会纸上谈兵，夸夸其谈，或者一直采取教条主义的路线，而没有真正经过实践的检验，领袖权威的认同就是一句空话。

领袖权威的展现必然最终要同人民群众的根本利益相一致，必然根植于人民群众的本质利益实践上。对于领袖权威的持续存在与否，其真理性只有依据广大人民群众的社会实践才能得到真正的检验，其价值也只能看最终给人民群众带来了什么才能确定。在此意义上应该说，人民群众的检验也就是实践的检验，在人民群众中是否行得通，也就是在实践中是否行得通，也让领袖权威真正得到了历史的考验。

二　领袖权威实现的基本途径

领袖权威的实现是在领导实践活动中形成，就主体领袖而言，其实践活动分为政治、经济、文化三个方面的实践，领袖权威是在这三方面的实践中生成，从客体的角度来看，就是一个对领袖权威的认同问题，这要求领袖必须树立起下列观念，如适应时代发展的要求；着眼于当下（当时）的实践的需要；适应群众的要求，满足人民群众的需求；具有宽广的眼界等等。只有这样，才能使得群众认同。所以，领袖权威的实现还是在于领袖主体的社会实践活动，领袖权威的实现有三个基本途径。

1. 政治统领

领袖都是处于社会发展过程的风云人物，是与历史发展的重大事件相伴随的，每一个重大历史事件的发生，都必然伴随着一个历史领袖的出现。所以，领袖的出现必然是与政治紧密相连，也只有从政治的角度去考察，我们对于领袖的历史地位及其领袖权威才有更深刻的了解。所以，领袖要想树立和加强领袖权威，首要是要从政治统领这个角度去把握，通过政治统领，领袖才能更有效地加强自己的领袖权威。

首先，领袖权威的政治统领首要是对于政治权力的掌握。政治权力是在一定的社会共同体中，政治活动主体在夺取、制造和分配社会资源、财富、价值和权力过程中所表现出来的对相应政治活动客体的支配能力。领袖之所以要争取权力，主要目的也就是掌握对于社会资源、财富、价值和权力的分配权，使这种分配符合主体的愿望和利益，当然也就是要符合领袖所代表的阶级利益的愿望，对于无产阶级领袖来说，就要符合广大人民的利益和愿望。政治权力的实现过程，实际上是权力主体和权力作用客体双方斗争和较量的过程。政治权力的大小、效能和持续时间，即其实现的程度，既取决于权力主体由其内部结构、成员素质等派生的权力势能的大小，也受制于权力作用客体接受和服从权力主体意志的状况。政治权力一旦实现，也就构成了一定的利益关系格局，为了维护这种利益格局，并使其不断趋于稳定和完善，权力主体又必然要采取一切方法，包括运用国家机器或社会共同体所拥有的物质强制力量，使这种利益格局通过一定的政治法律制度固定下来，并逐步趋于合法化、合理化、普遍化。这样，政治权力便上升为一种有组织的规范力量。一般来说，利益格局及其所体现的政治权力关系稳定的程度，往往是社会稳定的内在表现。但是，由于这种利益格局和权力关系只是一种暂时平衡状态，必然时时受到权力主体和权力客体双方力量消长的影响。因而，任何一种体现一定权力关系的利益格局都不可能是永恒的、绝对不变的。正是由于政治权力具有上述的特性，那么稳定的政治权力的执行对于领袖权威的建立是有强大推动作用的，这种推动作用就是要靠政治权力的合法化、合理化来达到高效、合法建立领袖权威的目的，减少建立领袖权威的社会成本，加强领袖与群众的相互沟通，使这种意志服从关系建立在制度化的基础之上，这种权威关系也更令人信服。

在一个有序的社会中，政治权力的存在和行使，取决于社会职位的高低和对决策实际参与的程度。一般来说，一种具有一定稳定性的权力不是个人的专有物，而是一种组织化了的力量。一个人只有在一定社会组织占据权势岗位和支配地位，即担任了某种职务才能获得相应的权力。因此，政治权力往往是社会组织中职位的标志。但是，职位并不等于权力，职位中所蕴含的权力还只是一种潜在的可能性或形式上的规定。要使这种权力现实化，关键在于获得这种职位的人是否实际参与具体决策和是否具备参与实际决策的能力。在现实社会中，在社会组织中占据一定职位，甚至居于最高职位的人，由于缺乏知识、才能和威信，并不拥有实际的权力，即不能普遍地、持久地得到归属于社会组织成员的认同和服从。因此，要使权力稳定化和现实化，既要使权力和公认的职位联系在一起，也需要权力获得者真正拥有具体决策的素质和能力。也就是说，领袖要想真正掌握政治权力，并不是仅仅居于高位，关键是要具有参与具体决策和实际决策的能力，这种对于政治权力的掌握才是真正具有作用力的，也才能在真正的政治统领上来实现领袖权威。

其次，领袖权威的政治统领是在变更上层建筑中实现的。上层建筑分为两大类：一类是政治上层建筑，即是政治、法律制度和设施机构；另一类是思想上层建筑，即是指政治、法律、道德、艺术、宗教、哲学等各种意识形态。政治上层建筑，从根本的原则上来说，还是受一定时代的经济基础所决定的。但是，关于政治、法律制度和设施机构的具体内容、特征、形式，则往往受制于当时的社会主体的主观因素（即人的认识水平、选择能力等）。负责制定、选择政治和法律制度及其设施的领导人员和实际参与者，对当时社会实际情况能否作正确的判断，在多种可能性中作选择时，能否选择最佳或最适合实际国情的国家管理形式、社会成员行使政治权利的制度、执行法律和遵守法律的各项制度，以及如何搞好执政党自身建设和社团组织制度，等等，这都与人的经验、知识、对现实问题的认识水平和判断能力等主观因素密切相关。人的主观因素在建立和完善政治上层建筑方面有很多选择和创造的余地，可以发挥重要的能动性。对于思想上层建筑也是如此，思想上层建筑的完善和发展也离不开人的主观努力。正是上层建筑变更中提供的这种选择和创造的余地，为领袖权威的建立、展现、发展和维持提供了历史的舞台，领袖也只有参与变更上层建筑其领袖权威才能得以实现。当然，这种变更过程中，领袖不是孤立的凭一己之力，而是带领广大人民共同努力的结果。

再次，领袖权威的政治统领最终是体现于在领袖的带领下所制定的政治路线、方针和政策上。政治路线、方针和政策是领袖权威在政治统领实现中的真正实践，它是与当前的客观实际情况紧密结合的，这样才有现实性、针对性。政治路线、方针和政策才能得到人民的拥护和彻底贯彻，最终领袖所在政党的执政能力才能得到人民的认同，领袖权威也才有可能得以树立。中国共产党领袖权威就是不同历史阶段不同的正确政治路线、方针和政策的执行中得以确立的。在新民主主义革命时期，人民的根本利益是推翻压在中国人民头上的"三座大山"，建立新中国，我们党提出了符合全国各族人民意志和要求的民主革命的路线和纲领。新中国成立后，人民的根本利益是建设一个社会主义的现代化国家。新中国成立初期，我们党顺应人民群众的迫切要求，及时提出了过渡时期的总路线，完成了从新民主主义到社会主义的过渡，确立了社会主义制度。党的八大制定了全面开展社会主义建设的正确纲领，提出了集中力量发展生产力，实现国家工业化的任务。特别是党的十一届三中全会以来，我们党把党和国家的工作中心转移到经济建设上来。在邓小平理论的指导下，形成了社会主义初级阶段的基本路线，邓小平说："基本路线要管一百年，动摇不得"，"说过去说过来，就是一句话，坚持这个路线、方针、政策不变"①。

2. 经济驱动

经济驱动源于经济资本和经济资源，是经济资本和经济资源所产生的经济支配能力。在社会生活中，谁占有经济资本和经济资源，谁就拥有经济上的支配力。一个人拥有的经济资本和经济资源越多，其经济驱动力就越大。对于领袖来说，拥有更多经济上的支配权，那么就更加容易通过经济上的手段来树立自己的权威。

经济驱动也是树立领袖权威的一个重要途径。人的基本需要是衣、食、住、行等生活需要。"饥饿是自然的需要；因而为了使自己得到满足、得到温饱，他需要在他之外的自然界、在他之外的对象。"② 在任何时候，人的自然需要都驱使人们去谋求满足需要的物质资料，也就是有经济上的利益追求，而且在这个过程中力求最大化。随着人类经济的发展，人类的衣、食、住、行等生活需要，也会越来越多样化。"必不可少的需要的范围，和满足这些需要的方式一样，本身是历史的产物。"③ 发展了的生活需要，引起人们去谋求更大的经济利益。物质资料满足主体需要的过程，就是主体的欲望得到满足的过程，也就是主体的利益实现的过程。正是在于人对于经济利益的需要，才为领袖权威通过经济驱动来树立奠定了基础。

① 《邓小平文选》第 3 卷，人民出版社 1993 年版，第 371 页。
② 《马克思恩格斯全集》第 42 卷，人民出版社 1979 年版，第 168 页。
③ 《马克思恩格斯全集》第 23 卷，人民出版社 1972 年版，第 194 页。

经济驱动具体方式必须要适应时代的变化。人不但有经济上的需求，而且这种需求还会随着时代的发展不断变化的。把经济利益看作是一定主体占有的、为满足其特殊需要的，只是反映了经济利益的部分内容，只是从经济利益的最终效果去反映经济利益的效用，而没有全面地从经济利益发生的社会历史过程中去看待它。要全面认识经济利益，不能仅从经济过程的结果的角度出发，而必须着眼于全部经济过程。经济的全过程是谋取和实现经济利益的过程。在经济活动开始之前，主体根据自己的需要、愿望和拥有的物质条件，在观念上形成一定的经济利益目标。在经济过程中，主体随时以利益目标来激励和引导自己的活动，作为经济活动的动力和进行生产要素组合。在经济过程的结束阶段，达到（超过或者没有达到）预定的利益目标，获得一定的经济利益。这表明：在经济利益实现的过程中，经济利益获得者的经济利益目标会发生变动，不但单个人随着时间的推移经济目标会发生变动，就是不同时代的人经济目标也会大有不同。也就是说，领袖权威在用经济驱动来树立时，必须适应时代发展的要求，满足广大人民群众的愿望。

经济驱动树立领袖权威体现于政党在领袖的带领下经济政策的制定与实施之上。领袖通过经济政策的制定和实施，对人们施以经济上的吸引，以争得人们的支持和响应，从而击败对手，达到赢得领袖权威的目的。如提出改善某些人的经济地位、提高物质生活水平、让利于某一社会阶层、集团等经济主张，或给予直接的物质利益，争得民心，壮大自己的实力；还可以用物资、金钱让渡等手段，来瓦解敌对势力，以保证在激烈的竞争中保持领袖权威的稳定和发展。领袖光有政治统领手段的实施，而没有辅之经济驱动的进行，最后很有可能导致经济发展的缓慢或者停顿，然后是人民生活水平的下降，继而人们必然会对领袖产生不满，领袖就有可能丧失掉领袖权威。所以，领袖必须要采取适当的经济政策来保证领袖权威的获得，离开了现实上的经济政策的执行，领袖权威的树立就成为空中楼阁。

3. 文化引导

文化引导源于精神资源，谁占有、控制了这些精神资本和精神资源，谁就占有和控制了精神权力。对于领袖来说，从文化方面来引导群众，塑造在群众心目中的形象，从而来树立自己的权威，也是一种重要的途径。对于文化的引导，主要是从价值的认同，道德的引导以及思想意识形态的塑造三个角度来论述的。

首先，任何权威产生的前提都是基于某种共同价值取向的认同，因此，对某种价值取向的信任和认同，是领袖权威得以树立的基础。

马克思认为："'价值'这个普通概念是从人们对待满足他们需要的外界物质关系中产生的。"[①] 对于领袖权威的树立，首先必须要建立在共同价值的认同基础之上，没有共同的价值基础，领袖与群众之间是很难形成相互沟通，并且不可能为了一个长期的目标来共同奋斗，并在这个过程中形成领袖权威的。对于领袖和群众价值认同的形成过程，它是指领袖与群众通过相互交往而在观念上对某类价值的认同和共享，也是指双方通过不断改变自身价值结构，共同达到对于某种价值的认同，对这种价值观采取一种自觉接受、自觉遵循的态度。价值认同必然是一个矛盾发展的辩证过程。正是在这个意义上讲，价值是可以塑造和引导的。在一个立体的价值层次中，领袖与群众在社会实践互动过程中必须要找到这样一个价值共同交点，才能使得权威有可能得以确立并发挥作用。主导价值并不否认价值的差异，仅是在多种价值观点组成的价值体系中代表该体系的总方向，对其他处于从属地位的价值观念起着统帅作用的价值。而无论哪个层面的价值认同，其共同含义都在于：人们在自己的社会实践活动中能够以某种共同的价值观念作为标准规范自己的行动，或以某种共同的理想、信念、尺度、原则为追求目标，并自觉内化为自己的价值取向，也就是领袖与群众对于共同信念的坚持和追求，只有基于对于共同价值的认同，领袖和群众才有可能形成一种意志服从关系，群众才会自愿服从领袖的领导。

其次，把文化引导建立在道德的规范上，从而树立起领袖的权威，这也是树立领袖权威的一种方式。

恩格斯曾明确指出："人们自觉地或不自觉地，归根到底总是从他们阶级地位所依据的实际关系中——从他们进行生产和交换的经济关系中，获得自己的伦理观念。"[②] 道德的本质是被社会经济关系决定的一种社会意识。对于利用道德的引导来树立领袖的权威，要把握两方面的内容：一是通过领袖的特殊地位来引导社会道德的建立，尤其是通过没有约束力的规范来强化人们的道德行为，从而通过潜移默化地影响来规范人们的行动，

---

① 《马克思恩格斯全集》第 19 卷，人民出版社 1963 年版，第 406 页。
② 《马克思恩格斯选集》第 3 卷，人民出版社 1995 年版，第 434 页。

在内化为人们自觉行为的同时，道德的形成也就意味着领袖权威在一定程度上得到了人们的认同。这可从汉武帝刘彻建立儒家文化规范看出：道德对于树立领袖权威的巨大威力。当然，刘彻那时建立的道德规范具有历史局限性，但是，对于今天的领袖权威的树立却具有重要的启示意义；二是通过领袖自身的道德行为来引导。道德本身就具有角色行为的示范效应和传递效应。行为的传递规律主要指群体中部分个体的行为对其他个体产生暗示，引起模仿等行为传递现象。用辩证法的观点说，就是不同角色及其行为之间是相互联系、相互转化、相互影响的，在道德生活中，虽然一般情况是各司其职、各从其道，但主体道德标准的具体实践情形往往会不同程度地引起道德提升或道德退落。其中，领袖的道德的到位与否，在所有层次的角色道德活动中，常常具有牵一发而动全身的引导和示范作用。具体地说，当领袖的道德表现身体力行，积极到位时，必然产生良好的道德审美效果，对群众会产生积极的正面引导影响，引起广泛的行为模仿和道德竞争。反之，最高层次的道德角色没有践履角色道德，则不仅起不到引导作用，而且会导致"上梁不正下梁歪"的"多米诺式"道德腐败，"上好礼，则民莫敢不敬；上好义，则民莫敢不服；上好信，则民不敢不用情。"① 因此，领袖道德行为的示范对于整个社会整体道德实践中具有极其重要的作用，同时也影响着最终能否成功建立起自己的领袖权威。

再次，在文化引导中，思想意识形态的塑造和指导是最有力的形成领袖权威的武器。

马克思在《路易·波拿巴的雾月十八日》这一著作中指出的："在不同的占有形式上，在社会生存条件上，耸立着各种不同的、表现独特的情感、幻想、思想方式和人生观构成的整个上层建筑。整个阶级在它的物质条件和相应的社会关系的基础上创造和构成这一切。通过传统和教育承受了这些情感和观点的个人，会以为这些情感和观点就是他的行为的真实动机和出发点。"②意识形态作为一种思想体系，往往是特定时代的某些著名人物创立的，但它反映的不仅仅是个人的思想，而且也是某个阶级、社会群体的要求、愿望和理想。其根本目的是为某一阶级、社会集团创立新的社会制度、社会模式或维护现存的社会制度服务的。意识形态往往打上阶

---

① 《论语·子路》。
② 《马克思恩格斯全集》第 11 卷，人民出版社 1995 年版，第 159 页。

级的烙印。在社会中占统治地位或主流地位的意识形态总是统治阶级的意识形态。所以马克思指出："统治阶级的思想在每一个时代都是占统治地位的思想。这就是说，一个阶级是社会上占统治地位的物质力量，同时也是社会上占统治地位的精神力量。"① 这种精神力量就是意识形态。与此同时，任何意识形态都与特定的社会利益、阶级利益联系在一起，或者说，意识形态反映或维护的是特定阶级、社会集团的根本利益。

因此，领袖要树立自己的权威，必须在掌握政权时，要有意识地利用国家机器来对意识形态进行掌控，当然，这种意识形态是代表先进阶级的思想以及广大人民群众的利益的。在一定的历史时期，领袖使一定群体成员在保持各自思想、观点、看法的前提下，树立群体成员对组织的基本思想与价值认同，从而增强组织对群体成员的向心力与凝聚力。作为一定历史时期政党的领军人物，领袖就是要在政党的基础上树立意识形态的旗帜，政党的意识形态关系到政党在思想观念和精神上凝聚、团结全体民众，获得民众价值认同的能力，是实现既定目标、巩固执政地位的前提和基础。

（作者单位：新华人寿保险股份有限公司）

---

① 《马克思恩格斯全集》第 3 卷，人民出版社 1960 年版，第 52 页。

政党获取权威的途径

为了实现自己的利益和意志，登上权力的宝座，一个政党必须赢得更广泛的支持，获取更广泛的权威。所以政党会采取各种方式和途径来获取权威，这些途径和方式主要体现在政党的各项政治活动中。

一　强化意识形态教育

意识形态，是一定社会阶级的思想体系。它在整个社会意识体系结构中处于核心地位。意识形态在社会生活中具有多方面的作用。如导向作用、维护作用、批判作用和教化作用等。导向作用，就是一定的意识形态作为一面旗帜，为一定的社会或国家进行政治目标导向和社会价值导向。维护作用，就是指一定的意识形态总是要为一定政党进行合法性论证并为其经济基础服务，维护和巩固一定政党在思想上的统治。批判作用就是指一定意识形态总是要对异质意识形态进行批判、排斥、削弱、肃清异质意识形态的影响。也就说每个社会集团都希望自己的意识形态能为更多的群众所接受，并不断强化和扩大自己的意识形态的影响。正因为意识形态有如此重要的作用，所以每一个政党都非常重视意识形态的作用，竭力强化政党自身的意识形态教育，不断扩大政党自身权威。一般而言政党采取以下方式来强化意识形态教育：

1. 成立政党自己的宣传教育培训机构，专司意识形态教育工作

教育培训机构大都叫做党校、政治学院等。如奥地利社会党成立了卡尔·伦纳党校，墨西哥制度党党校的名称叫政治培训学院，该院以培训全国各地的中下级干部和首都地区的普通党员为主。学院根据学员的情况开设正规班、公开班、专题班等。通过这些班次的学习，为学员提供各种信

息，普及党的基本知识，提高党的干部的思想理论水平。英国保守党设有政策和政治咨询委员会和温斯顿学院，日本自民党中央有特别讲习会和政治大学，等等。

共产党除了设有专门培训干部的学校——党校外，一般还成立意识形态监管机构——宣传部。党校一般负责对党的干部进行马克思主义意识形态的教育，宣传部则对言论、出版物等进行审查，维护马克思主义意识形态的主导地位。放松对意识形态的控制就会造成不良的后果。苏联解体的一个主要原因就是意识形态被冲垮了。而面对西方敌对势力对苏联共产党和社会主义制度的肆无忌惮的进攻与发难，前苏联中央宣传部部长亚·雅科夫列夫竟然听之任之，采取放任自流的态度，结果导致了反共思潮的滋长和泛滥并进一步发展为政治倾向，出现了各种各样的反社会主义组织，制造了社会的动乱。

2. 政党通过对大众媒体的利用和控制从而实施党的意识形态教育

大众媒体主要是指报纸、杂志、书籍、广播、电影、电视等信息载体。这些媒体信息量大，传播面广，是民众获取信息的主要方式。因而成为政党宣传自身意识形态的主要渠道。在美国虽然许多有影响的媒体都是私营的，独立于政党与政府，但都不同程度地受到了政党的控制，成为政党的喉舌。如美国之音，自由欧洲电台等都由政府拨专款来运营。"新闻传播将各种观念灌输到美国人民脑子里，人们耳濡目染的，该看到什么、该听到什么，全都是由那些控制传播工具者来决定。"[①] 另外，美国还专门成立了联邦调查局和中央情报局并使之成为压制进步思想和控制意识形态的工具。如联邦调查局在战后对共产党和共产主义进行了大肆攻击，将共产主义与"爱、仁慈、正义"这些抽象的人类共同追求的美德对立起来，与专制制度等同起来。而中央情报局则竭力培植国际反共意识形态。在国内，美国执政的总统杜鲁门签署《忠诚调查令》并颁布《麦卡锡法》，借助国家暴力机器，置公民基本权利于不顾，以维护"国家安全"为借口，竭力压制、削弱、瓦解异己的意识形态。在法国，各政党一般都有自己的报纸对自己的意识形态进行宣传。

3. 在政治活动中加强意识形态的宣传教育

突出的表现就是在总统竞选活动中，各党派的总统候选人努力把自己

---

① ［美］迈克尔·巴仑蒂：《少数人的民主》，四季出版公司1980年版，第197—199页。

的政治主张、意识形态向选民兜售，争取更多的选民的支持，以赢得选举的胜利。美国总统选举的一个必要手段就是进行竞选旅行。总统候选人通常到了一个地方就演说，直至跑遍全国，这样的竞选旅行对于普及和宣传本党的各项主张，确实收到了很好的效果。

另外，西方各国政党还利用宗教在公民社会生活中的作用宣传自己的意识形态，如基督教在美国有广泛的受众，美国政党利用宗教仪式或大规模的宗教集会，宣传政策，争取更多选民的支持。

二　影响政权机关的运作

一个政党如果不围绕政权展开活动，它就和利益团体等其他社会组织无异。而政党也正是在夺取政权、掌握政权的过程中，宣传、落实、执行自己的方针、政策，使政权机关的运作为自己的利益服务。同时政党在影响政权机关运作的过程中也树立自己政党的权威。

1. 竞选公职

在一个实行代议制民主政治的国家里，政党要想谋取政权，主要的手段不是进行武装斗争，革命夺权，而是要参加竞选并取得选举的胜利。政党参加竞选主要是两个目的：一是竞选最高行政首脑的总统，另一个则是竞选议员，争取议会中的多数党的地位。由于世界各国政体千差万别，各国政党竞选的方式、方法、重点和采取的手段并不完全一致。在实行总统制的国家里，各政党竞选的重点是总统，谁争夺到总统的职位，就意味着谁就掌握了国家行政大权；竞选议员就会退而居其次了。原因主要在于即使在议会中处于少数地位，也不会影响到这一政党的执政地位。但是在实行责任内阁制的国家，最高行政权属于内阁的首脑（总理或首相），内阁由议会中的多数党领袖出面组阁并担任内阁首脑。在这种情况下，各政党竞选的重点则是议会中的议员的席位，谁争取到的议员席位多，谁就会在议会中处于多数的地位，从而出面组阁，而对国家元首的竞争则退居次要地位了。

（1）竞选总统。在实行总统制的国家，总统拥有很大的权力。他既是国家元首，又是政府首脑，还是全国武装部队总司令。在实行半总统半议会制的国家，总统也处于国家权力的核心地位。与美国的总统相比，法国总统的地位更高一些，他事实上凌驾于立法权、司法权、行政权三权之上，而美国总统则要受到相对的制约。在实行议会总统制的国家如芬兰，总统有权任命总理和内阁，而不需要得到议会的批准。立法权属于总统和议会。尽管这些国家总统的权力没有美国、法国那样大，但他仍在国家政治生活中担任了重要的角色。

既然总统在国家政治中享有很大的权力，所以各政党都把目光瞄准总统的宝座，因为当上了总统，就等于登上了权力的阶梯。某个政党可以通过自己意志的代言人——总统实施自己的路线、方针、政策，才能够对民众施加自己的影响，树立自己的权威。

（2）竞选议员。争取成为议会多数党，在实行代议制民主的国家里，由公民选举产生代表民意的议员。议员组成议会，从而进一步组织其他政权机关。不论是实行总统制的国家，还是议会制的国家，议会都具有相当大的权力。一个执政的政党如果在国会中成为多数党，那么这个政党的总统将会得到有力的支持；反之，总统则会受到反对党的更大的制约。正因为国会拥有的权力和对总统的制约作用，所以各政党都想方设法争取成为国会两院的多数党。在英国，由于"议会主权"原则的确立，议会实际上成为凌驾于国王之上的最高权力机关。议会的这种特殊地位，对政党产生了极大的诱惑，所以各政党纷纷竞争议会中席位。正因为议会及议会中的议员拥有相当大的权力，所以各政党都把竞选议会议员，争取成为议会中的多数党作为本政党的一项重要工作。因为各政党可以利用本政党在议会的议员贯彻自己的路线、方针、政策，从而树立自己的权威。

在实行总统制和半总统制的国家和实行议会制的国家政党竞选议员的方式以及在议会选举中所起的作用是不尽相同的。但是不管怎样我们在竞选议院和议会选举的过程中处处可以看到政党在施加自己的影响力，从而树立自己的权威。在议员选举的阶段，各党确立了自己的候选人后，党与党之间便展开了"拼杀"。各党结合自身的现实情况制定出能打动选民的竞选纲领，并许下种种诺言，以取悦更多的选民。各党组织了自己的竞选班子，全力以赴组织各种集会和利用新闻媒体进行广泛的宣传活动，以扩大本党候选人的影响，争取选民的支持。有时现任总统也亲自出马，到一些大州游说，为本党的议员竞选大造声势。为筹集竞选经费，开动竞选机器，各党都要寻求财团的支持。财团提供经费，也希望候选人当选后能为自己的利益服务。为了保证本党候选人胜出，政党在执政期间都利用职权不公正地和按人口比例划分选区。这样，经过两轮选举，最后成功的议员大多数是各党的骨干分子和代表人物，这些人大多是受过高等教育并有较高的社会地位。即使在议会中出现一两个劳动者也不过是"民主"的装饰品罢了。

2. 开展议会斗争

各政党把自己的代表选进议会也组成了议会。如此议会就成了政党角逐权力进行权力分配的重要舞台，各个政党利用自己在议会中的议员参加议会的各项活动，扩大自己影响，树立自己权威。

政党在议会中进行活动，对议会施加影响，必须通过一定的组织来进行。这些组织一般是议会党团和党的各种工作委员会。议会党团是指议会中同一政党或政党联盟的议员所组成的党派组织，它是各政党或政党联盟在议会中的最高权力机构。在大选年，各政党的中央或中央的组织系统发挥着重要的作用。但到了非大选年，议会党团实际就成了政党的首脑机关。在议会中，政党领袖不能以"全国委员会"的名义进行活动，她只能以议会党团的名义履行其政党领袖的职能。这些作用主要体现在：第一，在新的议会召开前夕，选举产生本党的议会领袖。第二，协调本党议员的立场和行动，把他们组成一个有机的整体，借以贯彻本党的路线方针，政策，由于大多数议员都是依靠政党的支持、资金、助选而进入议会的，所以他们在议会中的活动不可避免地要受到本党的影响和控制，一般都要参加议会党团。第三，维护本党的权益，并代表本党在议会中从事各项立法活动，促使议会通过有利于本党的议案①。

议会党团在议会的运行中起着非常重要的作用。它有权参与议长的提名、内阁人选的审议、议会程序的确定、议会各专门委员会的组成以及其他重要事项的协商。它是政府、国会和各政党联系的重要纽带。政府预算方案和重大方针政策的出台、总统的重要决策，往往要先向各大政党的议会党团吹风，以便通过它们向各大政党传递信息、寻求谅解和支持，从而保证它们能够在议会中顺利通过。反对党的议案，则要经过本党议会党团讨论通过后才正式向议会提出。凡重要的事情，议员都不敢独断专行，总要同各议会党团协商。也可以说，只有得到各个议会党团，尤其是各大政党议会党团的合作与支持，议会才能正常运作。同时从一定意义上讲，议会也是各政党的政治交易所。各大政党都通过自己的议会党团相互沟通关

---

① 参见李景治《当代资本主义政党制度》，福建人民出版社 1983 年版，第 114 页。

系，围绕组阁和重大政治决策问题进行磋商①。

立法权是当代世界各国议会的基本权力，国家所有的法律草案，政府的预算草案和重大决策，只有经过议会讨论通过方能有效。政府人事的任免，也须经过议会的认可。所以，哪个政党掌握了议会，它就同时掌握了立法权。各政党争相把自己的代表选进议会，成为议员，为的就是利用自己政党在议会中的地位，在立法和各项方案的审议中发挥制约作用，为本党的利益服务。议会在立法中都有完整的立法程序作保证。这些程序主要指议员立法创议、法案的提出、政府预算案或重要决策案等都要向议会提出并经议会审议、辩论、修改、表决通过或废除并公布生效等环节。在议会中，一般还建立外交、司法、军事、农业、外贸等专门委员会，这些委员会负责对各自职责范围内的法案进行审议。这些委员会的审议意见具有很大的权威性，往往会成为议会表决时的主要依据，因此各政党也把目光瞄准这些委员会，争取在这些委员会中占到优势地位，借以操纵或制约有关法案的修改、通过或否定，为本党的利益服务。所以这些委员会也成了各政党在议会斗争的重要场所。在议会中，执政党由于占有多数席位从而比较容易掌握议会的立法大权。执政党在各常设委员会中占据优势地位，所以在议案审查阶段，它掌握了立法审查大权。提交议会审议的议案也大都是由内阁提出，所以说，执政党成了实际上的立法者。由于很多议员并不具备专业特长，所以在审议专门法案时，政党提出的议案因具有权威因而较容易被通过。此外执政的内阁也可以以议案涉及国家机密等理由来逃避审议。这样一来，执政党对议会的控制力度加大了，在立法方面他无疑起着决定性的作用。

3. 组建政府，影响政府运作

在政党体制中，无论是执政党还是在野党都对国家政权产生一定的影响，在施加对国家政权影响的过程中，各政党也逐步树立了自己的权威地位。执政党对政府及其行政过程发挥领导或指导作用，在野党则对政府起着监督制约作用。为了有效地运用行政大权使国家机器高效地运转，执政党必须组织政府来具体负责行政事务。从政党在政府组建过程中所处的地位、发挥的作用来看大致可以分为两种类型：一类是一党执政，由一个政党单独组阁，自行决定政府组建原则和具体人选，并主要由本党的成员担

---

① 参见李景治《当代资本主义政党制度》，福建人民出版社 1983 年版，第 145 页。

任政府要职。另一种类型是两党或多党联合组阁，主要是指在大选中处于领先地位并夺得多数选票的政党，联合组建政府，并按各党实力来分配政府的职位。

在一党执政的典型国家里，政党影响政权，树立权威的情况又不尽相同。在英国，参加下议院议员大选获得多数选票的政党成为议会第一大政党拥有单独组阁权，其内阁成员的全部或大多数都是本党的议会领袖和资深会员。内阁首相一般由该党领袖担任，他负责挑选、调整、更换内阁成员。它以党的领袖和首相的双重身份工作，基本上是大权独揽。但是由于党内斗争的存在，政党领袖在选择内阁成员时为了保持平衡不得不任用各个派系的实权人物为内阁成员，这同时也体现了执政党对内阁的领导作用。反对党虽然没有组阁权，但它在议会中毕竟也占有一定的席位，所以它对政府工作也有发言权。当民众对首相和政府的内政外交政策不满时，反对党便会利用这种情况联合起来，提出对政府的不信任案。这种情况会造成两种结果：或者内阁成员辞职，或者执政党提出解散议会，提前进行大选。在新的大选中，如果执政党仍就获得了多数票，它就可以继续执政；反之，则反对党执政。一般情况下，执政党为了寻求平衡，保持执政地位，通常在政府出现危机时，主动同反对党进行协商，在政府的政策中吸收它们的主张，或者挑选一部分反对党议员担任本党内阁的成员，从而保持政局的相对稳定。

多党执政的情况通常是各政党力量分散，在大选中都没有获得单独组阁的法定议席，因此必须联合其他政党，才能控制议会多数席位，所以需要联合组阁。多党执政又可分为两种情况：一种是一党为主邀请多党加盟；另一种是两个政党对政府地位平分秋色。多党执政的典型国家是意大利。这是由意大利的具体国情和政党制度的特色决定的。意大利国内政党众多，几大政党实力又比较接近，都不具备长期单独执政的绝对优势。意大利的社会经济、阶级结构和政治势力复杂，各政党都有自己的基础和靠山。各大政党互不服气，谁也不可能吃掉另一个政党。长期以来，意大利的政府组建由天民党单独或联合其它的政党进行组阁的。这主要是由于天民党自身实力不足，共产党长期以来又被排斥在政府之外，天民党又打着中派旗号，并且得到国内外保守势力的庇护和支持，所以天民党在国家政治中影响很大。但是多党组阁也使各党互相争权夺利，互相攻击、拆台，导致了政府更换频繁，社会危机不断，始终处于不稳定的状态。

　　由于各国政体形式和政治制度的差异，所以政党在各国政体运作过程中发挥的作用是不同的。除了日本政党是直接决策型外，其他各国政党都是对政体的运作施加间接的影响。也就是说这些国家的真正的权力中心和最高决策不再是政党而是由政党选举产生的行政首脑及其领导下的内阁。比如在美国，由于总统集党政军大权于一身，所以执政党主要通过两个渠道来影响政体的运作，一个就是政党通过党代表大会和政党领导集团向总统施加压力。政党代表大会每 4 年召开一次，和总统的选举几乎是一致的。党的代表大会通过的纲领要求总统候选人接受并成为他的竞选纲领的一个重要组成部分。在总统当选后，他的施政纲领要与党的代表大会上通过的纲领相一致，同时总统在做出重大决策前，一般要同政党领导集团协商，这些是为了确保政府工作顺利运行，减少不必要阻力的权宜之计。此外，大多数总统都希望连选连任，而要两次参加竞选，必须得到两党的大力支持，否则难以实现连任梦想。另一个渠道是，政党通过国会党团来影响总统的决策和政府的运作。在政府决策中，反对党大都采取不合作的抵制的态度，而总统在国会中要寻求支持，首先想到的就是本党的国会党团。一般来说，在重要决策提交国会前，总统要同本党党团进行磋商，有时为了获得支持，总统被迫要做出某些让步。由于英国政党的组织比较严密，因此，执政党对内阁运作方式的影响就比较大。在党内获得支持是首相及其内阁成员所最关心的。因为在议会成为多数党的政党的领袖，就会自然成为首相，而首相一旦在党内得不支持，就会失去首相宝座。内阁成员的命运也是一样，如果得不到本党的提名他就不可能出任政府要职。由于首相及内阁成员提出的议案要经议会审议才能通过，所以他们一般要在事前征求本党议会党团的意见，遵循本党的利益和意见行事，否则就会与议会党团产生矛盾，从而导致他们在执政时步履维艰。

　　以上所述的是执政党对政府运作的指导和控制。其实没有执政的在野党，在议会中也会通过各种途径和方式对执政党及其政府发挥制约作用。在英国，在野党平时注意搜集执政党及其政府的缺点和劣势，并大肆渲染来抵制执政党，同时宣传自己的政策主张，千方百计争取选民。最厉害的就是"影子内阁"了。在下院选举中居于次多数的党，可以按现任内阁的编制，组成一个预备性的内阁，其党的领袖任首相，其他资深议员担任各部大臣，这样一旦执政党倒台，他们就能顺利上台。平日里，这些内阁诸大臣口对口研究现任内阁各部的问题，并进行评论和批判，向社会广为宣传，以树立自己的权威。在美国，反对党也可以利用在国会的立法权、议案审议权，对联邦政府实施牵制。另外如果在野党在国会中占多数议席，那么如果总统及政府的某些政策引起社会广泛不满并触犯了反对党的利益，它们就会启动弹劾程序把总统赶下台。1972 年，民主党借"水门事件"① 向共和党总统尼克松发难，结果在众议院获得通过，尼克松为避免被审判而被迫辞去总统职务。

4. 影响司法

司法公正是社会公正的最后一道屏障，所以世界各国都十分重视司法制度的完美。西方国家尊奉"三权分立"的原则，行政权归总统、总理、首相及其领导的政府掌握，立法权属于议会，司法权则由各级法院实施。宪法赋予法院"司法独立"的特权，法院行使司法权时，不受任何干扰。确保法官具有独立公断人的身份，有的国家还规定法官终身制，而且法官任职后不能再以政党的身份进行活动，在党派之间要恪守中立。这些规定决定政党是不能直接干预司法工作的。但司法独立并不意味着"司法至上"，最高法院就可以为所欲为了。在实行政党政治的国家，政党是政治生活的核心，司法领域也并不是铁板一块，政党会通过各种方式对司法活动进行制约，这也是政党获取权威的另一个途径。

政党特别是执政党常常会在法官产生的方式上对司法施加影响。美国法官的产生有两种方式。一种是由行政长官任命产生。联邦法院法官全部是经国会同意由总统任命的，少数州法院的法官是由州长任命的。从表面上看，法官的任命和政党没有什么关系，但是由于总统和国会都是政党操纵和控制的，所以法官的任命肯定打上政党的烙印。事实证明，总统在考虑人选时，总是会考虑到任命对象与总统所属政党的关系，也总是会首先从长期追随、支持或同情本党的那些法官中进行挑选和提名。产生法官的另一种方式是选举。这基本上是指州级法院法官的产生。这更离不开政党的活动支持。各政党总是把倾向或同情本党的人选为法官，而想当法官的人也明白，要想当选必须获得政党的帮助，否则就不会当选。

虽然最高法院是最高审判机关，但是司法机构除了法院外还包括检察院、司法部。如果说法院的政党色彩较淡，那么这些司法机构的政党色彩

---

① 水门事件，或译水门丑闻，是美国历史上最不光彩的政治丑闻事件之一，其对美国本国历史以及整个国际新闻界都有着长远的影响。

就重了。在英国，立法权属于下议院，而司法权则属于上议院。上议院是英国的最高司法机关，受理各种民事、刑事案件。英国的上议院历来被保守党所控制，保守党会利用自己的地位对司法活动施加影响。在美国，司法部长在政府中具有重要的地位，它有执行全部联邦立法的权力。司法部长也是美国的总检察长和联邦政府的首席执法官。他在有关法律的事务上代表合众国；他在最高法院审理特别严重和重要的案件时亲临法院；他对各州和各准州所有司法辖区内的合众国检察官和执行官实行全面监督和指导。从这些规定看，司法部长对最高法院是有一定制约作用的，而他又是执政党政府的要员，是由执政党领袖任命的，这就为政党介入司法和检察活动提供了一个平台。

三　有效遏制腐败

政党是以渴求政权为目的政治组织，它在执政后必然又和权力发生联系，因此政党也必然地产生腐败现象，这种腐败现象会危及政党自身的威信，特别对于执政党来说，腐败会导致其权威失落，一个政党要想树立权威必须在谋取政权前后都要有效遏制腐败。

在实行政党政治的国家里，政党的腐败现象是比较突出的。这主要表现在以下两个方面：一是非法捐款与秘密资金。实行代议制民主制的国家，政党谋取政权的途径就是参加议会竞选，竞选议员、总统等职位。而竞选就需要组织集会、发表演讲、需要长途旅行，需要在媒体做广告，这一切都需要金钱。没有钱，参加竞选活动是不可能的。一般而言，政党竞选的资金主要来源于向本党党员收取的党费，从社会各界募集的政治资金、捐款和国家补贴三个途径。仅靠党费和国家补贴要想参加竞选活动是远远不够的。因此，从社会各界募集的政治资金和捐款成为政党竞选资金和日常活动资金的主要来源。其实这些捐款主要来自于企业的捐款。那么企业为什么要向政党及政党候选人捐款呢？因为在西方国家，实行政党分肥制，就是说，如果一个政党竞选成功，它可以在政府里安插一些重要职位给企业或企业的代理人，这样企业就可以左右国家的大政方针，使政府制定一些有利于自己企业的方针政策。如果政党接受企业的捐助是透明的、合法的，那么就不存在什么腐败行为了，但是政党为了要筹集更多的活动资金，往往设立一些不为人知的秘密账户，接受秘密捐款，接受企业赠送的原始股票。这样腐败行为就发生了。二是回扣和佣金。对于执政党来说，执政就是掌握了政府权力。政府在重大基础设施建设，重要物品采购中存在着许多利益交换关系，执政党往往把重大基础设施建设的建筑权和政府采购合同发放给企业，从而收取一定比例的回扣和佣金，从而达到非法聚敛财富的目的。

除以上两种表现形式外，为了达到敛财的目的，各政党往往使出浑身解数，规避法律，筹资集资。比如法国政党采取虚开发票，报假账等办法，使资金流入政党的金库等。

各国政党腐败现象的存在，使其权威失落，名誉扫地，危及政党的生死存亡。各国政党及政府均已看到腐败对其权威的危害。所以纷纷采取各种措施，遏制腐败，提升权威。

1. 整章建制，规范政党的活动

日本自民党结束了在日本政坛的统治地位后。新上台的日本新党领袖细川护熙提出了政治改革方案。这个法案实际上就是通过一系列的立法来规范政党的活动。这些法案包括：公职选举法、政治资金规正法、政党助成法，众院议员选区划定审议法4项。新的公职选举法规定把现行的中选区制改为"小选区比例代表并立制"。议员总数为500名，按小选区制选出300名，即把全国分为300个小选区，每区选出1名议员。其他200名议员按比例代表选出。《政党助成法》规定，国家对拥有5名以上国会议员并在全国政治选举中得票率超过20%的政党进行资助，总额为309亿日元，资助上限为上一年实际收支的40%。新的《政治资金规正法》规定，禁止企业向政治家个人捐款，企业和团体向政治家个人和资金管理团体的捐款每年不得超过50万日元。凡超过50000日元的捐款必须公开[①]。中选区制度被小选区和比例代表并立制度代替，使原来以政治家个人为中心的选举演变为以政党为中心的选举。《政治资金规正法》对捐款的限制，也使"金钱政治"受到一些约束。《政党助成法》也减轻了政治家对财界捐款的依赖性，有利于促进政治廉洁化。日本的政治改革方案虽然未能从根本上清除腐败，但对于日本政治来说无疑是一大进步。

在意大利，虽然"净手运动"对于腐败现象给予了沉重的打击，但是，意大利人民还要求改革政治体制，修改政党资金法和取消比例代表选

---

① 参见孔寒冰《当代世界特大腐败案例》，知识出版社2001年版，第52页。

举制。1993 年 8 月，意大利议会根据民意通过新选举法，废除比例选举制。并规定参众两院 75% 的议员由各个单名选区以简单多数选出，25% 的议席根据各党派取得的选票多少按比例进行分配。这种以多数制为主的混合选举制度，有利于阻止政党权力的极度膨胀，实际在一定程度上宣告了"党派政治"的终结。同时意大利政府还规定了明确的竞选规则、每个竞选人竞选经费和接受捐款的限额以及违背规则、超过限额所给予的处罚等等，这些规定会上相当程度上起到遏制腐败现象的作用。

2. 加强廉政教育

丁·波普认为，"当法律、规则、行为规范对恰当的与不恰当的行为加以详细说明时，当宗教的、政治的以及社会的价值观念期望政治家及官员具备诚实的品质时，当官员中存在职业道德和公务员中存在精英意识时，当政治领导层对公共和私人道德都给予重视时，公共生活及公共服务中的廉政就会得到发展"[①]，这说明道德教育与法规建设在反腐败中会起到同样的作用。因此，许多国家在加强廉政立法的同时，强化廉洁自律的教育，力图通过道德来构筑反腐败的道德防线。

意大利政府除了制定了一系列防止腐败、加强廉政的法律、法令和决议外，还颁布了一部国家公务员《道德法典》，其主要内容为：不准参加任何秘密组织，不准从事其他职业活动，除亲朋好友所赠价值微薄的礼品外，不准接受任何赠品和捐款，不得已而接受的礼品一律上缴，等等。美国为防止腐败，1978 年还专门制定了《政治道德法》，对于游说作了规定：不准现职官员接受游说者的钱财报酬，对公职人员离职或退休后从事与其职务或工作有关的商业活动规定了 1—2 年的"冷却限制期"或终身的"禁止期"，即已经卸职的政府官员在离职后至少一年内不得回原工作部门为别人从事游说活动，违反者要受刑事处分，以防止官员在离职后利用以往的工作关系，以不正当的手段获取公共工程项目的合同而索贿受贿。同时《政治道德法》对于从政人员申报收入、财产也作了规定：总统、副总统、国会议员、联邦法官以美国行政、立法、司法三大机构的工作人员，必须在任职前报告并公开自己及配偶的财务状况，包括收入、个人财产等，以后还须按月申报、逾期不报将受司法部门起诉。申报单由廉政办公室负责审查，一经发现违法收入，立即处理。

---

① 转引自金大军《行政腐败解读与治理》，广东人民出版社 2002 年版，第 173 页。

3. 强化监督制约机制

监督是反腐败的重要措施，大多数西方国家已建立较完备的监督网络（包括法律监督，政治监督，新闻监督等）来遏制政党的腐败行为。

在监督体系中，建立专门的监督机构对于反腐败有着重要的作用。新加坡一直是被认为抓廉政效果比较突出的国家。它设有专门的监督机构——反贪污调查局，其主要任务是调查任何贪污嫌疑或负责处理；调查任何逮捕的罪案；检举有涉及贪污舞弊的公务员；防止贪污行为——研究贪污案例，提供防范方案给予有关部门考虑。反贪污调查局可采取任何手段对嫌疑人的人身、住所、办公地点及可能隐藏物品地方进行搜查或逮捕嫌疑人，可以对嫌疑人进行跟踪、密取、侦听等一系列侦查手段。调查局拥有绝对的权威，负责对公共服务部门和政府法定机构进行监督和调查，对一切涉及贪污的官员铁面无私。

在实行政党政治的国家里，有执政党就必然会有在野党，以反对党角色存在的在野党无时不对执政党进行监督。这种监督形成了对执政党致命的制约关系。20 世纪 70 年代日本发生的洛克希德贿赂案件能够被揭露并追究，反对党功不可没。在加拿大，各党派之间的监督也起着重要的作用。加拿大有 295 个选区，保守党、自由党和新民主党的政客同选民都保持着广泛接触，这就形成了自下而上的监督系统。任何一项涉及执政党的丑闻都会在议会中被反对党揭露出来，并进行毫不留情的抨击，形成一种强大的政治压力。比如保守党执政期间，就因内阁官员的一些丑闻不断被反对党议员揭露，从而一度威信大降，严重威胁保守党的两次执政。为此时任总理的马尔罗尼不得不多次改组内阁，先后将有腐败行为的 8 名内阁成员解职以改变形象。腐败丑闻的出现，对当事者来说是罢官罢职和受法律处罚的问题，而对于一个执政党来说则是危及它的执政地位的问题。因此，一些执政党不但非常重视在野党对自己的监督而且也非常重视对本党的官员的严格要求和监督。

新闻舆论监督在反腐败中也发挥着自己的独特作用。随着大众传播业的发展，一些媒体逐渐成为国家政治生活和公众日常生活必不可少的工具。一些重大的腐败案件都是在新闻媒体揭露后，权力部门才展开调查的，如 1988 年 6 月 18 日，日本《朝日新闻》在社会版头条位置发表了有关川崎市副市长小松秀熙接受利库路特公司上市股票的消息，各媒体争相转载，由此揭开了利库路特贿赂案的序幕。1972 年轰动美国朝野的"水门事件"，导致了尼克松总统的辞职，这件事的起因是 1972 年 6 月 18 日，《迈阿密生活报》揭露了有 5 个人潜入华盛顿水门饭店民主党竞选委员会总部安装窃听器，当场被警察抓住。这件事就是被白宫轻描淡写的"三等盗窃企图"的"水门事件"。尽管后来尼克松连任了总统，但是由"水门事件"为契机，民主党对共和党大肆攻击，揭露出尼克松逃漏将近 50 万美元个人所得税及其他罪行，从而导致了尼克松的辞职。

（作者单位：中共中央党校）

法治权威的理论探讨

包美霞

任何社会和国家为了维持社会的有序状态，必然要树立某种形式的权威。在近现代社会里，树立某种权威主要体现在法治与政府公权力的处理关系上，即当二者发生冲突时，是法治权威高于政府权威，还是政府权威高于法治权威，这是实现法治最关键也是最突出的一个问题。在实现依法治国的现代民主国家，其最显著的标志是法治具有极大的权威，并且这种权威应当而且必然地要深深扎根于人们的理性意识之内，体现于人们的日常行为之中，实行于国家的政治运行之中。因而，法治权威的树立既有其应然性也有其必然性。研究法治权威是法哲学和法律社会学领域的一个重要课题，它关注的是作为权威客体的社会主体对法治实践及其结果的评价和认同程度，必然要考察法治权威的基本理论，包括其概念、性质、内容等等，以便在探寻法治权威的路径上奠定应有的理论基础。

一　法治权威的基本界定

1. 法治权威的概念

有学者这样定义"法治权威"，"法治权威指的是在现代社会系统内以良好的法律和完备的制度为基础，以控制公权力为目的而形成的一种对社会公众具有支配作用的令人信服的威望和公信力"。[①] 该定义具有一定的合理性，体现了"法治"与"权威"的某些要素，如良好的法律制度、对公权力的控制、具有公信力等。但把法治权威定义为一种"以控制公权力为目的"而形成的"威望和公信力"，仍有值得商榷之处。其一，法治权威

---

① 刘瑞兰：《试析影响中国法治权威树立的因素》，《社科纵横》2007 年 12 月。

是否仅以控制公权力为目的？其二，法治权威到底仅仅是一种静态的"力"，还是一种动静结合的"社会状态"？

　　本文认为，控制公权力的目的是为了保障公民权，其本身不是目的，只是保障公民权得以实现的手段或途径，因此，保障公民权利才是法治权威的核心和目的。法治权威是一种社会状态，应当有着完备且优良的法律制度体系、公共意志得到最充分体现、存在某种共同信服的力量等。具体而言，法治权威应当包含以下几个通性：①

　　第一，法律制度体系完备且优良。完备且优良的法律制度是法治的前提条件，法治的英文表达是"rule of law"，有法的统治、法律至上之意，强调的是法律的统治，因此，制定法律是首先要解决的问题。那么制定什么样的法律，才有利于树立法治权威呢？我们认为这种法律制度至少有两个特征：完备、优良。法律制度要完备，理论上包含三层含义：①一个部门法自身条文不能前后矛盾；②部门法之间不能相互冲突；③整个国家法律体系不能存在立法空白。若法律体系之间前后矛盾、相互冲突、漏洞百出或空白太多，则易导致权力滥用与法官的恣意。法律制度要优良，理论上也包含三层含义：①所立之法以保障人权为旨归；②所立之法是民主立法的结果；③所立之法能体现程序正义。因此法律制度体系的完备与优良缺一不可，必须同时具备，才可能树立法治权威。

　　第二，最大限度地体现公共意志。在法治权威的状态下，各项制度规定、程序设定都围绕代表大多数人的公共意志而展开。亚里士多德曾指出，"法律的实际意义却应该是促成全邦人民都能进于正义和善德的永久制度。"② 阿奎那认为，"法必须以整个社会的福利为其真正的目标"，"法律的首要和主要目的是公共幸福的安排"。③ 当然，我们所说的"最大限度"要根据各国具体的政治制度而定。实行直接民主的国家，似乎更容易达到"最大限度"体现"公意"，然而，直接民主适合于小国寡民，间接民主适合于泱泱大国；④ 实行代议制的国家，可通过听证、论证、商谈等

────────────

　　① 笔者认为，法治权威的通性，即法治权威的通常属性，是从法治经验和实践中总结出来的法治权威应有的基本要素。

　　② ［古希腊］亚里士多德：《政治学》，吴寿彭译，商务印书馆2009年版，第142页。

　　③ 《阿奎那政治著作选》，马清槐译，商务印书馆2009年版，第108页。

　　④ 江国华、易赛键：《论立法民主》，《中南民族大学学报》（人文社会科学版）2007年第4期。

协商民主的形式来弥补代议制的不足。除了通过制度来体现公共意志外，还需要提高全社会的公民意识，增强公民关注政治、参与政治的积极性与自觉性，从而最大限度地体现公意。

第三，存在某种共同信仰的力量。即对法治权威所形成的价值共识。在法治权威的状态下，社会生活中协调、管理各个独立人以及各个利益群体的运作的唯一标准是法治原理、原则及体现法治理念的各项法律制度；立法公正、执法公正、司法公正都得以实现，从而塑造了人们对法律的信仰。伯尔曼指出，法律必须要被信仰，否则它将形同虚设。基于对法律的信仰，在公民内心会形成向心力与凝聚力，这种向心力与凝聚力基于具体形态的民主、法治、人权、公平、正义的理念而产生，又以具体形态的民主、法治、人权、公平、正义为价值追求；基于对法律的信仰，在公民内心形成的这种向心力与凝聚力，源自于一国的历史、文化传统与现实国情，又超越于历史、文化传统与现实国情，而形成一种全社会共同信服的力量。就社会主义国家对法律的信仰而言，在公民内心形成的这种向心力与凝聚力，基于社会主义民主、法治、人权、公平、正义的理念而产生，又以这些具体的理念为价值追求，源于我国的历史文化传统，并与基于对马克思主义的信仰所产生的政治向心力与凝聚力相互统一于社会主义法治理念、统一于建设社会主义法治国家的伟大实践。

综上所述，法治权威是指权威主体在法治实践中所形成的对法治的一系列原理、制度对权威客体的支配和服从的影响力以及由此而产生的一种法治至上、法治至圣的社会状态。

2. 法治权威的特征

分析法治权威的特征可以更好地认识法治权威的概念、性质及其特性。法治权威主要具有以下特征：

第一，至上性。即法治的原则、制度在社会生活中处于最受敬重的地位，并且有着至高无上的威严。在社会公众的心目中享有崇高的威望，公众对其有高度的信赖和普遍的认同，自觉地遵守法律，自觉地维护法治的尊严。它要求人们对国家的法治的服从，而不是对国家官吏的服从。而对法治的服从，很重要的一个途径是树立法律的权威。法律具有客观性、普遍性、规范性和强制性，是一种非人格的一般规则。卢梭认为："法律集体地考虑所有的臣民并抽象地考虑所有的行为；它不会考虑一个个别的人或者一个特殊的行为。"① 这种对法律的非人格化的服从，使得法治权威具有至上性、稳定性、独立性和一贯性。法治权威的核心在于宪法至上，即宪法必须具有权威性。它要求宪法成为评价和衡量政府公务行为、公民行为的根本准则或根本标准，同时还要求建立一套健全的、完整的保障机制，如政治权力结构、违宪审查机制。

第二，本源性。法治的本源性，是指法治权威在调整社会关系过程中所体现的利益关系，包括物质或经济利益、政治利益和文化利益。因而树立法治权威必须以特定的社会条件为根据。所谓社会条件则是指人类社会以生产方式为基础的各种社会关系所构成的整体，是经济、政治和文化生活状况等的总和。法治作为一种治国方式，虽然有着共通的特性，但是它必须是在特定社会的具体语境之下的，而非抽象的。因此必须在既有的秩序之内来寻找法治权威的奠基因素来推进制度的变迁，从而依据特定的政治经济社会等诸多因素来巩固既有秩序的正当性。

第三，主从性。法治权威的主从性是在其发展过程中，始终存在一种具有支配性的力量和威信。前文已提到在权威系统内，存在着支配与服从的关系，那么在法治权威中同样具有这种主从性。作为法治权威的主体和客体的主从关系在不同的阶段有着不同的表现形式。在法治权威树立的初期，尽管权威客体对权威主体有一定程度的认同，但更多的是依靠国家的强制力来实现，是一种被动的认同。在这个时期，树立法治权威主要依赖于权威主体一方的强加力量。而在法治权威的自觉阶段，权威主体与权威客则达到一种互动的主从关系。权威主体所施行的意志内容虽然也隐含着一种支配力，但不是很明显，并且能被权威客体完全认同的，对法治权威是理性地服从。

第四，公共性。这是从政治学的角度来考察法治权威的特征。法治与权威的交集关涉社会政治权力，就不能不涉及公共性。法治权威应该是公共权威，法治具有权威性首先来自于公共性。公共权威存在的前提是平等人的政治共同体、民主的程序以及抽象的权威。法治权威要得到公民的自愿服从就必须具有公共性，因为服从具有公共性的权威才能保证公民的自由。由此可以得出，所谓法治权威的公共性就是指它的基础是存在一个平等人的政治共同体，产生于一个民主的程序，并且不与任何具体的个人、

---

① ［法］卢梭：《社会契约论》，徐强译，九州出版社 2007 年版，第 93 页。

家庭或某个派别相联系，在性质上属于抽象的权威。法治权威具有公共性才能在现代社会中具备合法性，公民才有了真正的服从义务，从而形成真正的权威。在现代社会，法治权威的公共性来源于具有立法权的国家公共机构或民选的立法机关所表达的公共意志。

二　法治权威的性质和内容

1. 法治权威的性质

法治权威体现为人们对法治的尊重、认同和自愿服从。法治权威表征了法治在维系社会秩序中的正当性地位。因而对法治权威性质的界定涉及两个基本要素：一个要素是特定社会的物质生活条件亦即生产力状况和生产关系的现实要求，以及决定于物质生活条件的思想文化状况和政治状况；一个要素是法治与人的生活方式和生活状况的关联程度。这些要素是法治权威实现的条件，同时也规制了法治权威的实现方式和程度，并且在深层上规定了法治权威的性质。因此，法治权威的性质就是法治权威的客体对于主体建立在一定的社会物质生活条件之上，以及与此相适应的政治和思想文化关系的法治原则所确立的行为方式、秩序要求和运行过程的认同和服从关系。简言之，法治权威的性质是法治权威客体对法治主体的自愿服从。可以从以下几个方面来分析法治权威的性质：

第一，法治权威属于实践权威。法治权威指向的是法治实践的行为领域。法治权威主要是告诉人们应当或不应当做什么，即规制一定的义务，并为人们提供行为理由。法治权威从根本上说是一种全社会的政治实践，它包含了对法治的一系列原则、制度的认同等规范的体系和内心信仰，但从来又不限于这个范围。法治权威在本质上依赖于社会实践，并且只能在社会实践中主张权威。因而，法治权威的树立必须关注法治实践，并且必须全面考虑法治实践与法治权威的关联性、阶段性和系统后果，注意平衡法治的统一与实践形态的多样性，同时还要探索各地区、各层次的法治权威的树立路径等。

第二，法治权威是强制性与自愿性的复合体。既然属于权威的一种具体形式，那么权威的性质在法治权威上也会体现出来。法治权威在最初树立之时，更多的是依赖于国家强制力，从而保证法治的实现，由此而生成的法治权威是属于强制服从型的权威。这是在树立法治权威的历史过程中，不可避免地基于政治统治而形成的。而法治权威的常态应当是自愿性服从，亦即法治权威的树立主要归因于人们对法治的产生、运行过程及结果发自内心的认同、尊重服从，这是属于目的认同型的权威。法治权威的最终目的是保障人权，实现正义，具体目标是形成以自由、平等、效率、公正、安全和秩序等具体价值形态所构成的法治价值体系，这些目标充分扩展于社会现实之中并得到人们的持久支持和价值认同，从而在顺应社会发展趋向与保持法治权威体系的维系之间找到平衡点，有效地促进社会与经济的发展，维系法治权威体系的完整与延续。

第三，法治权威是理性和民主的结果。前文已提到法治是人类理性的发展结果，因而法治权威如果没有人的理性力量的参与，法治的权威就不可能实现。拉兹主张从实践理性的角度去论证权威问题，[①] 认为实践理性有两种不同的内涵：一种是作为人类的普遍能力的实践理性，即个人自主，个人运用自己的理性选择、计划和安排自己的生活的能力；另一种是作为价值的实践理性或自主，即一个社会把实践理性当作有价值之物。[②] 而法治权威中人的理性参与到法治实践过程中的具体途径是民主的程序。所以，主张法治的权威与发挥理性、坚持民主之间是相伴相生、相辅相成的。只有在它们之间形成有效的互动，法治权威才能得以树立并得以为继。

2. 法治权威的关系结构[③]

法治权威有着其自身的关系结构，因为法治权威呈现的是一种多元的结构，且法治权威之间的关系是体制化而非个人化的。法治权威的关系包括法治权威的主体、客体和法治权威的作用机制构成，是一种存在于权威主体和权威客体之间的支配和服从的关系。

法治权威的主体指的是处于支配地位的权威行使者，即国家，而根据主权在民以及唯物史观的原理，权威的终极享有者是人民。法治权威的作用机制得以有效发挥的途径是国家或者称为国家权力。只有国家才能保障

---

① 根据菲尼斯的理论，认为实践理性包括九个要求：有条理的生活计划；不恣意偏爱某一价值；不恣意偏爱某一个人；在各种善和实现善的方案中保持超然；一旦作出承诺，就必须忠诚，不轻易放弃；有效性；尊重每一个行为内在的各种基本价值；参与和实现共同善；服从我们的良心。See John Finnis, Natural law and Natural Right, Oxford University Press, 1980, chap. 5.

② See Joseph Raaz, The Morality of Freedom, Clarendon Press, pp. 380 – 412.

③ 参见李景鹏《权力政治学》，北京大学出版社 2008 年版，第 150—151 页。

法治权威所确认的公民权利。国家权力与其它任何权力一样以"命令—服从"的规则运行，意味着国家对权威客体的一种支配。

权威的客体指的是权威主体支配的对象，权威的信服者和崇拜者。法治权威的客体包括政府机关、政府机关工作人员、政党、社会团体和广大民众。法治权威是通过控制政府机关的公权力而维护公民权利，并得到民众的广泛尊重和认同。

法治权威的作用机制是指法治权威关系所发生联系的作用形式，即法治权威借以发挥作用的一定机构和职务。法治权威的逻辑前提是完备且优良的法律制度体系，国家是在运用这个体系进行社会治理过程中产生法治权威的，因而法律制度体系是法治权威的作用机制。社会治理的过程包括立法、执法、司法、守法等环节。

3. 法治权威的内容

从系统论的层次上讲，法治权威是指法治系统的权威，涉及立法、行政和司法环节。而从法治权威内部来讲，法治权威由法治概念的权威、法治原则的权威、体现法治理念的法律制度体系的权威、法治适用技术的权威和强制执行的权威构成。本文认为，法治权威有两个方面的内容：

第一，从实现形式上看，法治权威包括立法权威、执法权威以及司法权威。法治权威的实现必须要通过具体的权威载体，这些载体就是国家的立法活动、执法活动和司法活动，在这些过程中所体现出来的理念、操作方式、程序等都共同表征了法治权威的实现程度。其中，法治权威的基础是立法权威。"立法比其它调整形式更有权威性。"[①] 只有享有特定的立法权的国家机关才有权力进行立法，它是以国家的名义作出并体现国家的意志，因此任何组织和个人都必须遵守与服从。在立法过程中必须遵守立法程序，体现法治精神才能树立立法权威。而执法权威是关键，因为执法环节是法治理念、法律规范实行的过程，是实现法治目的的重要方式。法治权威的实现是通过在实施过程中和取得有效的结果上体现出来的。再好的法治理念、法律体系，如果得不到贯彻实行，那也没有权威。执法行为是与人们生活息息相关的行为，在这三个环节中，它与社会生活的联系最为密切。如果执法活动没有权威，那将从根本上意味着整个社会秩序的坍

---

① ［英］罗杰·科特威尔：《法律社会学导论》，潘大松等译，华夏出版社 1989 年版，第67—68 页。

塌，更不要说实现法治的权威。司法权威是保障。司法权威是在司法活动中所呈现的一种高效而理想的司法状态。只有通过司法权威才能赋予法治以生命和权威，司法权威是法治权威在司法实践环节中的具体体现。司法作为人们实现正义的最后一道屏障，司法权威的树立直接关系到社会秩序的维系以及政治秩序的稳定。

第二，从表现形式上看，法治权威主要表现为两个方面：一是法治的实现，法治理念指导下建立的完备的法律体系所确立的权利义务通过具体的法律关系转化为活生生的社会现实。人们能够在这个完备的法律体系框架内组织安排自己的事务。法治具有体系的公平性，法治在形式上和程序上是公平的，因而它能够平等地对待每一个社会成员。比如某个人如果不能从某一法律规范中获利，但可以从其他规范中获益。由于法治理念建立在统治者与被统治者的互惠关系之上的，即权威如果尊重每一个行为的基本公平并致力于实现公平正义，权威的要求也会得到应有的尊重。二是法治具有至高无上的威严，在一个国家中确立其相对于其他社会治理手段和形式的至上的、最受敬重的地位。法治不仅是人类文明的重要标志，也是时代与社会价值目标的结晶。法治至上首先是相对个人而言的。其中最为重要的就是看这个社会的当权者是否本身也平等地接受法律的制约。如果一个国家的公权力等其他力量可以随意逾越法律的界限，那么这个国家的法治也就当然地不具有权威性。其次是要求一切社会组织及个人均必须依法办事，服从法律，任何人都不得在法治体系之外，其他的社会治理手段也都必须在法治的框架内。要求对法治权威达到一种绝对的服从，而不是选择性地服从。

三　法治权威的哲学论证

对法治权威的哲学分析，可以更深层次地认识法治权威的理论根源。从发展的角度来看，法治权威既有其实然性，也存在过程性；而从社会的横向来看，法治权威又具有相对性。

1. 法治权威的实然性

法治权威的实然性也即指法治权威的现实性。在历史唯物主义看来，人类社会发展的根本动力是生产力与生产关系的矛盾运动。所谓生产力，即指人类在物质生产活动中形成的征服和改造自然的实际能力，体现了人与自然之间的现实关系；所谓生产关系，即指人们在物质生产过程中结成的经济关系。在二者的相互关系和相互作用中，生产力的状况决定生产关系的状况；而生产关系对生产力具有能动的反作用。生产关系的总和被称为经济基础，它与上层建筑相对应。经济基础决定着上层建筑，而政治、法律、道德、宗教等上层建筑又反映并服务于经济基础。法治属于上层建筑部分，其性质、正当性和权威性都根源于特定的经济基础。即法治、法治权威这种上层建筑表达了人们内在利益要求的现实化程度或状态。恩格斯指出："每一时代的经济结构形成现实基础，每一个历史时期的由法的设施和政治设施以及宗教的、哲学的和其他的观念形式构成的全部上层建筑，归根到底都是应由这个基础来说明。"① "每种生产形式都产生出它所特有的法的关系、统治形式等"。② 马克思指出："只有毫无历史知识的人才不知道：君主们在任何时候都不得不服从经济条件，并且从来不能向经济条件发号施令。无论是政治的立法或市民的立法，都只是表明和记载经济关系的要求而已。"③

所以，法治权威的实然性在于它反映并记载了现实生产关系的根本要求。或者说，一定的社会物质生活条件是某种权威和服从关系存在的现实基础，无论社会组织的具体形态如何变化，在产品的生产和流通的物质条件下，都需要权威的存在。另一方面，特定的社会生产力水平和生产关系状况也决定了法治权威的具体形态和表征方式。法治权威不是凭空产生的，也不是自发形成的，而是历史发展的产物。当然，法治权威的现实性不仅仅在于生产力和生产关系，特定社会的制度设置、文化模式、道德水平、宗教信仰、国民法律素养等因素都可能为法治权威提供切实的依据或动力。比如法治权威的实然性根植于民主制度化、法律化的需要。任何一种民主，都需要法律的确认与保障；离开法律，民主将不可能存在和发展。

2. 法治权威的过程性

恩格斯认为："世界不是既成事物的集合体，而是过程的集合体。"④ 法治权威的树立是建立在社会生产力和生产关系的根源上的，因而，也揭

---

① 《马克思恩格斯选集》第 3 卷，人民出版社 1995 年版，第 365 页。
② 《马克思恩格斯选集》第 2 卷，人民出版社 1995 年版，第 6 页。
③ 《马克思恩格斯全集》第 4 卷，人民出版社 1958 年版，第 121—122 页。
④ 《马克思恩格斯选集》第 4 卷，人民出版社 1995 年版，第 244 页。

示了法治权威的树立是一个不断发展变化的过程。

在人与人的依赖关系非常强的奴隶社会和封建社会时期。在经济基础上，由于生产资料被少数人所掌握，人与人之间就必然存在经济上的控制关系；在社会结构上，这一社会形态是以自给自足的自然经济为基础的，只存在以狭窄的自然血缘关系上的原始共同体，个人与社会联系贫乏；在政治运行方式上，实行的是专制统治；在文化形态层面上，由于这种人身依附性，社会精神文化的主导者也是统治阶级。因此，在这个社会形态下，法律充当的是维护统治阶级利益和秩序的工具，所存在的权威形式是统治阶级的权威而非法治权威。

在人依赖于物的资本主义社会时期。人脱离了对人的依附而获得相对于自然的独立性，但同时又成为了物的奴隶，生产资料为少数人占有。整个社会架构都是按照资本原则和资本关系建立起来的。为了平衡和维持资本主义社会的发展，资本家追求在上层建筑的制度化，找到了一条相对有效的法治道路，并逐渐树立起法治的权威。但在资本主义社会里，法治权威仍然是资产阶级维护自己利益的工具，因为它反映的是资本的需求。探寻这一阶段的法治权威根源就在于资本中介之下发生的人与人之间的控制关系。

在从社会主义初级阶段过渡到社会主义高级阶段的时期，法治权威是基于人们对作为社会管理手段、治国方式的法治发自内心的认同与服从。法治不是少数人利益的手段和工具，而是代表了最大限度的公共意志，是人的全面发展、自由、平等的产物，因而在这个历史阶段法治具有当然的权威性。

这是从人类历史发展的趋势来考察法治权威的树立过程。而从人的认识辩证运动过程层面来看，法治权威的树立过程也是一个辩证运动的过程。法治是人类理性发展的产物，是人类所追求的一种理想的社会秩序和社会状态，必然经历一个不断探索、实践的运动过程，因而法治权威的树立也要经过了人类的法治实践到法治认识，再由法治认识到法治实践的过程。

3. 法治权威的相对性

法治权威作为权威的一种具体形式，它具有相对性。必须将法治拥有权威性的程度视为是相对的和有限的。法治是通过法律进行公权力和私权利的合理配置的治国模式，其主要作用即在于它是一种利益协调的工具。然而主张法治权威并不是从法治对于社会治理和社会秩序建构的唯一合法性、正当性。法治权威的实现方式是通过多种渠道实现的，法治实践、法律制度都是徘徊在利益冲突之间的，它们都存在着一定的内在局限性，作用范围也总是局限在一定的时间和空间之内，不能将法治神化或绝对化，而排除其他领域的、其他形式的合法权威以及其他形式的社会规范。如道德规范对社会生活的调整，法治具有权威性并不排除道德规范的存在，因为法治权威的树立前提是得到人们的普遍认同和服从，那么这种价值认同的基础在很大程度上即是道德的价值标准。随着生产力和生产关系的发展，赋予法治权威的内容也会随之发展。另外，不同主体的内在需求、价值观、理解程度不同，对法治权威的认同和服从的理由及程度都会有所不同，这也会使得法治权威模式有所改变。人的认识的相对性也决定了法治权威的相对性。

4. 法治权威的意识形态性

"意识形态是在特定阶级或社会集团的利益制约下的人类精神生活的制度化、规范化，因而处于不同利益地位的社会集团必然会形成不同的意识形态。"[1] 意识形态性是指受一定的物质生活条件影响的占主导地位的观念体系，包括相关的政治、法律、道德、文化观念。无论是资本主义社会还是社会主义社会，都具有自己的意识形态，都具有批判和维护的功能。意识形态在资本主义社会以维护少数资产阶级利益为价值指向，因而表现为一定程度的虚假性；而在社会主义社会，意识形态则以广大人民群众的利益为价值指向，具有真实性与强烈的现实意义。社会主义意识形态的目的是实现国家独立与人民富强。这是我国社会主义建设的判断标准，当然也是判断社会主义意识形态的标尺。而社会主义意识形态的内容由于社会主义建设与实践的不断变化而处于动态过程中。

法治权威是人类物质生活发展的必然产物，法治权威的实现需要相应的政策、组织和权力基础，其实现程度受制于政治文明的发展程度。法治权威中的权威主体必然处于某一阶级，而任何意识形态都是阶级的意识形态，换句话说，意识形态是系统化、理论化了的阶级意识。因而，法治权威具有意识形态性。

（作者单位：中国人民大学）

---

[1] 肖前主编：《马克思主义哲学原理》，中国人民大学出版社 1998 年版，第 273 页。

现实问题研究

世界历史进程与全球化

石太林

全球化是自人类进入资本主义社会以来就不可避免地产生并日趋发展的客观现象。这是马克思、恩格斯 150 年前就致力研究并取得巨大成果的问题。他们根据现代社会生产力的发展要求，认为资产阶级必然为扩大产品销路的需要而奔走于全球各地，到处落户，到处开发，到处建立联系。正是由于世界市场的开拓，由于交往的普遍化，个人的狭隘地域性的存在愈益被世界历史性的存在所代替，"使一切国家的生产和消费都成为世界性的了"[1]。"大工业到处造成了社会各阶级间相同的关系，从而消灭了各民族的特殊性"[2]。这样，人类社会便逐渐冲破了各民族、各国家原有经济体系的孤立和封闭状态，使世界各部分越来越紧密地联系起来，形成互相依存、不可分割的世界整体，从而开始了世界历史的现实进程。

世界历史的形成有两个历史起点，即公元 1500 年前后的两次革命，发现了新大陆的交通革命和建立了世界市场的商业革命。正是这两次革命揭开了人类由历史走向世界历史的序幕。世界历史的形成还有两个历史前提，即近代工业化的生产力和走向世界市场的普遍交往。世界市场的出现从人类经济发展进程看，首先是生产的发展引起社会分工，社会分工引起产品交换，产品交换的发展导致资本的出现，资本把市场扩大到世界范围，大工业最终促进了世界市场的形成和发展。随着新的生产力不断发展的需要，资产阶级为了满足自己阶级利益的需求，在谋求尽可能多利润的本性的驱使下，不断开辟新的市场，不断利用其在世界历史进程中形成的世界性竞争优势，把各个国家、民族划分为固定活动范围的生产者和消费

---

① 《马克思恩格斯选集》第 1 卷，人民出版社 1995 年版，第 276 页。
② 同上书，第 114 页。

者，迫使这些生产者和消费者通过商品交换彼此联结，把落后民族和国家强行纳入世界资本主义体系，从而使它们成为附属国和殖民地，并且构成了这样一种从属关系，未开化和半开化的国家从属于文明的国家，农民的民族从属于资产阶级的民族，东方从属于西方。

一　世界市场的建立是世界历史形成的经济基础

15 世纪末到 17 世纪初，哥伦布、詹斯等伟大的航海家、探险家开辟了通往美洲和东印度的新航线，发现了新大陆，使人们对世界地理的认识产生了质的飞跃。欧洲商业资本主义通过远航首先向美洲、然后向亚洲扩张，逐步把五大洲连成一片，从而启动了改变世界历史的全球化进程。亚当·斯密在《国民财富的性质和原因的研究》中指出："美洲的发现及绕好望角到东印度通路的发现，是人类历史上最大而又最重要的两件事。其影响已经很大了。……通过为欧洲产品开辟一个用之不竭的新市场而给新的分工和工艺的进步提供了机会，这在古代商业的狭小圈子里是从不会发生的。"商业资产阶级向海外不断扩张，到处建立世界市场，逐渐控制了地球的越来越多的地区，及至 19 世纪在世界范围内建立起它的统治。它按照自己的面貌和需要开辟出了一个新世界。

自然科学的每一次进步，都引起了人类历史的巨大变化。与生产力的发展相适应，人类历史的全球化进程也经历了不同的发展阶段。其早期的发展历程，在一定程度上是伴随着资本主义殖民地的开拓而进行的。这是一个漫长而又充满痛苦的过程。作为这个过程的结果的是大批第三世界国家的出现和全球分裂为两个世界：一个是居于支配地位的殖民主义宗主国，另一个是居于受剥削地位的殖民主义的附庸。这不是平等的或并行的两个世界，而是一个世界的两面，其中一方的存在和发展以另一方的存在和苦难为前提和因果。正如马克思所说的，美洲金银的发现，土著人的灭绝、被奴役和被埋葬于矿井深处，占领和洗劫东印度的开始，转而对黑肤色的非洲人的围猎和买卖，这一切燃着了资本主义生产时代玫瑰色的晨曦。这些富于诗意的活动成为原始积累的重要纪念。这个过程一直延续到 20 世纪初，资本主义进入了由垄断代替自由竞争的帝国主义时期。在欧洲以外直接靠掠夺、奴役和杀人越货而夺得的财宝源源流入宗主国，在那里转化为资本。第一个充分发展了殖民制度的荷兰，因其充斥着背信弃义、贿赂、惨杀和各种卑鄙行为的经营殖民地的历史，在1648年达到了它的商业繁荣的顶点，被认为是17世纪标准的资本主义国家。英国原来只经营非洲和英属西印度洋之间的奴隶贸易。通过1713年的阿西恩托条约，它从西班牙人手里夺走了经营在非洲和西班牙美洲之间贩卖黑人、到1743年为止每年供给西班牙4800个黑人的特权。这同时为不列颠的走私活动提供了公开的掩护。于是利物浦就靠奴隶贸易发展起来。海外贸易和殖民剥削作为"资本的原始积累"来解释英国劳动分工的发展乃至工业革命的起源，可上溯到亚当·斯密。在《国民财富的性质和原因的研究》一书中，亚当·斯密探究了导致建立殖民地的动机，指出使外国殖民地化对本国资本主义生产方式的发展带来了巨大的好处。1944年，来自英属加勒比海地区的学者威廉姆斯发表了《资本主义与奴隶制》一书。该书依据当时所能运用的史料，首次系统地论述了英属西印度洋群岛殖民地对英国工业革命所起的"资本的原始积累"作用。他把殖民地贸易描绘成"三角贸易"，即英国提供制成品出口和船只，非洲提供奴隶，而西印度洋群岛殖民地提供大宗作物。正是由于三角贸易的利润才滋润了英国整个生产体系的发展。由于英国在航海运输、对外贸易方面远远领先于资本主义萌芽早于英国的一些国家，成为所谓的世界工厂和世界市场。美国学者斯塔夫里亚诺斯在《全球分裂——第三世界的历史进程》一书中详细考察了世界一大批国家第三世界化的历史过程。他把世界解释为一组关系，即支配的宗主国中心与依附的外缘地区之间的不平等关系。这种关系的产生，不是像某些教科书所写的是西方的军事扩张和征服的产物，而是经济扩张特别是世界市场经济扩张的产物。只有资本主义的扩张，才表现为生产力与交往普遍发展的基础上的生产关系的根本变革，表现为资本主义生产关系的再生产和世界化。英国和印度的关系，可以看作19世纪西方资本主义强国和第三世界国家关系的典型。印度在资本主义到来之前的田园风味的农村公社，是东方专制制度的牢固基础。英国的入侵，给它带来了铁路、电讯和现代化的科学技术，造成了广泛交往的需要和条件，把它纳入世界市场体系中。这一时期的全球化过程就是欧洲列强的殖民化过程，即把其价值观念和社会制度推向世界的每一个角落，把世界绝大多数国家强行纳入资本主义世界市场和世界经济体系中，使之沦为殖民统治的对象。

　　苏联等一批社会主义国家的建立及其解体，是20世纪人类历史上的重大事件。苏联的建立，开创了人类历史的新纪元，不仅打破了帝国主义链条上的薄弱环节，建立起社会主义的政治制度，实现了民族独立和国家主权，使国家在这一前提下得到发展。同时为广大被压迫民族、被压迫国家的民族解放和社会解放开创了一条全新的道路。20世纪50年代以来，100多个原殖民地半殖民地国家纷纷宣告独立，世界殖民体系瓦解。在不长的时间内，苏联、东欧由原来的第三世界国家进入第一世界和第二世界的行列，打断或延缓了国际垄断资本主义所主导的全球化进程，使得国际垄断资本主义无法继续沿着既定的航程一路凯歌。世界也由于苏联、东欧的建立和迅速发展，形成了与国际垄断资本主义相抗衡和制约的两大阵营。这两大阵营之间的相互斗争和竞赛，在一定程度上促进了人类文明的发展和进步。正如美国学者瑟罗所说的，如果在整个世界上资本主义失去了像社会主义、民族主义这样强有力的竞争对手，那么它将因为缺少竞争而丧失活力。社会主义是对抗资本主义、克服资本主义全球化进程的片面性弊病的、使全球化进程朝着健康合理方向发展的最强有力的推动力量。十月革命后，一些资本主义国家为了说明不搞社会主义革命人民生活照样可以提高，于是出现了"福利国家"，但是当苏东社会主义垮台后，这些国家又相继摘掉"福利国家"的招牌。20世纪90年代的改革浪潮，使苏联、东欧以国家的解体和剧变告终，重新跌入第三世界。冷战的结束，使资本主义变成了失去强大对手、也失去控制的帝国主义，充分暴露出冷酷贪婪、野蛮掠夺的丑恶本性，日益制造着一个贫富悬殊、南北对立、更加不平等、不公正的世界。资本主义发达国家的经济、政治、文化模式横行并遍及世界各地，全球化进程又重新在国际垄断资本主义的主导下明显加快。人类社会也比以往任何时期都更加紧密和错综复杂地连接在一起，马克思恩格斯所描绘的全球化图景再次凸显出来。可以说，苏联的建立和解体，其意义都是世界历史性的。苏联、东欧社会主义国家的兴起和失败，离开了全球化发展的总体历史，就无法得到正确的理解和认识。

二　全球化是一个客观的自然历史进程

　　资本主义是全球化进程的推动力量。但是资本主义的这种推动作用，是发自内在本能和不自觉的力量，是人类社会历史中生产力自身运动的结果，不以资本主义的意志为转移。从原始社会到封建社会，虽然生产工具不断变化，但它们都有共同的特征，即同生产和社会的狭隘的自然产生的界限相适应，并以土地和其他生产资料的分散为前提。在这种小生产方式的支配下，人们使用简单的工具，一家一户从事生产，处于封闭的自然经济状态，社会关系十分简单，只限于一定区域内的简单交往。氏族内部或国家内部以及相互之间的分工和协作还处在原始阶段。人类历史发展到资本主义社会，这种状况才得以根本改变，榨取剩余价值、追求利润的最大化是资产阶级的本性。资产阶级为了获得更大的经济利益，不断进行科学研究，发明先进的生产工具，采用新的生产技术，使生产力获得了前所未有的大发展。但国内市场的出路是有限的，有限的原材料供应以及有限的劳动力和销售市场都限制了资本主义生产规模的扩大。因此，资产阶级要扩大再生产，就必须开拓国外市场，这是资本主义的内在需要。对外贸易和世界市场既是它的前提，也是它的结果。这是资本主义大生产一定要完成的任务。资本主义的发展始终要有一个外部世界来承担其必然会产生的外部成本。也就是说，资本主义是以世界为其生存条件的。

马克思关于英国侵略印度及其后果的分析可以看作整个西方发达国家同第三世界关系的经典性解释。英国的入侵和把印度纳入自己的殖民地，是西方全球化的一个重要步骤。英国在印度要完成双重的使命，这既是英国资产阶级的主观愿望，也是资本扩张的客观要求。目前世界正在经历着的就是这样一种具有双重性的全球化过程。一方面，西方资产阶级掌握着它的主导权，利用它实现自己的利益；对于西方国家的人民和第三世界被压迫人民、被压迫民族来说，完全处于一种被全球化亦即在这种全球化过程中被支配、被控制的地位。另一方面，这又不是以哪一个阶级、哪一个民族的意志为转移的客观过程；西方垄断资产阶级在被迫地、不自觉地完成着自己为未来社会奠定物质基础的历史使命。

三　全球化的实质是资本主义生产方式的全球扩张

今天在世界历史运动中所表现出来的全球化，就其实质来说，一方面反映了世界社会生产力发展的客观运动，同时也反映了以西方发达资本主义国家为主导的、以实现全球少数人利益和价值观为目的的资本征服整个世界的现象和过程。西班牙《起义报》2001 年 7 月 28 日的文章《第三次科学技术革命的神话》，就深刻揭示了资本主义全球化的本质，它指出："全球化不是由技术、科学和计算机促成的一场革命，而是美欧强国进行的政治、经济和军事扩张。它们的各大公司追求的目标是占领国外市场。这不能说是全球化,而只能说是建立帝国的一种进程。美国正是利用这种扩张创建其世界帝国新秩序。把第三次科学技术革命说成是全球化的推进力量,是为了从意识形态上掩盖美帝国主义的东山再起以及美欧资本的扩张,因为新的信息体系正是为它们的资本运作和军事目标服务的。"詹姆斯·彼得拉斯认为,经济全球化实质上是在当代资本主义主导下的全球化,全球化问题实际上也是当代资本主义特别是发达资本主义的问题。全球化历程虽然体现在社会生活中的每一个主要方面,但从其动力机制和现实基础来看,全球化进程的历史必然性应该从资本主义的生产方式中去寻找,从市场经济的秘密中去寻找。

但是,不同的阶级和不同社会地位的人们,以及不同国际地位的民族和国家对于全球化及其本质的认识和理解是不同的,甚至是截然相反的。基辛格说:"全球化是美国统治的另一种说法。"德国一家跨国公司总裁于尔根·施伦普在"21世纪的资本主义"国际论坛上,从下面10个方面论证了全球化所带来的好处:(1)"资本主义已经具有道德的质量",它防止出现经济和政治集团,保障机会均等、能力公正和社会安全,为广大的阶层创造富裕。(2)全球化不是在制造新的冲突,"而是实现和平的一把钥匙"。在那些过去没有自由的地方,经济的发展正在加速政治上的转变。"保障世界的安全和稳定不再只靠军事手段,安全和稳定在越来越大的程度上取决于世界经济的增长"。(3)"全球化带来的不是降低社会福利,而是创造全球富裕。"(4)世界资本市场"是透明的,是企业效率和民主监督的催化剂"。(5)全球化不是靠有限的原材料储备,而是使"无限的知识储备"成为全球市场竞争的决定性资源。(6)"全球化不会树起人际的藩篱,相反,交流的国际化将生成新的人际关系。"(7)企业家的全球行为不会削弱国家的责任。(8)"全球化不是在减少个人自由,而是为个人行为提供了新的空间。"(9)"全球化不会剥夺民族国家的权利,而是将使经济和政治结成新的伙伴关系。"(10)"要赢得未来富裕不能靠守摊子,而要靠开放市场。"至少今天西方主流舆论中的全球化,强调的是各国之间的所谓相互依赖和共享、共荣、共赢以及利益的互补性、共同性。这些对于全球化的赞美和颂扬,无论有多动听,也掩盖不了这样的事实,即资本的目的就是要使社会存在和社会意识相分裂,以便按照全球资本主义的图景重建全球社会。资本主义不仅将其生产方式扩展到全球,而且也将其政治价值观念和文化观念扩展到全球。"当我们把目光从资产阶级文明的故乡转向殖民地的时候，资产阶级文明的极端伪善和它的野蛮本性就赤裸裸地呈现在我们面前，它在故乡还装出一副体面的样子，而在殖民地它就丝毫不加掩饰了。"① 本主义扩张在当代世界的主要表现：在经济上控制发展中国家，利用经济贸易的形式进行剥削；由于战争和武力已被人们所唾弃，它更多地披着人权的外衣，以保护人权为借口，干涉其他国家内政；在思想意识形态上，宣扬西方的价值观。帝国主义推行的霸权主义和新殖民主义，其目的就是为了维护资本对世界的统治和剥削。

　　作为一种社会历史运动，从总体上说，迄今为止的全球化，是资产阶级掌握历史主动权的、资本主义性质占居主导地位的全球化，亦即西方全球化或者资本主义全球化。资本的不断增殖推动资本主义生产方式由一国到多国甚至全球发展，使全球范围内的生产社会化程度达到空前的高度，同时形成私人占有为基础的国际垄断资本集团，使生产社会化和生产资料私人占有之间的矛盾也在全球扩展和深化。1996 年 11 月，来自 34 个国家和地区的非政府组织和个人，在菲律宾的奎松城举行了一次"反对帝国主义全球化人民大会"。大会通过的宣言指出："垄断资本家们，以多国公司、跨国公司打头阵，在他们各自政权的支持下，正在急于扩张并加强他们对世界的统治。他们制造了'全球化'的风潮。它包括三个部分：贸易和投资自由化，取消制约以及私有化，这些垄断资本家们，一概充当当代的帝国主义者或新殖民势力的角色，依靠全球化以使自己摆脱 30 年来由国际债务危机和生产过剩危机所引发的一次次的、冗长的经济衰退。在冷战后时代，长期以来瓜分世界的传统帝国主义势力——美国和欧盟主要国家以及日本——比以往更紧密地勾结起来。他们依靠其多国、跨国公司，串通在一起剥削和压迫第三世界人民和前苏联、东欧地区人民，以及他们自己国内的工人们。在不可避免地不断加剧的竞争中，每个强权都盘算着渗透并夺取其他强权的地盘，并重新瓜分世界。"国际垄断资本主义希望控制整个世界，以便随心所欲地利用他国的自然资源、劳动力和市场，并为自己的投机资本寻找一个有利可图的安全处所。

　　由于把全球化归结为资本、商品和技术的全球流动，由于把资本、商品和技术描述为人的社会活动之外的东西，西方占主流地位的全球化舆

---

①　《马克思恩格斯选集》第 1 卷，人民出版社 1995 年版，第 772 页。

论，通常总是自觉或不自觉地把全球化说成是经济全球化或者主要是经济全球化。人们在这种描述中看不到存在于一定社会关系中的活生生的人及其历史创造活动，而只是看到被抽取生命的经济数字。诚然，经济因素对于社会的发展和变化归根结底起着决定性的作用，离开经济的社会分析往往只能是人类的动机、愿望和情绪和无结果的徘徊。全球化以社会生产力的巨大增长和高度发展为前提。生产力的巨大增长和高度发展一方面处于基础性的地位，另一方面贯穿于全球化的整个过程。但是任何社会的生产力都产生于一定的社会并为一定的生产关系所左右。在对全球化的总体把握中分析经济全球化是一回事，而把全球化仅仅看作经济全球化、孤立地突出和强调经济全球化则是另一回事。

经济全球化是一个世界的各国经济从相互隔离走向相互依存和融汇的过程，是世界经济由各国经济的机械组合演化为一个有机整体的过程。在这个过程中，既包含着生产力因素，又包含着生产关系因素；它既是生产力发展的结果，又是生产关系或国际经济关系发展的结果。这两种因素之间虽有联系，但也有区别。生产力发展的需要决定着经济全球化的自然属性，生产关系或国际经济关系的性质决定着经济全球化的社会属性。人类社会经济活动包括两方面关系，即人与物之间的技术关系和人与人之间的社会关系。要厘清这两者之间的关系，"只有把社会关系归结于生产关系，把生产关系归结于生产力的水平"①，才有可能。考察经济全球化的性质必须把生产力和生产关系二者结合起来，否则就会产生片面性，难以全面、正确地把握它的社会经济本质。经济全球化的自然属性是与生产力发展的客观要求相联系的。全球化的动因是多方面的，但它的基本动力还是世界范围内的科技进步所导致的生产力的发展，归根结底是生产力发展和生产社会化发展突破了国家之间的界限，寻求更为广阔发展空间的结果。经济全球化这一历史过程虽然与资本主义生产方式的形成紧密相连，是由资产阶级推动的，但资产阶级之所以有这种推动力，归根结底还是因为它掌握了最高水平的生产力。经济全球化还有一个动因，就是生产资源全球配置和利用以及与此相联系的国际分工的深化，能产生更多的社会财富和更大的经济利益。当然，在发达资本主义国家在经济全球化中仍居支配地位的情况下，这种经济效益的分配是很不公平的。它的大部分被少数发达国家

---

① 《列宁选集》第 1 卷，人民出版社 1995 年版，第 8 页。

所占有，广大发展中国家只获得小部分，有些国家由于对策不当等原因甚至得不偿失。经济全球化具有一定的强制性，一个国家只能选择参与的方式和策略，而没有是否参与的选择自由。当然这种强制性与殖民主义时期的帝国主义国家以枪炮为后盾的超经济强制有所不同，它是由科技和生产力发展决定的经济强制，这恰恰反映了生产力发展在经济全球化中的决定性作用。

经济全球化的两重属性，决定了资本主义经济在全球化中的作用也具有两重性，它既有适应和推动全球化发展的一面，又有与之矛盾和阻碍其发展的一面，前者主要表现为目前发达资本主义国家仍然代表着生产力发展的最高水平，这些国家经济发展的客观要求决定了它们仍是世界市场和经济全球化的积极开拓者和推动者；后者主要表现为少数发达资本主义国家的自私利益以及这些国家对广大发展中国家的剥削，阻碍着全球化的健康、顺利成长。由于在经济全球化中伴随着资本主义扩张和按资本主义规则行事，因而资本主义生产方式的各种矛盾也就带入世界经济之中，如今世界范围内的金融震荡和危机的根源还是发达国家投机性金融资本的恶性膨胀及其世界扩张和世界统治。更为严重的是，少数发达国家竭力利用全球化推行霸权主义政策，干涉别国内政，践踏别国主权，动辄以经济制裁相威胁，强迫这些国家接受它们的社会制度和价值观念。

发达国家由于在世界经济中的实力和地位，以及掌握国际经济游戏规则的主导权，一方面利用经济全球化之机将其意志强加于发展中国家，另一方面又利用不公正的国际经济旧秩序不断向发展中国家施压，要求它们进一步开放市场，利用其廉价劳动力，占领当地市场，谋取更大的利益。这是南北差距拉大的根本原因。2000 年 8 月 30 日，西班牙《国家报》刊登了一篇文章，题为《全球化与技术》。文章指出，今天的全球化是在一种自由化、缺乏规则、私有化和竞争的环境中发展的，全球化与技术之间联合的实质是：第一，是对人类共同财富掠夺的合法化；第二，是对剥夺各种公民权的认可；第三，是合法化了的世界技术社会的"种族隔离"。对人类共同财富合法化的掠夺不仅仅表现在传统方式上，例如世界资本对各贫穷国家的廉价劳动力的剥削等。现在的掠夺是以各种生物化学、药物学和农业食品方面的跨国企业私人占有生产资源的形式进行的，而专利权正是将这种占有合法化了。现在唯一真正的"世界权利"是"知识产权"。这可以使私人资本变成世界生产资源的主人。而这些生产资源的

92%在亚洲、非洲和拉丁美洲。

剥夺公民权的第一种形式是把人降低为"人力资源",其生存权只能依赖于资本的效率。"人力资源"的权利被禁锢在全球化和技术之间。由于其他地方有着更廉价、更有效率的"人力资源",全球化尤其是劳务市场的全球化也就剥夺了其他"人力资源"的劳动权利;而无论"人力资源"是否替代人的劳动,技术都决定着"人力资源"的就业水平。为尖端技术和"智能"技术提供的资金越多,人的发言权就越少。因此,资本在利益的重新分配中能够占有大比例的剩余价值,而"人力资源"则没有任何"自然"的权利,只有证明自己工作的义务。第二种形式是西方发达国家的泛商业化趋势。一切都变成了商品,都被置于市场"规律"之下。在空运、电话、保险、银行、铁路和邮政等方面是如此,在医疗卫生、社会保障、退休金、就业、教育、电力、煤气甚至水等方面也是如此。"共有财富"越来越少,"私人财富"越来越多,调节"共同生活"的原则越来越是个人的利益、金融效益、生产率、收入,等等。公民的权利是按比例分配的,只是以消费者的权利和股东的权利等形式存在。如果一个人不是有支付能力的消费者,也不是较重要的股东,就没有多少发言权,更没有什么影响力。

被合法化了的世界技术社会"种族隔离"已经不是一种假设,而是目前体制的一种现实了。从理论上讲,各种信息和通信新技术可以成为民主化以及发展个人创造力和文化多样性的一种强大而有效的工具。但实际上,我们看到了世界范围的技术"种族隔离",即善于和有条件获得新知识经济的人与不善于和没有条件的人之间的隔离。这种"种族隔离"是各种社会鸿沟越来越深的结果。互联网首先是为受过教育的人、白人、老板和富人、讲英语的人、年轻人和城里人建立的。新"种族隔离"的合法化就是建立在教育和知识不平等的基础之上。因此,评价全球化的出发点,首先是看它是为哪些阶级和国家集团利益服务的。目前正在进行中的全球化是帝国主义全球化,它维护的是主要帝国主义国家即跨国资本中心的资产阶级利益,目的在于破坏大多数国家的独立和民族安全,力图在全世界建立一种有利于它们的秩序。这种全球化激化了劳动与资本、成千上万挥金如土的剥削者与亿万饥寒交迫的劳动者、强盗国家与被掠夺国家之间的矛盾,同时也是引发威胁它们自身安全的恐怖主义的根源所在。

四　经济全球化将导致政治和文化全球化

毫无疑义，全球化已经成为我们这个时代最重要的特征。全球化的资本主义本质，越来越表现出经济、政治和文化一体化的趋势，实际上是西方市场经济、政治制度和文化价值观念向全球的扩张。政治的和文化的全球化趋势将会从根本上动摇世界各国的政治价值和文化传统，如何以正确的政策和策略来应对它，以自己的发展和参与将其影响控制在自己所能掌控的范围内，这是摆在世界各国特别是发展中国家面前的一个极其重要的紧迫性问题。有的学者认为，全球化建立在资本、产品、市场、技术、生产和通信的广泛联系和一体化基础上，而所有这些都属于经济方面的要素，因此，全球化其实就是经济全球化。他们反对将全球化扩展到政治、文化等其他领域，认为根本不存在"政治全球化"或"文化全球化"，因而认为一般地使用全球化概念是不科学的。当然，这只是一个主观意愿。在全球化体系中，竞争不仅是企业与企业之间的竞争，而更多的是国家与国家之间的竞争，是在经济、政治、文化等各个领域、全方位所展开的竞争。由于政治、文化在国家发展、社会生活中所居地位的特殊性，将不可避免而且首当其冲地卷入其中。

在目前正在进行着的全球化进程中，如《共产党宣言》所预言的，资产阶级日甚一日地使财产集中在少数人手里，必然要求政治的集中，要求一种"拥有统一的政府、统一的法律、统一的民族阶级利益和统一的关税的统一的民族"。在这个过程中，恰恰是政治上高度集中的美国，一方面加紧推行使用政治手段、充满政治内容、怀着政治意图的经济全球化，一方面却使劲鼓噪"非政治化"，喋喋不休地教导第三世界国家削弱国家和政府的权力。埃及学者萨米尔·阿明具体地分析了美国推行政治全球化的战略意图："在美、欧、日三位一体中，使欧、日力量中性化或臣服于自己，同时最大限度地减少它们在美国轨道之外活动的能力；对北约建立军事控制，同时促使前苏联四分五裂的地区'拉丁美洲化'；在中东和中亚施加无可挑战的影响，特别是控制那里的石油资源；拆散中国，确保其他较大国家（印度和巴西）的从属，阻止可能在全球化条款上有谈判能力的区域集团的形成，使它们不代表任何利益。"西方所倡导的经济全球化不仅成为政治全球化的背景和基础，而且还直接表现出现实的政治性质。这种全球化正日益成为经济交往和资本、商品、技术跨国流动的一种最有力的筹码。"全球化毁灭主权国家,连通世界版图,滥用已建立的政治共同体,挑战社会契约,过早地提出无用的国际保障概念。"① 美国学者阿里夫·德里克认为:"全球化作为一种话语似乎变得越来越普遍,但是对它的最热情的宣传是来自旧的权力中心,尤其是来自美国,因而实际上更加剧了霸权企图的怀疑,经济和政治权力也许比早先更具有消解中心的色彩"。著名解构主义大师希利斯·米勒也不否认全球化过程对世界各国人民的影响,认为全球化如今已成为"文化、政治以及经济生活许多领域里一个决定性的因素"。全球化具有明显的意识形态性质,因为它试图根据一种比任何东西都更有效地服务于一些利益的新的全球想象来重新建构世界。对这种由于生产方式的变革而导致的生活便利和文化趋同性,马克思恩格斯早有论述并明确指出资本主义文明扩张的意识形态性。他们认为:"过去那种地方的和民族的自给自足和闭关自守状态,被各民族的各方面的互相往来和各方面的互相依赖所代替了。物质的生产是如此,精神的生产也是如此。各民族的精神产品成了公共的财产。民族的片面性和局限性日益成为不可能,于是由许多种民族的和地方的文学形成了一种世界的文学。资产阶级,由于一切生产工具的迅速改进,由于交通的极其便利,把一切民族甚至最野蛮的民族都卷到文明中来了。它的商品的低廉价格,是它用来摧毁一切万里长城、征服野蛮人最顽强的仇外心理的重炮。它迫使一切民族——如果他们不想灭亡的话——采用资产阶级的生产方式;它迫使它们在自己那里推行所谓的文明,即变成资产者。一句话,它按照自己的面貌为自己创造出一个世界。"②

正如经济全球化起始于资本主义的产生一样,文化全球化也同样始于从西方崛起的资本主义,是资本主义在征服殖民地过程中相伴而生的历史现象。马克思所指出的"精神的生产",指的就是全球化趋势的文化方面。在过去的几个世纪里,资本主义文化伴随着资本主义的全面发展,从文化殖民主义到文化霸权主义,全面推行文化扩张的发展战略,各个民族国家和地区,或多或少,或快或慢地经受着这种文化扩张的影响,过去曾赋予各民族多样性的制度、习俗、仪式、典礼、信仰等,都不同程度地受到冲

---

① 贝特兰·巴蒂:《全球化与开放社会》,《后天》1996 年 4—5 月号。
② 《马克思恩格斯选集》第 1 卷,人民出版社 1995 年版,第 276 页。

击。进入 20 世纪 90 年代，发达资本主义国家凭借其强大的科技实力、金融资本、政治和军事实力，通过文化产业的高度发展，使这种文化扩张达到其顶峰。"这种全球化对于大多数国家来说是一个被迫的过程，这是它们无法摆脱的一个过程。对于美国来说，这却是它的经济精英和政治精英有意识推动并维护的过程。"① 所以，文化全球化是经济政治全球化的必然结果，是西方发达国家以武力强行把其他国家纳入其主导的世界体系中来，从而实现其一统天下的战略目标的一种有效手段。在他们的视野里，文化全球化的政治意义是，为全球政治经济利益关系的重新安排而确立统一性的价值基础。从某种意义上说，文化全球化绝不是某种自然规律或某种不容选择的线性技术进步的结果，而是西方发达国家有意识地推行政府政策的必要结果。人们今天可以清楚地看到工业文化的全球性扩张所造成的破坏性后果，殖民主义宗主国和传教士当年所做的事，在今天，即使未发生野蛮的高科技战争，也被世界市场以及电视网和互联网以完全不同的、隐蔽的方式继续着，使外来的需要和本土的需要以秘密的、粗俗的方式结合在一起。

在西雅图、达沃斯和曼谷等积极宣扬全球化的地方，反对全球化的声音也最为热烈。反全球化运动的论据之一就是，他们认为国界的消失以及一个由国际市场联系起来的世界对那些对每个民族和国家的文化同一性起着决定性作用的地区和民族文化、传统、习惯、神话和行为模式来说，都是致命的打击。它们根本不可能抵御发达国家，或者更确切地说超级大国美国的文化入侵，因此美国文化最终将占领主导地位，统一全世界并将消灭目前尚在繁荣发展的各国文化。

综上所述，在当今世界历史进程中所表现出来的实际上是两种全球化。一种是发达国家的全球化。在这种全球化中，财富越来越集中，大公司的比重不断上升，世界贸易活动不断扩大，经济—政治—军事权力日益膨胀，各种新技术正在使经济、社会、生产和文化发生革命性变化。与此同时，全球性的新闻媒体和刺激性产业正在全球范围内传播着一种统一的、系统性的文化信息。这种全球化对它们来说有利可图，因此它们努力把这种全球化变成全人类的一种经济和政治信仰。另一种是第三世界国家的全球化。这些国家的外债几十年来在支付了巨额利息之后依然在不断增

---

① 汉斯·马丁、哈拉尔特·舒曼：《全球化陷阱》，中央编译出版社 1998 年版，第 297 页。

长，现在比任何时候都更加债台高筑。虽然它们也曾经幻想从一种全球化向另一种全球化过渡，并最终走向进步和发展。但历史并没有提供给它们这样的机会，反而在贫困化和边缘化等主要指数方面更加恶化，甚至出现了各自历史上从未有过的严重危机。但在这些国家中，在贸易全面开放和政府效率不高的借口下大量出售国有企业，使那些"发展中国家"越来越多、越来越深地处于进行时的"发展中"，而越来越少地得到发展。这种全球化源源不断地为发达国家全球化提供资源和发展机会。两种全球化互相依存，归根结底反映了资本与雇佣劳动的关系。这是构成当今世界两极关系的实质，也是理解和认识当今世界一切问题的钥匙。

（作者单位：中共中央政策研究室）

提升风险控制能力,预防经济大幅下滑

2012 年四季度经济企稳回升,但随后 2013 年第一、二季度经济增速并未如此前市场预期继续回升,国家统计局公布的数据显示,上半年国内生产总值(GDP)同比增长 7.6%,其中,上半年增长 7.7%,第二季度增长 7.5%。远低于此前市场普遍预期,且向下偏离程度较大。这表明经济增长虽平稳,但复苏基础仍很薄弱,潜在增长率不断降低,宏观经济存在下滑风险。在此背景下,加快改革步伐,进一步释放改革红利无疑将成为挖掘经济新增长点的关键,也是经济长期可持续发展的根基所在。

一　上半年宏观经济运行情况分析

今年以来,全球经济复苏艰难,国内经济进入新的发展阶段,面临不少新情况新问题。面对错综复杂多变的国内外环境,宏观经济整体运行总体平稳,主要指标处于合理区间,经济社会发展总的开局是好的,实现了稳中有进、平稳开局。但是经济前景仍然不够明朗。

1. 宏观经济增速低于预期,整体表现平稳

2013 年上半年国内生产总值同比增长 7.7%,较去年第四季度回落 0.3 个百分点;第二季度 GDP 环比增长 1.7%,是 2010 年第四季度公布环比数据以来比较低的数值。从三大产业同比增速来看,第一、二、三产业累计同比增速分别为 3.0%、7.6% 和 8.3%,第一、二产业较上半年下降 0.4%、-0.2%,第三产业保持不变。金融业和房地产业的快速增长支撑第三产业平稳增长,经济结构有所改善。近期出台的"国五条"、"八号文",银监会加码地方融资平台调控,都说明政府更加关注经济中存在的风险,未来几个季度经济增速或持续低于预期。

从"三驾马车"来看，上半年，最终消费对 GDP 的贡献率是 45.2%，拉动 GDP 上涨 3.4 个百分点。投资总额对 GDP 的贡献率是 53.9%，拉动 GDP 增长 4.1 个百分点。净出口对 GDP 增长的贡献率是 0.9%，拉动 GDP 上涨 0.1 个百分点。投资拉动力仍旧较强，出口对经济的拉动也从一季度由负转正后稳步上升，但消费对 GDP 的拉动偏低。总体来看，消费对经济持续拉动说明经济转型取得一定成果，但外需低迷严重增加了对全年经济增速的担忧。

工业生产偏弱，地产投资下滑略超预期。上半年，全国规模以上工业增加值同比累计增长 9.3%，增速比去年全年回落 0.7 个百分点；其中 3 月工业增加值同比增长 8.9%，低于 9% 以上的市场预期。主要工业品中，发电量、钢材、水泥、有色金属等中上游行业增速下滑明显，汽车产量增速仍旧维持高位，中上游行业产能过剩抑制了工业复苏。

投资方面，上半年固定资产投资同比名义增长 20.1%，增速较上年全年下降 0.5 个百分点，固定资产投资增速逐渐下降，因此上半年增速较 5 月份低 0.3 个百分点。3 月份，基建投资增速较快上升，制造业投资增速止跌企稳，但地产投资增速下滑，略超出市场预期。

消费增长仍旧偏弱。上半年，社会消费品零售总额同比增长 12.7%，增速比上年全年回落 1.6 个百分点。6 月社会消费品零售同比增长 13.3%，较 5 月回升 0.4 个百分点，在 6 月价格回升的基础上，实际消费增速未有明显改善。

2. PMI 再创新低，经济面临下行风险

国家统计局服务业调查中心、中国物流与采购联合会发布数据，6 月份中国制造业采购经理指数（PMI）为 50.1%，连续 9 个月高于 50% 的荣枯线，但比上月回落 0.7 个百分点，创三个月以来新低，且新订单分项指数和生产分项指数均出现回落，显示中国经济面临下行风险，增长动力还需增强。

构成制造业 PMI 的主要分类指数中，生产指数为 52.0%，比上月回落 1.3 个百分点，原材料库存指数为 47.4%，这些情况反映出工业生产形势基本平稳，制造业企业生产继续保持增长态势，增速略有放缓；新订单指数为 50.4%，回落 1.4 个百分点，连续 9 个月位于临界点以上，表明制造业产品订货量继续增长，但增幅收窄。消费品行业新订单指数回落至 50% 以内，显示近期扩大内需的关键在于推动消费需求增长。

此外，6 月份制造业企业主要原材料购进价格指数为 47.4%，比上月略微下降 0.2 个百分点，持续位于临界点以下，表明制造业原材料购进价格由升转降且降幅显著；生产经营活动预期指数为 54.1%，回落 2.2 个百分点，表明制造业企业对未来 3 个月内生产经营活动预期持乐观态度的比例有所下降。

可见，当前工业生产增速有所回落，主要是因为产能过剩行业、高耗能行业增速减缓，具有一定的积极意义和合理性。但生产指数仍高于订单指数水平，说明控制产能过度释放实现市场供需平衡发展，仍是当前经济保持平稳增长的关键之一。

3. PPI 持续低迷，隐含紧缩风险

国家统计局数据显示，2013 年 6 月份，全国工业生产者出厂价格同比下降 2.7%，环比下降 0.6%。本轮 PPI 下跌从 2011 年 4 季度开始，去年 4 季度虽趋于平稳，但并未出现像样的反弹。截至目前 PPI 已经持续 12 个季度低迷。与上一轮 PPI 下跌（2008 年 10 月至 2009 年 3 月）相比，本轮跌幅虽然较小，但持续时间之长，为过去十年所未见。

PPI 亦称生产者物价指数，一定程度上可反映出企业经营者的原材料购买行为。如果这一指数比预期数值高，表明有通货膨胀的风险，如果这一指数比预期数值低，则表明有通货紧缩的风险。资料显示，近 20 年来，中国 PPI 绝对水平的下跌，发生过三次，主要出现在 1998—2002 年通货紧缩期间、2009 年金融危机后以及 2012 年。PPI 走势受到国际大宗商品价格和国内工业生产增速的影响，主要反映国内的工业需求。近期 PPI 环比回升乏力，走势低于预期，反映当前社会总需求仍然较弱。

结合上面提到的 PMI 分项指数中，原材料库存指数为 47.4%，比上月下降 0.2 个百分点，连续 5 个月位于临界点以下，表明制造业原材料库存量在大幅减少，显示出在微观层面企业生产经营仍处于"去库存"阶段，企业主对盈利前景的预期仍不明朗。

二　国际经济回升乏力，复苏不确定性依旧

当前，全球经济日趋紧密联系且美欧等发达经济体持续低迷，新兴经济体虽然成为新时期全球经济的主要增长点，但是由于受到拖累，前景并不乐观。世界经济正在深度调整，复苏基础尚不稳固，贸易保护主义加

剧，国际市场竞争激烈，不确定性、不稳定性因素增多。

1. "紧缩－衰退"循环未打破，欧洲经济衰退仍难避免

欧债危机已经持续三年之久，经济依然深陷疲弱困境。今年以来，受美国经济温和复苏等因素影响，欧元区综合 PMI、经济信心指数等先行指标一度连续回升，尤其是德国的经济增长动力随内外需求的改善而有所增强，从而使欧元区有望避免重现去年四季度全面衰退的局面。但是，在"财政紧缩－经济衰退－债务负担加重"的循环未被打破的情况下，政府与居民支出萎缩，企业投资意愿下降，欧元区经济缺乏持续回升的动力。

从全年走势看，欧元区经济状况依旧十分脆弱。欧元区重债国仍将陷于深度衰退。西班牙、意大利、希腊等重债国通过增税和减支稳固财政的方式并没有根本性改变，在经济衰退时期采取顺周期的财政政策将使得这些国家依然陷于财政紧缩和经济衰退的恶性循环之中，经济衰退难以避免。根据欧盟委员会发布的冬季经济预测，2013 年欧元区经济将出现0.3% 的负增长，欧盟经济将增长 0.1%，仍将徘徊在衰退边缘。

2. 长期通货紧缩顽疾难解，日元贬值将带来新冲击

自 2011 年以来，日本物价一直在负增长区间徘徊，CPI 与核心 CPI 当月同比基本为负，2012 年下半年以来更是连续 7 个月为负。日本 5 月核心消费者价格指数（CPI）同比持平，环比则上涨 0.2%，与市场预期相符，好于 4 月同比下跌 0.4% 的情形，但仍远远落后于央行 2% 的通胀目标。

由于日本是亚洲许多国家的中间产品供应国，日元大幅贬值很可能引发与之贸易联系密切国家政府的反弹，客观上形成了竞争性贬值态势。受日元贬值影响，韩国、中国台湾等新兴经济体国家实际有效汇率不断上升，各国相应出口状况也随之产生较大波动，今年以来，韩国、中国台湾贸易顺差大幅下降、巴西则由顺差转为逆差、印度贸易逆差也在扩大。如果日元继续贬值将加大他国干预力度，促使大幅压低本国汇率。日元大幅贬值对中国出口冲击将逐步显现，尽管中国出口日本贸易量占比已从 2000年的17% 降至 2012 年的 7%，重要性下降，但由于人民币尚缺乏弹性导致被动升值压力较大，如果考虑到第三方贸易伙伴货币的贬值因素，将会对中国出口贸易产生显著影响。

3. 美国经济未走上复苏正轨，财政削减将影响后续增长

美国经济显现出相对增长优势，消费、核心资本品订单增长相对平

稳，失业率降至7.6%，是4月份创下四年来新低7.5%后的略微上升，房地产市场复苏态势确立。但美国经济复苏也许并没有看起来那样强劲。

美国经济面临的最大风险仍来自于政府支出的持续削减，其对经济增长的负面影响也将逐步显露出来。长期来看，未来美国政府每年将必须削减约850亿美元的相关财政支出，并在十年内削减1.2万亿美元支出。减支计划几乎涵盖各个领域，到本财年年底的未来7个月内，美国将削减从国防到民生的各类预算850亿美元。这意味着美国已经进入实质性的"财政紧缩期"，减赤的成本将被长期分摊。此外，二季度债务上限触顶以及"财政悬崖"中关于取消企业投资税收优惠条款可能性增大，未来美国财政紧缩，加速折旧优惠、税收减免等政策到期将导致成本增加，对企业未来增加资本支出形成制约，财政去杠杆化对美国经济的影响将会在随后几个季度继续显现。

4. 新兴经济体整体陷入增长疲软期，未来将面临结构性风险挑战

2013年上半年以来，新兴市场经济体经济呈现弱势反弹，多数国家获得内需支撑，经济增长从整体上看略好于上半年，但各国面临的经济难题具有紧密的关联性，新兴经济体仍受外部经济环境疲软打击，普遍面临出口低迷和政策瓶颈的挑战。截至2003年第二季度，印度商品出口总额下滑了1.4%，降至724.6亿美元。为了鼓励出口，印政府决定将出口商的利率补贴从目前的2%提高到3%；受原材料出口下降影响，上半年巴西铁矿石、大豆等出口纷纷下降；受国际油价下跌因素影响，俄罗斯出口较多，准备在明年将石油出口关税下调5%以及从今年7月份起向我国额外出口石油，以提升宏观经济情况；据南非统计局报告，2013年4月，南非出口商品指数为181.6，环比减少1.7；进口商品价格指数为181，环比减少0.2。采矿业价格指数下降是进、出口指数环比减少的主要原因。与此同时，目前新兴市场经济体增速较低，但物价水平居高不下，特别是竞争性贬值与资本外逃有可能进一步恶化"双赤字"国家的国际收支，弱化了现有宽松政策的调控力度并给货币政策调控带来新的挑战。

三 国内经济基本平稳，诸多风险并存制约经济发展

由于多方面复杂原因，我国目前经济形势整体处于平稳状况，符合党中央当前"稳增长，调结构"的策略，有利于实现我国经济转型，但是经济处

于下滑趋势。经济既有增长动力，也存在一定下行压力，产能过剩矛盾突出，企业特别是中小企业生产经营困难，财政金融领域风险不容忽视。

1. 有效需求不足，投资拉动效果明显减弱

从宏观层面来讲，当前经济有效需求不足，对工业发展形成了一个较大的制约。一方面，消费增势有所放缓。从今年上半年来看，社会消费品零售总额扣除价格因素之后，同比增长 11.4%，增速同比加快了 0.2 个百分点，比去年全年下降了 0.7 个百分点。另一方面，固定资产投资拉动力不强，尽管上半年的固定资产投资的增速同去年持平，但是同之前几年的高速增长相比，回落幅度较大，对工业的拉动作用明显减弱。

从微观层面来讲，企业面临的困难比较多。由于需求不足，在当前部分行业产能过剩的情况下，矛盾更加突出。另外，在产品价格下降和成本刚性上升的双重压力下，企业的利润下降。今年上半年，规模以上工业企业实现利润率同比是 11.1% 的增长，但属于恢复性增长，去年两个月是下降的，整个利润率不高，处于较低的水平。钢铁企业亏损面已经超过40%，其他行业中企业利润率也有不同下降，导致企业的投资意愿降低。

2. 信用评级下调，加强防范系统性金融风险

2013 年 4 月 9 日国际三大信用评级机构之一惠誉下调中国长期本币信用评级，4 月 15 日世界黄金价格暴跌，全球经济金融的脆弱性和系统性风险的担心不容回避。三大国际评级机构之一的惠誉将中国的长期本币信用评级从 AA - 降到了 A + ，成为 1999 年以来首次下调中国主权信用评级的大型国际评级机构，另一著名评级机构穆迪 16 日将中国主权信用评级展望由"正面"下调至"稳定"，而其均表示对债务风险与影子银行的风险担忧。

从中国目前情况来看，债务风险之所以受到国际机构的担忧与风险提示，有其现实背景。近年来，中国广义货币量 M2 在经济刺激的作用下超过 100 万亿元，实际上产生的债务规模不断提高。2010 年年底，中国官方公布地方负债规模为 10.7 万亿元，其中 6.7 万亿元体现在地方政府资产负债表。目前，审计署开始对全国展开地方性债务审计，表明国家开始重视这里的风险。不少地方政府通过企业或者其他平台融资，很难进行统计，地方债规模可能远超过这个数字。目前地方上马项目基本不受约束，各地为了刺激经济增长，不断上马各种项目，使地方债务规模和风险不断扩大。

政府债务的累积风险继续的同时，金融风险不容小试。近年来，影子银行的规模日益加大，而影子银行通过信托、资产管理等理财方式，将许多债券包装成理财产品出售给公众，如企业应收账款等，这样的理财或在未来出现违约，导致风险扩大化。根据相关数据显示，中国影子金融的总规模大概为 20 万亿元，已经达到全国银行贷款总规模的 1/3，短短 5 年间提高了 4 倍。6 月 20 日，资金市场几乎失控而停盘：隔夜头寸拆借利率飙升 578 个基点，达到 13.44%，货币政策趋稳，企业资金面偏紧。

3. 经济增速下降，银行不良贷款上升

截至第二季度末，我国境内商业银行（包括大型商业银行、股份制商业银行、城市商业银行、农村商业银行和外资银行）不良贷款余额为 4564 亿元，比第一季度增加 182 亿元；不良贷款率为 0.9%，与第一季度末持平。受目前国内经济增速下滑，实业受到一定冲击，中小企业运转困难，地方融资平台集中到期等因素影响，银行的资产质量呈现出一定的下滑，信贷风险也日趋显现。而对于今后不良贷款的走势，银监会主席尚福林在银监系统内部会议上判断称，未来一段时期不良贷款规模可能还会继续攀升。

随着最近几年中国宏观经济增速的下降，银行贷款风险逐渐暴露。从季度新增不良贷款的规模看，从 2011 年第四季度开始各季度增量分别为 201 亿元、103 亿元、182 亿元、224 亿元、141 亿元、339 亿元和 182 亿元。其中，2013 年第一季度、2012 年第三季度是这轮新增不良贷款的两个高峰，分别高达 339 亿元和 224 亿元。随着经济增速逐步回调，过去高增长所掩盖的问题、矛盾和风险将不断显现。

新增的不良贷款，分地区看，仍主要集中在东部沿海地区。分行业来看，大部分新增不良贷款集中在钢贸、光伏、船舶等行业。例如，光伏行业仍处于全行业亏损的状态，一些企业信用风险明显上升。而在此之前，光伏产业作为新能源，曾属于银行大力拓展的行业。此外信用风险还有向化工、建材、有色金属、风电、工程机械等多个行业扩散的可能。

4. 热钱流入急剧，外汇占款激增

受国内经济复苏形势改善、人民币汇率迭创新高以及无风险利差持续存在等因素影响，我国再度成为短期国际资本流入的洼地。历史经验一再表明，国际资本短期内大规模进出，将导致汇率大幅波动，当前的情形应当引起警惕。

外汇占款是金融机构结汇所形成的资金投放，其来源主要有三个方面，即直接投资净流入、贸易顺差和短期资本净流入。直接投资净流入和贸易顺差规模相对平稳，新增外汇占款的波动主要源于短期资本流动。因此，大量"热钱"跨境流入我国应是当前新增外汇占款维持高位的主要原因。

外汇占款数据变化一直被业界作为观察跨境资金流动的指标，中国央行最新发布的货币当局资产负债表数据显示，5 月央行新增外汇占款1012.87 亿元，为连续 6 个月增加，并且较 5 月金融机构全口径新增外汇占款 668.62 亿元高出 344.25 亿元。截至 5 月末，央行口径外汇占款249959.64 亿元，较 4 月的 248946.77 亿元增加 1012.87 亿元，为连续第 6个月正值。2012 年，金融机构新增外汇占款总额仅为 4946.47 亿元。

6 月末，本外币存款余额 103.64 万亿元，同比增长 14.1%。人民币存款余额 100.91 万亿元，同比增长 14.3%，比上月末低 1.9 个百分点，比上年末高 0.9 个百分点。上半年人民币存款增加 9.09 万亿元，同比多增1.71 万亿元。其中，住户存款增加 4.13 万亿元，非金融企业存款增加2.32 万亿元，财政性存款增加 9588 亿元。6 月份人民币存款增加 1.60 万亿元，同比减增 1.26 万亿元。在流动性趋紧，今年上半年中国 GDP 同比增速却回落至 7.6%，明显低于市场预期；实现贸易顺差 2705 亿元人民币（折合 430.7 亿美元），2012 年同期贸易顺差仅 2.1 亿美元；实际使用外资金额 299.05 亿美元，同比增长 1.44%。

境内相对宽松的流动性和相对较弱的经济增速存在矛盾，股市等投资市场没有出现明显的资金流入迹象，通胀水平也较低，因此流入的资金极有可能成为热钱，必须警惕人民币对美元汇率出现波动时这些套利资金获利了结的风险。

5. 人民币汇率持续走高，潜在风险增大

人民币对美元汇率不断走高，突破 6.20 关口。2013 年以来人民币持续升值。自年初以来，人民币对美元中间价已经累计上涨超过 1.6%，尤其是 4 月份以来累计上涨超过 1.2%。据国际清算银行数据显示，人民币实际有效汇率指数从 1 月份的 111.83 到 3 月份的 114.02，再到 6 月份的116.34，从去年 10 月开始，已经连续 6 个月升值。

对于人民币的持续升值，不少专家都表示担忧。一方面，因为连续升值给外贸企业增加比较大的压力，削弱了外贸企业的相对竞争力。另一方面，人民币虽然连续升值，但是贬值预期正在加强。据推算，2013 年第一季度进入国内的游资近1000亿美元，如果再加上虚假贸易等因素，入境额游资金额会更高。一旦人民币汇率出现贬值预期或者出现贬值的动作，将引发资金外流，对国内经济造成冲击。

四　加强领导，深入推进改革，预防经济下滑风险

我国发展仍处于可以大有作为的重要战略机遇期，具备持续健康发展的基础条件，经济基本面是好的。但也要清醒地看到，国际和国内、长期和短期、结构性和周期性因素相互交织、相互影响，我国经济发展面临着多年未有的错综复杂局面。必须坚持并加大改革力度，争取尽快完成经济转型，步入下一个发展阶段。

1. 深入推进改革开放，创造新的竞争优势

首先，加大收入分配改革力度，既重视改善民生，更促进机会均等。收入分配制度改革应立足于实质性提高低收入群体的收入水平，从而提高他们的消费能力。应加快推进国有经济战略性调整，完善国有资本经营预算制度和监管制度，适当提高国有企业利润上缴比例，并将其主要用于充实社会保障基金；降低对劳动和用工的课税，增加对资本利得的征税；严格实行同工同酬，保障劳动者工资合理增长，促进中等收入群体发展壮大；从减贫、基本公共服务、人力资本建设、就业创业等方面入手，全方位、实质性地促进横向和纵向社会流动，提高社会机会均等程度。

其次，促进创新驱动和产业升级，改变速度效益型的企业盈利模式。"转方式"的一个明显标志，就是要降低企业盈利对经济增长速度的依赖。为此，在产业快速扩张期过后，应加大兼并重组力度，使有竞争力的大企业规模更大，中小企业更专。在这个过程中，政府应坚持企业自主、市场选择，尽可能不搞行政性的"拉郎配"。坚持实体经济优先、制造业导向的原则，推动企业向创新驱动转型，尤其应鼓励、支持通过竞争处在行业领先位置的创新型大企业的发展，使其在产业创新和升级中起到龙头带动作用。在有选择地发展新兴产业的同时，把更大气力下在传统产业改造升级上，逐步形成一批有长期稳定国际竞争力的产业和企业。继续为中、小、微企业发展创造宽松环境，在财税、金融、技术转移、市场准入、就业创业等政策上给予有效支持。

再次，积极拓展外需，提升我国企业的国际竞争力。在国际金融危机

背景下，贸易保护主义有所抬头，但经济全球化趋势不会逆转。扩大内需是我们的基本立足点，但拓展外需仍大有可为。应提升出口产品附加值，促进从组装加工为主向研发、设计等价值链高端延伸。大力发展服务外包，提高服务贸易的技术含量和附加值，有序推进服务业市场开放，带动国内服务业竞争力提升。在多边贸易体系中发挥更加积极的作用，推动商品和服务贸易自由化。鼓励企业积极拓展国际市场，尤其是潜力巨大的新兴市场。抓住国际金融危机后世界经济调整的有利时机，结合我国自身要素特点和优势，有效利用全球人才、技术、市场等资源。完善对外投资体制，支持各种所有制企业积极稳妥地开展国际化经营，培养一批综合素质好、竞争力强、影响力大的跨国公司，带动国内产业升级。

2. 控制体系风险，完善外汇管理体制

首先，需要增强人民币汇率弹性，削弱短期资本流入的拉动因素。国际金融危机以来，美元在美国两轮量化宽松货币政策下大幅贬值，与此相反，人民币单边升值预期增强，投机人民币成为最佳选择。当前可在保持人民币汇率大体稳定的前提下，通过放宽人民币对美元日均汇率波幅来实现人民币对美元汇率的双向波动，从而削弱或分化市场上关于人民币只升不降的单边预期。

其次，加强跨境资金流动监测预警。采取措施抑制跨境资金套利活动，总体上保持对国际游资大进大出的有效控制和风险防范。合理控制人民币升值的节奏，把热钱尽量困在"池子"里；建立一套完善的应急预案，防范"热钱"变"快钱"（在短时间内大规模撤离我国），监管部门应制定相应的应急之策，做好随时向金融系统注入流动性的准备。对热钱流出流入要继续保持高压打击态势。

再次，改善外汇监管方式，完善跨境资金流入管理。完善银行短期外债管理，对外资银行实行外债总量控制，从制度上杜绝投机资金大进大出的可能。加强银行表外融资监管。继续开展针对热钱流出入的专项检查，严厉打击"地下钱庄"等外汇违法活动。在外汇的收支和汇兑环节加强管理，防止资金迅速变现外逃。改进外商投资企业资本金结汇管理，加强对结汇资金流向的后续核查和监管。

同时，要促进人民币跨境结算业务合规开展。切实加强对跨境贸易人民币结算的监测与分析，控制市场主体的违规套利行为，尽量减少非正常的人民币跨境支出对境内银行售汇的替代，保障人民币跨境结算业务的持续健康发展。扩大人民币流出渠道，稳步推进人民币境外直接投资发展。

3. 通过结构性减税，调整经济结构，保持经济健康发展

所谓结构性减税，就是一种"有增有减、有保有压、结构性调整"的税制改革方案，它是政府部门为了实现特定的调控目标，基于一定时期内经济社会发展的预期，而采取的阶段性税收政策调整或长期性税收制度安排。面对当前经济形势，应将结构性减税放在首要位置，将刺激内需提到重中之重，强调实体经济和减轻小微企业的负担。

从整体和长远来看，首先，对中小微企业和中低收入居民减税，对符合经济转型和产业升级标准的行业和企业减税，有利于结构调整和产业升级，降低企业税负，提升经营活力，提高居民收入和消费水平，这无疑是涵养税源、扩大税基，也是扩内需、稳增长的有效措施。同时，向高收入者、高污染企业多征税，也是结构性减税兼顾公平的重要体现，还要继续加强依法征税、偷漏税治理，推进资源税和房产税改革，通过营业税改征增值税等税改促进产业结构调整，通过税收途径将资源配置、收入分配及增长模式调整到更加科学合理的状态。

GDP 的回调也是通过结构性减税推动结构转型和发展方式转变的良好契机。未来的经济增长取决于结构调整、发展方式的转变，取决于关键领域的改革。注重优化结构、夯实基础、激发市场活力和经济内生动力，推动经济稳步健康发展，要比简单追求高增长速度更为重要。

做好 2013 年下半年经济工作，必须更加尊重市场规律，更好地发挥政府作用，更有效地激发企业活力。一是更准确地把握宏观调控的方向、力度和节奏，稳定市场预期，增强市场信心，继续实施积极的财政政策和稳健的货币政策，盘活存量、优化增量，着力提高财政资金使用效益，加大金融支持实体经济的力度。二是更加注重立足当前、着眼长远，注重通盘考虑政策设计，使经济运行处于合理区间，经济增长和就业不滑出下限，物价涨幅不超出上限，有效防范和化解各种潜在风险。三是更多地运用经济、法律和技术手段，创新宏观调控方式，分类指导、有保有压、有扶有控，加强政策协同配合，根据实际情况进行差别化的调控。四是更好地依靠创新体制机制，加快推进重点领域和关键环节改革，创造公平竞争市场环境，发挥好市场配置资源和自我调节作用，增强经济发展活力和后劲。

（作者单位：求是杂志社）

新公共管理理论对我国建设
服务型政府的启示

徐国亮

20 世纪 70 年代以来，"新公共管理"理论与实践的兴起，在很大程度反映了现代公共行政发展规律与趋势，对西方国家行政改革起了重大推动作用，同时也对我国公共管理的改革方向产生了重大影响。

一　新公共管理理论提出的渊源

新公共管理理论由美国著名学者登哈特夫妇在其《新公共管理：管理，而非掌舵》中提出。登哈特认为，公共行政已经经历了一场深刻革命。登哈特试图建构的新公共管理理论，无疑要复归行政机构的"公共性"性质，主张公共行政应围绕管理公民为中心，行政官员在其管理公共组织和执行公共政策时应该致力于承担为公民管理和向公民放权的职责，其工作重心不应是"掌舵"，也不应是"划桨"，而是建立一套明显具有完善整合力和回应力的公共机构。

具体而论，新公共管理倡导如下的基本理念：第一，政府的职能是管理"公民"，而非满足"顾客"。"公共性"乃公共行政的基本要义，公共行政的性质决定了治理系统必须围绕"公民"而展开，公共利益而非私人利益是公共行政部门确凿无疑的目标指向。行政人员必须致力于建立集体的、共同的公共利益观念，公共利益源于对共同价值准则的对话与协商，而不是自我利益的简单相加，因此，行政人员不能像私人企业那样满足"顾客"需求，而是要更加关注建设行政部门与公民之间、公民与公民之间的信任与合作关系，从而创造共享利益和共同责任。第二，公共利益是公共管理行为的目标，而非"副产品"。公共利益不但是行政行为的必然结果，而且这种结果绝非是"附属性"、"附带性"的，而是第一位的、至上性的。第三，围绕"公民权"开展公共管理，而非"企业家精神"。企业家精神具有开拓性、创造性与创新性，它在提高管理效率上是值得称道的，因而成为新公共管理的重要理念。但新公共管理理论认为，企业家思维方式的私人性，决定了他们可能是机会主义者，他们若处理公众的企业或公众的资金则存在不负责任的可能，因此只有全体公民才能真正为公共利益着想。据此，公共管理理论特别重视公民对行政行为的监督和对行政过程的参与，设计出种种公民参与的可能途径，如主张公民进入政策制定与执行过程，主张公共听政、强调公民调查等。第四，政府责任重大，决策者不能恣意妄为。新公共管理只关注市场，造成了政府责任的简单化。事实上，公共管理中的责任范围与限度很复杂，涉及职业标准、公民偏好、道德问题、公法以及最终的公共利益等诸多方面。所以，新公共管理理论要求公共行政人员不要单独制定决策，应通过对话、讨价还价、公民的授权和基于广泛的公民参与的基础上，解决存在的问题并制定政策。第五，政府应重视人，而非仅仅生产率。新公共管理理论认为，行政活动过程固然要以提高行政效率、政策执行绩效为目标，但如果仅仅停留于生产率层面则远远不能涵盖行政活动的目标范围与要求。如果效率目标及其由此萌发的行为完全掩盖了行政活动的人本目的，从长远看注定是要失败的，同时还会导致对组织成员个体的价值观和利益的漠视。所以，在新公共管理理念中处于核心地位的是人的尊严、信任、归属感、关爱他人、管理以及基于共同理想和公共利益的公民意识，而不是仅仅对经济价值目标的追求。显然，新公共管理理论倡扬的是以人为本、以公民为本、以管理为本的理念。

新公共管理具有以下基本特征：倡导建立"以客户为中心"的管理政府。新公共管理则要求政府改变传统的"由内而外"塑造政府的模式，构筑新型的"由外而内"的政府，即政府要像企业对待客户一样，按照民众的需求来提供公共管理。倡导建立"3E"型政府，即经济（Economy）、效率（Efficiency）和效果（Effect）。新公共管理更加重视政府活动的产出和结果，即重视提供公共管理的经济性、效率和质量。倡导建立合作型政府。新公共管理主张取消公共管理供给的垄断性，政府的主要职能固然是向社会提供管理，但这并不意味着所有公共管理都应由政府直接提供，政府应根据公共产品性质的不同，采取相应的供给方式。新公共管理重视人力资源管理，提高在人员录用、任期、工资及其他人事管理环节上的灵活性。

二　新公共管理理论对政府公共服务的实践要求

新公共管理理论的兴起，反映出新公共管理理论影响之深远，包括美国政府在内的世界各国政府无不在一定程度上重新审视着自己的角色定位和行为方式，同时新公共管理理论的兴起对我国行政体制改革与政府自身建设产生了很大影响，在经济全球化的时代背景下，新公共管理理论也对我国行政发展和政府改革提供了一种全新的视角，昭示了我国建构现代管理型政府的必要性与必然性。在我国社会主义经济体制和政治体制改革向纵深发展的同时，实现我国公共管理范式由"管制迈向管理"，立足于"管理"理念并建立一种现代的、新型的管理型政府架构，符合世界公共行政改革发展潮流，同时还是市场经济条件下我国政府价值自我实现的正确选择。

新公共管理理论对于我国的政府改革和公共管理方向的发展有很大的借鉴意义，首先，现代管理型政府是对传统政府"管理意识"的超越与扬弃，它不把民众看作被动接受管理的客体，而是主张还权于民与公民权利优先。其次，政府的作用在于管理，在于通过建立沟通、对话和协商机制，让公民充分表达自己的意愿。再次，现代管理型政府对公务人员的行为方式与素质境界提出了更高要求。新公共管理理念下的现代管理型政府强调，公务员回应的对象绝不仅仅是委托人和选民，而应该是全体公民。公务员的激励基础不仅仅是工资收益和公职保障，而是社会和公民对公共管理期望的实现程度。公务员的责任也不再是简单对上级或对自己的"顾客"负责，而是应该建构起一个多元化的责任体系，包括法律、社会价值观、政治规范、职业标准和公民利益等。最后，现代管理型政府下的社会治理是一种多元、有机、和谐的整体治理结构。实现政策目标的机制不再是单一的现行政府机构，而是致力于建构公共、私人和第三部门之间相互合作、协调一致的治理体系，把各方面的力量集中到政策实施过程中。可见，现代管理型政府对于传统政府的管理意识并非是简单的传承，而是一种革命性的变革与创新，是中国行政走向现代化的历史性标志。

新公共管理强调政府的企业化管理，强调管理的高效率。我国某些政府机构长期以来一直存在效率低下的现象。造成这种现象的原因是多方面的：由于长期实行计划经济体制，造成权力过分集中，政府管了许多不该管、管不好也管不了的事；由于组织机构不合理，机构重叠，从而使得职责不清，互相掣肘、扯皮；由于行政法规不健全，任意增加编制，从而造成机构庞大、臃肿，人浮于事。新公共管理强调政府公共管理应该像企业管理那样，将效率放在首要地位，这一思想是值得借鉴的。为了提高效率，政府管理人员首先应树立效率意识，增强活力，用有限的资源创造更多的公共产品，提供更好的管理。新公共管理体现了竞争机制，新公共管理将竞争机制引入政府公共管理领域，打破了政府独家提供公共管理的垄断地位。这一方面提高了公共管理的效率和质量，另一方面也缓解了政府的财政压力。为了提高我国政府在公共管理领域，特别是基础设施行业的管理效率和水平，更好地发挥市场机制的作用，我们可以借鉴西方的做法，在加强对提供公共管理的宏观管制的同时，将竞争机制引入公共管理领域，开放一些公共管理的市场，在一定范围内允许和鼓励私营部门进入提供公共管理的领域。新公共管理是公共制度的体现，新公共管理从注重遵守既定的法律和规章制度，向注重实际工作绩效，注重提供优质管理的方向发展。我国目前尚处于法制还不健全、制度供给还不足的阶段，建立健全法制、完善规章制度仍将是今后一个时期我国行政改革的一项重要任务。但是必须看到，制度毕竟是手段，它是为政府完成公共管理的目标和任务管理的。因此在制定法律法规和管理制度时，应该同时考虑如何将法律法规及管理制度落到实处。而这一点恰是目前我国行政管理工作尤其应该加强的一个方面，如果有法不依、执法不严，那么有令不行、有禁不止的现象就得不到有效的控制。公共行政管理体制的绩效与政治体制的基本格局有着密切的关系，如果政治体制不能有效地保证健全的政治责任制度，不能使政府保持一定的政治权威，那么公共行政就有政治失控的危险。假如在一个缺乏政治权威和政治责任的体制里，政府制定政策和执行政策的质量是不能得到制度保证的。因此，尽管政府机构改革的直接目标可以是改善行政绩效，但也要与政治体制改革结合起来。要让行政人员认识到行政工作所负有的政治责任，增强对政治的敏感性，保持对政策的自觉响应性，从而达到忠实地履行行政职责的目的。

三　新公共服务理论的价值分析

新公共管理理论在一定程度上反映了公共行政发展的规律和趋势，因而对西方的行政改革起到了十分重要的推动和指导作用，尤其是在它的发源地美国产生了重要的影响，当时的美国总统克林顿曾明确指出："每一位当选官员应该阅读此书。我们要使政府在 90 年代充满活力，就必须对政府进行改革。该书给我们提供了改革的蓝图。"当然新公共管理理论在其风靡欧美等西方国家之际也遭到了来自多方面的质疑，尤其是有不少学者对作为其思想精髓的企业家政府理论提出了尖锐的批评，这些批评意见从各个侧面揭示了新公共管理理论的一定局限性，对现代公共管理理论的发展起到了促进作用。在此基础上，以美国著名公共管理行政学家登哈特为代表的一批公共行政管理学者基于对新公共管理理论的反思，提出了"新公共服务理论"。

新公共服务指的是关于公共行政在以公民为中心的治理系统中扮演的一套理念。新公共服务理论是一种更加关注民主价值、公共利益和公民的积极参与，适合于现代公民社会发展和公共管理实践的新理论。它实质是要实行"以公民为导向"的政府管理，提出公共行政是以服务为宗旨的，指出政府或政府官员的首要任务是帮助公民明确表达并实现其公共利益，而不是试图去控制或驾驭社会，即"服务而非掌舵"。新公共服务理论强调政府公共管理的多元主体、多元参与，以尊重公民权，实现公共利益为目标，社会协调运作的综合治理模式。具体来说，新公共服务理论包括以下几个方面的基本观点：第一，政府的职能是服务，而不是掌舵。公务员日益重要的角色就是要帮助公民表达和实现他们的公共利益，而非试图通过控制或"掌舵"使社会朝着新的方向发展。现代政府的作用在于与私营及非营利组织一起，为社会所面临的问题寻找良好的治理策略。第二，追求公共利益是目标，而非副产品。公共行政官员必须建立集体的、共享的公共利益观念，这个目标不是要在个人选择的要有驱使下找到快速解决问题的方案，而是创造共享利益和共同责任。第三，在思想上战略地思考，在行动上要民主地行动。满足公共需要的政策和项目可以通过集体的努力和合作过程得到最有效并且最负责任的实施。第四，服务于公民，而不是服务于顾客。新公共服务理论认为，公共管理者不仅要关注顾客的需求，而且更要把服务对象看作具有公民权的公民，并且要在公民之间建立对话和合作。第五，责任并不简单。公务员不仅应该关注市场，而且还应关注法令和宪法、社区价值观、政治规范、职业标准以及公民利益。第六，超越企业家身份，重视公民身份，即公民权和公共服务比企业家精神更重要。新公共服务理论认为，与那些试图将公共资金视为己有的企业管理者相比，乐于为社会作出贡献的公务员和公民能更好地促进公共利益和公共服务。所以公共行政官员不仅要分享权力，通过人民来工作，通过中介服务来解决公共问题，而且还必须将其在治理过程中的角色重新定位为负责任的参与者，而非企业家。第七，重视人，而不只是重视效率。如果公共组织及其所参与的网络能够以对所有人的尊重为基础，通过合作和分享领导权的过程来运作的话，那么它们最终就更有可能获得成功。

新公共服务理论中许多闪光的思想或管理价值观可以给我们提供有益的借鉴。第一，关于政府管理的价值理念。新公共服务理论强调公共行政以追求公共利益为主导，治理体系中以公民为中心，更加关注民主价值，公共行政官员必须致力于建立集体的、共享的公共利益观念，公共利益是政府的目标，重视人的因素，关注公民的需要与利益；第二，关于管理的指导思想。新公共服务理论认为在思想要有战略性，为了实现集体意识，所制定的计划不仅要确立一种远见，还要使所有相关的各方共同参与到一些将会朝预期方向发展的政策方案的执行过程中；第三，关于公共行政的目标与行为。新公共服务理论认为，公共行政要为公民服务，而不是为顾客服务。在政府中，公平与公正是其提供服务中必须考虑的一个重要因素；同时在行动上要具有民主性。新公共服务理论认为，公务员要集中精力在公民以及在公民之间建立信任与合作的关系，培养公民的责任感与自豪感，第四，关于公务员的责任。新公共服务理论认为，公务员的责任问题其实极为复杂，公共行政官员已经受到并且应该受到包括公共利益、宪法法令、其他机构、其他层次的政府、媒体、职业标准、社区价值和价值标准、环境因素、民主规范等各种制度和标准等复杂因素的综合影响，而且他们应该对这些制度和标准等复杂因素负责。

新公共服务理论强调政府必须关注公民的需要和利益，重视公民权和公共服务，重视人而不只是重视生产效率，因此，政府首先要牢固树立以人为本的管理价值观。新公共服务理论认为，政府具有开放性和可接见性，具有回应力。满足公共需要的政策和方案可以通过集体努力和协作过程得以最有效并且最负责任地实现。所确立的计划不仅要有远见，重要的是使相关各方共同参与。况且，在现代社会，政府部门面临的环境更加复杂和不确定，而且政府的角色发生了变化，即要成为服务者而非划桨者，同时由于国际竞争和公共利益的挑战，都要求公共部门将战略管理作为重要的管理工具，而其中的战略规划就是战略管理的一项重要内容。新公共服务理论认为，政府的职能是服务，而不是"掌舵"。公共官员将要扮演的角色越来越不是服务的直接提供者，而是调停者、中介人甚至裁判员。政府的作用将更多地体现在把人们聚集到能无拘无束、真诚地进行对话的环境中，共商社会应该选择的发展方向，为形成共同的公共利益观念提供舞台。新公共服务理论认为，公务员的责任并不简单，他们应关注法令和宪法、社区价值观、政治规范、职业标准以及公民利益，而且应该对这些制度和标准负责。这就突出强调了行使公共权力的公务员必须对公民的利益、社区价值观等要承担相应的责任。

四　我国政府公共服务的发展要求：建设服务型政府

　　近年来，我国政府改革备受关注，强化政府公共服务职能与社会服务职能逐渐成为我国行政服务体制改革和政府职能转变的重点，构建以服务为核心理念的政府治理模式成为我国行政改革的目标。当我们强调政府在经济调节和市场监管职能的同时，政府在社会治理中的服务属性越来越受到社会关注，强化政府公共服务职能与社会服务职能逐渐成为中国行政服务体制改革和政府职能转变的重点，构建以服务为核心价值的政府治理模式成为我国行政服务改革的目标。在新形势下，传统政府治理模式显然已难以适应社会的发展需要，这就要求我们在新公共管理理念和社会发展的推动下，构建新型的政府治理模式——服务型政府。建设服务型政府，是我们党在新的历史条件下从建设中国特色社会主义全局出发提出的一项重要任务，对于深入贯彻落实科学发展观，构建社会主义和谐社会具有重大意义。

　　2005 年，在政府工作报告中首次正式提出"建设服务型政府"的要求，"服务型政府"的建设也成为热门话题。报告提出："努力建设服务型政府。创新政府服务方式，寓服务于服务之中，更好地为基层、企业和社会公众服务。整合行政资源，降低行政成本，提高行政效率和服务水平。政府各部门要各司其职，加强协调配合。健全社会公示、社会听证等制度，让人民群众更广泛地参与公共事务服务。大力推进政务公开，加强电子政务建设，增强政府工作透明度，提高政府公信力。"2006年，政府工作报告中再次提出："全面完成今年和'十一五'期间的任务，对各级政府提出了更高的要求。必须大力加强政府自身改革和建设。我们要加快推进行政服务体制改革，进一步转变政府职能。继续推进政企分开，减少和规范行政许可和行政审批。坚决把不该由政府服务的事交给市场、企业、社会组织和中介机构。切实转变政府服务经济方式，加强社会服务和公共服务职能。大力推行政务公开，完善政府新闻发布制度和信息公布制度，提高工作透明度和办事效率。建立健全行政问责制，提高政府执行力和公信力"。在党的十六届六中全会上，对构建社会主义和谐社会作出了全面部署，同时强调要建设服务型政府，强化社会服务和公共服务职能。这是我们党首次在党的文件中提出服务型政府建设的明确要求。2006年3月，我国政府制定的《国民经济和社会发展"十一五"规划纲要》，进而明确提出，加快建设服务政府、责任政府、法治政府，它标志着服务型政府已经成为中国行政体制改革的目标选择。那么，什么是服务型政府，在当前社会条件下又该怎样建设服务型政府呢？所谓服务型政府，简单说就是为人民服务的政府。从政治学角度理解，就是为社会服务的政府；从行政学角度理解，就是为公众服务的政府。虽然角度不同，但学界基本就服务型政府的概念达成了一致，即在公民本位、社会本位理念指导下，通过法定程序、按照社会的发展、公民的需求组建起来的以为公民服务为宗旨并承担相应责任的政府。树立以人为本、执政为民的执政理念，是我国政府民本思想的核心，建设公共服务型政府正是强调以人为本的服务，也是社会转型对政府服务提出的要求。

1. 服务型政府是公正的政府

社会公正是人类政治社会的永恒追求，也是社会主义市场经济的内在属性。为社会提供公共产品和公共服务，平衡社会的经济发展和文化发展，统筹安排城乡发展，对社会各个阶层的利益进行有效合理的安排，以公平和公正的态度进行社会的构建，保障社会公众的正常生活，实现社会公正，是当今政府应该具有的基本理念和职能。所以说，我们建立的服务性的政府应该是公正的政府，因为只有公共服务型的政府，才能担当提供社会公正的责任，也只有公正的政府才能实现服务型政府的诉求。所以我们可以说服务型政府应该是一个能够公正、透明、高效地为公众和全社会提供优质公共产品和服务的政府。

2. 服务型政府是以民为本的政府

服务型政府就是为人民服务的政府，为公众服务是服务型政府的价值理念，与传统统治型政府和服务型政府不同，服务型政府更具开放性和规范性，通过法律制度来规范公共权力的运作，丰富社会公众与政府的沟通渠道，想民之所想，做民之所愿，尊重人民的自主性、自立性和创造性，保障服务理念和以民做主的理念贯彻到整个社会治理的过程中。所以说民主应该是服务型政府的应有之义，在一定意义上我们可以说服务型政府就是一个民主参与程度高、政治过程透明的政府，就是一个以民为本的政府。树立为人民服务理念是建设服务型政府的前提条件。各级政府要树立以人为本的服务理念，在政务活动中最大限度地满足人民群众的需要，做到保障民权、尊重民意、关注民生、开发民智。"以民为本"就是政府的行政活动以实现最广大人民的本利益为出发点，全面彰显政府的人性关怀和人文关怀，以实现经济社会和人的全面发展为基本目标。我国人民民主专政的政权性质决定了我们的政府是人民的政府，公务员是人民的公仆，因此，政府及其公务员必须以为人民服务、满足人民需求为己任，真正做到"想为人民之所想，急为人民之所急"。因此，要建立的服务型政府不能是凌驾于社会和人民之上的官僚机构，而必须以社会大众的需求为中心，为其提供质量、高效率的服务。

3. 服务型政府是法治的政府

法治是现代行政的基本手段、发展趋向和根本标志，是建立合理的政府与社会、政府与市场、政府与公民关系的前提，因而也是服务型政府的重要保障。法治的实质是秩序，政府既是秩序的建立者，也是秩序的遵守者。以民为本，以服务为核心的服务型政府，必定会制定法律和制度来约束政府及政府工作人员的权力，防止权力的随欲扩张而损害社会公众的合理诉求，维护社会公正。所以服务型政府就是以法律来规范自身行为和权力范畴的法治政府。而依法行政则是现代政府的显著特征，是建立合理的政府与企业、政府与社会、政府与市场、政府与公民关系的前提。所谓法治，就是以自由和公正为核心的法律理念和法律秩序，它强调的是一切组织和所有公民的活动都要以法律为准绳，法治的本质意义在于它对权力尤其是对政府行政权力的限制，以防止行政权力的滥用。服务型政府应当加强党的领导、依法治国与人民当家作主的有机统一，严格做到依法行政，依据宪法和法律为人民服务，创造良好的法制环境。所谓法治政府，主要是指政府依据人民意志依法组建而成；必须依法行政，严格按照法定权限和程序行使职权、履行职责；必须保障人民依法享有各项权利和自由；必须接受人民的监督；行政违法必须承担责任。简单地说，政府必须依法产生、受法律约束、依法律办事、对法律负责。而这些恰恰是一个政府成为服务型政府的必要条件。试想，如果一个政府不是按照人民意志和法律程序组建而成，不能依照法律权限和程序行使权力，不能保障人民权利和自由、不接受人民监督，就不能保证它对人民负责，就不能保证它的权力用来为人民服务，它也就不可能成为一个服务型政府。

4. 服务型政府是有限的政府

政府权力是有限的权力，政府只是社会治理主体中的一个服务主体，一个平等和协商性的主体。随着社会发展和全球化趋势，越来越多的社会事务需要具有专业知识与技能的实践主体来完成，在这种趋势下，政府的职能应该随之改变。政府不是经济集权主体，不是市场经济的"经纪人"，而是市场环境的营造者，制度运行的监督者。政府是公共利益的代表，应当为市场经济和社会公众提供公共服务和公共服务，它的职能出发点是公共利益最大化，在社会主义市场经济条件下，我国政府应该把更多精力放在服务社会和引导社会的内容上来，只有如此才能在一定意义上真正促进和体现人民当家作主。政府不是"划桨者"，而是"掌舵者"，它的主要职能在于弥补"市场失灵"，从一定意义上说，"管得最少的政府，就是最好的政府"。在现代市场经济条件下，政府必须将其职能严格限定，凡是企业、社会与市场能自调节和自我服务的环节和领域，政府就应自动退出，实行政与企业、社会、市场严格归位，政府主要抓好宏观调控、社会服务、市场监管和公共服务。政府不再直接干预微观经济活动直接从事经济活动，而应把精力主要集中在规则的制定和实施上，营造一个有利于公平竞争的外部环境，保障稳定的社会环境和有序的市场竞争。总之，服务型政府应该是一个以市场为基础、遵循市场经济规律的职能有限的政府。

5. 服务型政府是责任的政府

责任是服务型政府必须承担的义务，人民是社会主义国家的主人，政府受人民的委托行使权力。公民通过法定程序和渠道参与社会服务，表达自己的意愿。民主政治与民主行政在本质上必然是对社会和公众尽职尽责。责任政府，要求政府在提供服务时必须对服务对象负责。近几年，"引咎辞职""问责制"逐渐为人们所熟悉。从 2003 年非典事件、中石油开县天然气井喷事故到 2004 年吉林市中百商厦特大火灾，再到 2005 年松花江污染事故，一些负有责任的人有的被免职、有的引咎辞职，承担了应有的责任。人们深有感触地说，再也没有"太平官"可当了。正所谓有权必有责，政府的权力和责任始终是一对"孪生"兄弟，每一份权力都连带着一份沉甸甸的责任。以前人们往往认为，"当多大官就有多大权"，现在更认识到，"当多大官就有多大责任"。政府部门及其工作人员因不作为、乱作为或不当作为而造成不良后果的，都要给人民一个"说法"，都要严肃追究有关人员的责任。实践证明，服务型政府必然也是一个责任政府。政府如何加强其对于社会利益的协调和整合功能，使所有的社会成员均能够各得其所，是政府义不容辞的责任。建设服务型政府就要求应不断强化服务意识，要以人为本，要代表人民群众的根本利益，对人民负责，提供人民满意的服务，尤其在危急时刻，要勇于承担责任，树立亲民、爱民形象。

6. 服务型政府是强调信用的政府

一个高效的、廉洁的、服务型的政府是老百姓满意的政府，而要成为这样的政府就需要政府不断强化行政道德以提升其公信力。行政道德既是信用政府的需要，也是行政体系健康运行的内在要求。为此，服务型政府应该强化行政主体的诚信意识、道德意识和责任意识，自觉地以社会主义道德观、价值观规范行政行为，树立为人民服务的价值观、依法办事的法制观、实事求是的公正观和恪尽职守的责任观，做到合法行政、合理行政、程序正当、高效便民、诚实守信。建设服务型政府必须克服服务主体官僚化，服务形式逐利化，服务过程形式化，服务导向官僚驱动化等不良倾向，必须向人民群众征询意见，实行政务咨询制、公开资讯制、服务承诺制、听证会制、重大决策公示制等制度，政府向社会提供什么公共服务，怎样提供公共服务，应发扬社会主义民主，事先听取公众的意见，以公众意愿作为第一价值取向，并建立健全有关了解民意，公众参与决策的渠道、规则和程序，只有在清楚了解群众在想什么、盼什么、欢迎什么、反对什么的情况下，才能真正做到急群众之所急，想群众之所想，提供人民满意的服务和服务，只有这样才能树立政府的权威和信用。

7. 服务型政府是民主参与的政府

从本质上说，服务型政府必须是民主参与型的，因为政府服务的对象是公民，只有在公民参政的过程中，政府才能了解公民需要什么，要求政府提供何种服务，以及如何有效提供这种服务。另一方面，服务型政府必须为社会大众参与决策和服务提供渠道，接受社会大众的监督。只有人民群众参与政府服务，才能有效抑制行政腐败，最终才能维护和实现人民群众的根本利益。离开社会大众的参与，行政人员往往无法获得进行决策所需的正确及时的信息。无数事实证明，排除社会大众对重要决策的参与，容易造成决策的失误和错位。而要真正实现民主参与，就应该实现政务公开。2007 年 4 月 24 日，《中华人民共和国政府信息公开条例》公布，并于2008 年 5 月 1 日起施行。该《条例》首次从法律上对政府信息公开做了明确规定，使广大群众对行政机关的职责权限、办事程序、办事结果、监督方式等信息能够一目了然，保障了群众的知情权、参与权和监督权。这是"用法律打造透明政府"，是加快推进服务型政府建设的一个重大举措。经历过非典等各类灾难事件后，人们发现，在这个社会生活深刻变革、各种矛盾相互交织的时代，只有政务公开才能进一步实现政府与民心、民意、民情的联动，保障人民政府为人民服务。近年来，我国在政务公开方面确实迈出了坚实的步伐。比如，我国的立法法、行政许可法、突发公共卫生事件应急条例、政府信息公开条例等 80 多部法律、行政法规等对相关政府信息的公开做了规定，使政务更公开更透明。其实，人民的政府，没有自己的利益，只有人民的利益，行使权力时就应当是透明的。政府透明了，人民知情权才有保障，才能随时观察政府是不是在为实现人民利益努力；政府透明了，人民才会积极参政议政，充分表达民意，防止不当决策损害人民利益；政府透明了，政府官员才不敢懈怠，注重体察民情，顺应民意，接受监督，人民群众才会增强对政府的信任和信心。

8. 服务型政府是不断创新的政府

政府的能力是有限的，只有不断完善自身才能保证为人民服务的质量。在公民的民主意识和主体意识不断提高、对公共产品和服务要求越来越高的情况下，政府需要不断加强自身的服务和建设，树立创新意识，培养创新思维能力，创新行政服务方式，激发政府服务活力。总之，服务型政府应该是不断探索政府体制运转的新方法、新模式，不断完善自我，以适应新环境变化，开拓创新的政府。

所谓服务型政府，就是"以服务就是服务"为根本理念，以社会和大众为主要导向，以社会服务和公共服务为核心职能，以实现经济社会和人的全面和谐发展为根本任务的现代政府。可以看到，服务型政府的提出，不仅是政府服务体制上的改革，更是政府服务理念的变革；不仅超出了政府内部的行政体制，也涉及政府与企业、市场、社会以及公民的关系，是一种全新的政府职能配置、机构重组、服务方式和行为模式的革命。服务型政府是以人为本的政府。政府的权力来自人民，必须服务于人民，接受人民的监督。过去，由于长期受传统观念的影响，一些政府部门及其工作人员，往往更多的是从"官本位"的角度来看待手中的权力，来对待群众，不同程度地存在重权力轻责任、重服务轻服务的现象。其实，服务型政府从本质上更应该是一个"服务员"角色。在政府这艘大船的航程中，是人民的意志而不是政府的意志决定着航向，怎样提供服务、提供什么样的服务以及什么时候提供服务都是由人民来决定。政府出台的每一项政策，制定的每一个举措，都应该尊重人民意愿，体现人民要求，为人民利益服务；衡量政府一切工作的尺度，都要看人民群众高兴不高兴、满意不满意、赞成不赞成。只有时刻把人民群众利益放在首位的政府，才是服务型政府。

（作者单位：山东大学）

当代中国乡村社会治理的制度化转型

李松玉

　　中国乡村承载了中国两千多年的历史传统，同时又是中国社会革命和当代改革的基础和发祥地。在中国乡村，既包含了传统和现代的对立，又孕育着传统向现代转化的内在动力。中国乡村在中国社会发展中的地位和作用，是世界任何国家的乡村所没有的。由于欧美金融危机带来的全球经济萧条和中国整体发展的趋势，当代中国乡村经济社会发展的重要性日益凸显。在此意义上，也就凸显了当代中国乡村社会治理变革的时代性和现实性意义。当代中国乡村社会治理的制度化转型是中国乡村现代化的重要内容，是当代中国社会治理现代化的根本手段和重要标志。当代中国社会治理制度化转型的实质是立足于中国乡村传统的现代治理制度的建立，是传统规则向现代规则的转化，是由带有浓厚血缘关系、宗法关系、政治关系、群体自发关系的制度形式向使社会成员具有独立意识、参与意识、发展意识和群体自觉意识的刚性规则的转型。中国乡村社会治理制度化转型的根本路径是培育社会公民的自觉意识和各种形式的互助组织，强化议事和决策程序，建立合法畅通的利益表达渠道。

　　中国乡村社会治理的必然性、实质和路径选择，三者存在着必然的内在联系。从逻辑上讲，问题的内涵决定了其解决的必然性和途径。但是，如果问题的内涵包含在问题解决的必然性之中，解决问题的前提必然是首先确定其必然性。因此，在解决当代中国乡村治理的制度化转型这一问题上，制度化转型的现实必然性既是解决问题的前提，又是决定制度化转型的实质和路径选择的首要问题。而制度化转型的实质又必然是探讨其路径选择的先决条件。

一　制度化转型的必然性

中国乡村社会治理制度化转型的必然性来自以下两个方面的要求：中国经济社会发展的整体性、系统性和结构性，以及由此带来的城市化需求；二是中国农村现代化建设对传统社会治理模式变革的需求。前者可谓中国乡村社会治理制度化转型的现实必然性，后者可为历史必然性。

（1）从中国经济发展的整体性、系统性、结构性和城市化需求方面看，经济全球化趋势加速了世界各国的经济交往、合作，同时也使世界各国以及世界各主要经济体之间的竞争进一步加剧。作为后起国家的中国所面临的竞争和其他经济体的抑制尤为明显。在此意义上，建立和强化中国自己经济发展的系统结构，对于保持经济发展的相对稳定具有重要意义。中国乡村经济社会发展也就处于世界经济结构和中国经济结构的双重关系之中，这种双重关系也就决定了中国乡村治理模式转变的基本背景。

迄今为止的中国经济发展的主要优势在于低于发达国家的劳动力成本，由此决定了中国经济发展主要还是一种外向型模式。这一点也决定了中国自 20 世纪 80 年代末期开始的企业改革结果使中国成为世界加工厂。随着中国融入世界经济体系程度的不断深入，这一模式带来了如下结果：一是近经济发展的外部依赖性增加，二是西方发达国家往往把经济萧条原因转嫁于中国。这就要求中国经济社会发展的可持续性必然要建立在自身经济发展的整体性、系统性和结构性的基础之上。中共十六大之后提出的中国经济社会的可持续性、协调发展以及城乡统筹发展等策略也正是基于这一背景。

中国经济发展的整体性、系统性和结构性就其自然倾向说来，必然导致中国乡村经济社会发展的面临如下特点：一是国内经济社会发展的自然倾向对乡村经济社会发展产生了巨大挑战。主要表现在：乡村在经济上对城市发展的依附，政治上话语权的削弱，文化上的滞后。二是乡村人才竞争的加剧导致优势劳动力的减少。三环境污染、资源减少。对此，我们已经做了诸多工作：农业税的取消、可耕地的保护、城乡服务均等化政策的出台，等等。

城市化是工业化的必然产物，同时也是某一国家和地区经济整体化和系统化发展的必然结果。中国的经济发展在度过了外向型经济发展的高峰之后，内部的产业结构调整、经济结构的内部优化以及由此带来的中心城市的外部扩展也成为历史的必然。城市空间的外部扩展首先是城市经济的外部扩展。城市经济的外部扩展又进一步带来了资本的扩展、劳动力流动等问题，必然要求将经济发展相对落后的乡村转变成为城市发展的附属物，这种状况在中国已经开始。这种背景下的乡村一方面背负了城市发展的负面结果，另一方面乡村原有的经济结构、生活方式、制度规范又会受到巨大冲击。

中国经济社会发展的上述背景决定了中国乡村社会治理的任务在于两个基本方面：一是社会治理的目标要与国家经济社会发展的整体趋势相适应；二是中国乡村社会治理要以乡村的现代化建设为目标。前者可谓中国乡村治理的实践性任务，后者可为时代性任务。

（2）从中国农村现代化建设对传统社会治理模式变革需求看来，中国乡村的现代化建设是中国乡村自身发展的必然要求，同时又是整个国家现代化建设的一部分；中国乡村的现代化建设是中国现代化建设的试验田和发祥地，同时又是中国现代化建设的困难所在。中国乡村经济文化相对滞后的状况中包含了传统与现代的对立。但是，这种对这种对立阐释的前提是对现代性的理解。如果把现代性理解为多样的和非西方标准的，我们可以从中国乡村传统的治理模式中寻找到诸多现代因素。

中国乡村现代化和治理模式的制度转变是中国农村自身发展的结果。中国乡村在两千多年的历史发展中，尽管其基本生产方式和管理模式呈现出相对稳定性的特征，但始终孕育着发展进步的趋势和动力。其主要原因在于以下方面：第一，生产方式的不断变革以及由此带来的生产结构的复杂化。以农业生产为主要形式的生产方式是中国乡村传统的主导形式，由于这种生产方式的封闭性，导致了其稳定性特征。但是，由于经验的、人口的以及生产对象有限性等原因，生产方式的进步和发展也是一个不争的事实。生产方式的变革使单一的农业生产结构转化为种植业、畜牧业等多样化的生产结构，生产结构的复杂化必然导致管理模式的复杂化。伴随着中国乡村经济结构的不断变化和发展，尤其是自 20 世纪 70 年代末期开始的农村经济体制改革，和其后中国乡村 30 多年的改革，中国乡村的经济结构以及由此带来的管理模式转变也就成为乡村自身发展的历史必然。第二，传统乡村政治制度以及统治方式孕育了反叛自身的因素，促使乡村政治制度以及统治方式的不断变革。中国乡村的传统政治制度和统治方式根植于封闭的生产关系以及由此产生的社会关系，服务于特定阶层的经济利益，受制于血缘的、宗法的关系，表现为对人的自由、独立的控制和约束。这种政治制度和统治方式必然产生自己的对立面，促使人们进行反思和变革。伴随着当今乡村主体多元化和利益多元化的加剧，乡村政治体制自身的发展也就成为一种必然结果。第三，传统乡村文化观念以及价值标准的不断扬弃，促使乡村人际关系和管理模式不断进步发展。中国传统乡村传统的文化观念建立在农业文明的基础之上，这种文化观念以及由此形成的价值标准一方面体现了农业文明的生活方式以及由此决定的社会治理方式，另一方面又体现了自身发展的逻辑关系。伴随着社会生产方式、生活方式的转变，传统文化通过吸收、接纳、整合各种文化因素促使传统文化向现代文化的转变。当然，这种转变必然体现文化自身的历史及个性特征。

中国乡村现代化和治理模式的制度转变主要是体制外因素作用的结果。自近代以来，中国乡村经历了四次体制外因素的作用，这些体制外因素促使了中国乡村不断改变自身的生产和生活方式，促使了中国乡村治理模式的制度化转型。从这一过程中可以发现其制度化转型的必然能。

一是近代西方国家对中国的经济文化侵略，促使了中国乡村传统生产方式、生活方式和治理模式权威地位的动摇。二是国内战争时期中国共产党对乡村力量的发动以及由此带来的新的治理制度和文化观念的形成。三是20世纪70年代末期中国上层制度设计带来的乡村制度变革。四是开始于20世纪90年代的中国融入世界经济体系以及经济全球化对中国乡村经济制度和管理模式的现代化改造。上述四次体制外因素对中国乡村传统管理制度的冲击，第二次和第四次具有根本性作用。第二次冲击促使中国乡村统治力量发生了根本性变化，从而促使中国乡村治理的各种制度、观念发生了根本转变。但是，这种转变明显带有原有模式的痕迹。第四次冲击至今仍在进行中，它在方式上和观念上明显带有现代性、全局性和根本性。

二　制度化转型的实质

中国乡村社会管理制度化转型的实质涉及两个基本方面：一是中国乡村社会治理的传统治理模式，二是制度化转型的现代模式。就前一方面而言，它决定了中国乡村治理模式建设的特色和个性，体现了新制度的历史合法性。就后一方面而言，它决定了中国乡村治理模式建设的共性，体现了新制度的现实合法性。

1. 中国乡村社会治理制度化转型是中国乡村传统社会治理制度的扬弃

中国乡村传统社会治理制度是中国乡村经济社会行为的制度规范，这一制度规范是社会生产方式、生活方式、社会结构、价值观念、思维方式的集中反映和体现。中国乡村传统的社会治理制度是中国 2000 多年乡村社会稳定的重要规范性保障。中国乡村社会治理制度的现代化转型，必然是一个"渐进主义"倡导的过程，在现代化转型的过程中体现、遵从传统制度规范的"路径"。这是任何制度成功转型的保障。当然，通过对社会成员的成功动员以及在此基础上的其他社会政策的成功实施能够缩短转型的过程，这是人们所追求的和可行的。即使如此，转型后的制度规范必然深深打上传统的和民族的烙印。在此意义上，中国乡村社会治理制度化转型必然是"中国式"或"中国通特色"的现代中国乡村治理制度的建立。

中国传统乡村社会治理制度包含了丰富的现代性内涵，正是这些内涵决定了人类文明的历史继承性和延续性。也决定了现代性绝非以抹杀个性为代价。但是，中国乡村社会治理制度的现代性内涵往往被非现代性的形式所制约，或者服务于非现代性的其他因素。因此，从现代性的纬度考察中国乡村传统社会治理制度，可以发现其内在的对立、矛盾和冲突。但不可否认的是，这些对立、矛盾和冲突在中国传统社会不会也不可能成立。这里，我们只能立足于现代性对中国乡村传统治理制度进行梳理和剖析。

首先，中国乡村传统治理制度重视整体性和系统性。中国传统的乡村治理制度建立在自给自足的农业生产方式的基础之上。这一生产方式决定了其基本的生活方式必然是与自然的和谐一致和统一。人的活动方式、生活方式、社会关系也必然与对自然界的服从相一致。约束社会组织成员行为的社会管理制度必然统一于人们社会生活的基本要求，统一于社会生产的基本要求，从而统一于自然界的基本要求。这里，乡村治理制度的整体性和系统性表现为人与自然界相一致的全面性和层次性。但是，这种社会治理制度的整体性和系统性明显的具有朴素的、被动的成分，具有人的依附性和封闭性的外壳。

其次，中国乡村传统治理制度强调程序性和稳定性。中国乡村传统治理制度的程序性源于为人们生活生产和生活过程中的秩序性，其稳定性源于农业生产以及建立在此基础上的生活方式的稳定性。表现为人们对惯例、习俗等制度规范的服从。显然，这种程序性包含了人对自然界及其代表的崇拜和服从，代表了人们对长期的社会生活方式的认可和肯定，维护了特定的社会等级关系和秩序。

再次，中国乡村传统治理制度突出伦理性和社会性。中国乡村传统的社会治理制度的伦理性和社会性需求来自于人们对社会稳定性与和谐性的重视。当人们的认知水平和改造自然界的能力处于较低水平的时候，人们之间的和谐相处必然显得尤为重要。以特定的甚至严格的伦理制度约束人们的行为，从而保证社会的和谐稳定就成为社会治理中的必然。但是，中国传统的乡村治理模式中的伦理性质，在生产上以经验为中心，在信仰上以人格化的自然为中心，于是便形成了以父子、君（上帝的化身）臣关系为核心的伦理关系。①

最后，中国乡村传统治理制度倡导自觉性和权威性。以伦理关系为调整人们之间关系的治理制度必然强调人们行为的自觉性。于是，主张"慎独"的内心修养、主张舍身成仁的行为方式成为维持乡村秩序的重要力量。封闭式的、以崇尚和谐为主要目标的调整人们之间关系的治理制度必然形成以人的权威为主导形式的社会关系。在发现把人与上帝相联系的政治权威之后，个人权威、等级制度、专制统治往往成为社会治理关系的主要表现。

2. 中国乡村社会治理制度化转型是中国乡村现代治理制度的重构

现代性可谓众说纷纭，现代治理制度也为众说林立。但是现代性和现代治理制度的一般意义还是具有学术共识的。就其共性而言，现代治理制度具有以下特点：

第一，社会治理制度设计的科学化和民主化的统一。社会治理制度的本质功能是调节社会发展和公平，具有客观性和公平性两种基本属性。社会治理制度的科学性是提高社会发展效率、促进社会进步的必然要求。在此意义上，社会治理制度的设计必然要遵循社会发展规律，适合社会发展要求。社会发展的民主性是保障社会平等、强化社会正义的必然要求。在此意义上，社会治理制度的设计必然要遵循民主程序，实现民主决策。

_____

① ［瑞典］汤姆·R.伯恩斯：《结构主义的视野》，周长城译，社会科学文献出版社2000年版，第191页。

社会治理制度设计的科学化和民主化相统一的特点决定了制度设计主体的专业化和大众化的统一。现代社会建立在社会分工精细、社会及交往深化的基础之上。一方面，社会事务的复杂性和利益关系的广泛性促使社会治理及其制度设计不断专业化和技术化，从事社会治理制度设计的主体必须具有专业知识和水平以保证制度设计的科学性、合理性。另一方面，社会分工和交往的发展促使社会主体和利益关系呈现多元化态势，主体多元化和利益多元化格局在制度设计上的表现在于关心和参与的程度不断加深、广度不断扩展。

第二，社会治理制度范围的宏观性和微观性的统一。社会交往的深化和扩展促使社会发展的总体态势不断增强，当今社会经济全球化和区域经济社会发展的状况是这种态势的重要佐证。社会发展的整体化态势必然要求社会治理制度的宏观性和整体性。同时，社会分工和资本流动的加剧导致各种社会组织的不断发展以及利益关系的复杂化和利益诉求的多样化。对社会利益主体多元化和利益诉求多样化行为的规范必然也要具有宏观性和整体性。

在强调社会治理制度宏观性的同时，我们也应该看到各种社会组织内部的制度化问题和组织成员的社会流动问题。组织内部的制度是保证组织存在和发展的规范性保障，社会成员的流动必然要求社会生活基本保障的制度的细化。社会治理制度在当代社会的合法性必然体现在对社会微观组织的规范以及对社会成员具体生活规范的确立。

第三，社会治理制度内涵的效率性和公平性的统一。当代社会深受经济全球化趋势的影响。融入世界经济体系、遵循国际交往规则是现代社会的基本标志。现代社会是面临世界竞争的组织。在此意义上，竞争以及由此要求的效率必然是现代社会的重要特点。乡村社会总是以特定的地域组织以及与此相适应的利益组织的形式存在和发展的，特定乡村的发展问题始终是其追求整体利益的手段和途径。乡村社会治理制度的内涵特征必须以促进特定乡村的发展效率为目标，这是现代乡村治理制度内涵合法性的重要标志。

现代乡村治理制度内涵合法性的另一重要特征就是公平性。公平性是现代性的重要标志，是社会现代化的重要内涵，因而也是乡村现代治理和治理制度的重要内涵特征。中国乡村现代治理制度的公平性主要体现在以下方面：决策的民主程序和刚性原则，公民参与与发展机会的平等，公民利益表达渠道的畅通，公民私人权利的维护，等等。

第四，社会治理制度形式的正式性。制度规范包含两种形式：一是正式的制度形式，二是非正式的制度形式。非正式的制度形式表现为社会的惯例、习俗等传统的经验形式，或多或少地体现了特定乡村相对封闭的生产过程和生活过程；正式的制度形式表现为刚性的规范、原则等明确的、理性的形式，或多或少体现了特定乡村相对公开、公正的治理方式。[①]

一般来讲，非正式的社会治理制度总是和个人权威、情感因素相结合，正式的社会治理制度总是和制度权威、理性因素相结合。在中国传统的社会治理制度中，非正式的制度形式发挥着重要作用，这些非正式的制度形式充斥着浓厚的血缘关系、宗法关系、等级关系色彩，共同维护相对封闭的、低效率稳定的社会关系。中国乡村的现代化应该具有高效率、开放性、公平性特征，传统的、以非正式制度为主要社会治理规范的形式必然要被正式制度的规范形式所代替。

3. 中国乡村社会治理制度化转型是中国乡村传统社会治理制度向现代社会治理制度的转型

中国乡村社会治理制度化转型是在中国传统乡村社会治理制度改造的基础上向现代社会治理制度的转变。坚持中国乡村传统治理制度前提是解决制度的"路径依赖"、降低制度成本、提高制度有效性的要求，坚持现代治理制度的目标是解决治理方式现代化的要求。

社会治理制度具有浓厚的社会生产、社会生活以及传统文化基础，而且，由于社会治理制度传统所导致的习惯性认可，又必然具有"路径依赖"的特征。社会治理制度的建构必然是一个逐步转变的过程。当代中国乡村的社会生产、社会生活均发生了巨大的变化，根本改变了以往封闭的、低效率的状况，社会文化状况也发生了巨大变化。这些变化为中国乡村社会治理制度的转型提供了必要性和可能性。但是，由于社会生产、社会生活以及社会文化的历史继承性，中国乡村传统的治理制度因素仍在社会治理过程中发挥着重要作用。中国乡村社会治理制度转型的这一事实前提我们不可能否认，也不可能回避，可能的是我们建构新的社会治理制度必须对它的尊重和改造。

现代社会治理制度具有共性原则，但可以体现为多样的形式。不遵循

---

① 参见马克斯·韦伯《经济与社会》（上），商务印书馆 1997 年版，第 64 页。

统一的制度原则，社会治理规范不可能具有现代合法性；忽视治理制度表现形式的多样性和传统的事实前提性，社会治理制度不可能具有可行性。寻求中国乡村传统社会治理制度的现代因素并加以改造和提炼，遵循现代社会治理一般规则，并在此基础上构建中国乡村现代社会治理制度是中国乡村现代社会治理制度转型的实质。

三　制度化转型的目标和路径选择

中国乡村社会治理制度化转型的目标是，在中国乡村传统治理制度基础上，以村民组织为主要原则，建立适应乡村经济社会发展要求的、开放的、促进公民权利和机会平等的治理制度。中国乡村治理制度必须以正式制度为主导形式，消除以血缘关系、宗法关系为基础的非正式制度的影响。

中国乡村社会治理制度的现代转型既是社会体系整体转型的一部分（在此意义上，制度转型是具有客观性特征），又是新制度性因素培育的结果（在此意义上，制度转型具有主观性特征）。事实上，中国乡村社会30多年的改革和发展，已经在上述两个方面积累了重要条件。目前我们所要做的工作主要从以下方面展开：

第一，加速乡村产业结构调整，建立融入中国整体发展的相对独立的经济体系，促使乡村的对外开放和交流。制度演进的现实基础在于社会经济形式的变化与发展，任何的制度设计如果没有现实经济形式发展的需要，便没有任何现实合法性。中国乡村社会治理制度的现代化转型，本质上是中国乡村经济社会现代化的一部分。不断调整中国乡村的产业结构，改变以往单一的农业经济模式、单纯为城市发展提供原料的依附性经济模式、被动适应外在需求的暂时性经济模式，建立立足自身优势、以我为主、融入经济一体化发展趋势的开放型经济模式，是中国乡村，也是中国治理制度走向现代化的根本前提。

第二，培育乡村互助合作组织，提高乡村治理的社会参与和监督能力，促使乡村社会治理制度公平、开放程度的提高。现代民主是建立在社会主体多元化的基础之上的，各种非政府组织的出现和发展正式主体多元化的体现。中国传统乡村以血缘关系、宗法关系为纽带的组织形式导致了乡村组织的单一性，同时导致了主体关系的依附性。这种主体关系得以复兴和组织的单一性决定了社会治理制度潜在性以及对人的权威的依附。社会互助合作组织的发展，能够坚强社会成员之间的联合，提高社会决策的参与能力，强化社会力量之间的博弈力度，畅通社会利益表达渠道，促进社会的利益平衡。30多年的改革发展，中国乡村具备了互助合作组织的发展条件，也具备了发展互助合作组织提高村民组织能力、消除各种非正式制度的影响、建立促进乡村经济社会发展的、开放的、公平的社会治理制度的现实必要性和可能性。

第三，强化正式制度的作用，消除传统宗法关系的影响。现代社会治理中的正式制度是民主的产物，体现了现代社会治理规则的开放型和公平性，能够消除信息悖论、促进机会平等。中国乡村的现代化最重要的制约因素表现在三个方面：一是传统的一年内工业生产为主要形式的经济模式。这一点伴随着乡村经济体制改革和我国经济结构的转变以及非农业资本扩张已经发生了根本性的转变，尽管这一转变至今仍在进行中。二是传统的宗法关系、血缘关系以及由此但来得政治专制等治理方式。这一点伴随着中国乡村利益多元化和主体多元化趋势的发展，以及乡村成员主体意识、独立意识和平等意识的提高也得到了逐步转变，但这个转变仍存在巨大的阻力，需要一个较长的过程。三是建立在宗法关系、血缘关系基础之上的习俗、惯例等各种非正式制度（或潜规则）。这一点在中国乡村社会治理制度化现代转型的过程中的影响日益凸显。中国乡村社会治理制度的现代化转型体现为制度的外在设计和输入，这是加速中国乡村现代化进程的必要方式。但是，在中国乡村社会治理现代化制度转型的过程中，许多新的制度、政策由于受到乡村传统的非正式制度的影响，均发生了变异和扭曲，导致了乡村制度化转型的困境。在此意义上，强化正式制度的作用、消除传统宗法关系的影响具有重要意义。

第四，培育公民自觉意识、强化制度权威之上的公民理念。公民自觉意识是社会治理现代化的基本前提。"与特定制度环境和社会组织相联系在一起的专门规则系统知识对于能动者有效参与到这些领域至关重要。"只有在公民自觉的基础之上，社会治理才能实现民主化、制度化、效率化和科学化。中国乡村长期的农业经济模式和相对封闭的交往环境，积累了厚重的社会成员的依赖性、政治参与的消极性和家长之下的人的权威心理。尽管其中存在着大量的积极因素，但其表现形式往往是情感和信仰。现代社会治理中的公民自觉，是建立在制度权威之上的前提下的。制度权威能够提供刚性准则，提供客观的平等依据，消解人与人之间的矛盾和对立，消除人的依附关系。中国乡村社会治理制度的现代化必然是制度权威化的过程。

第五，明确议事决策程序，强化公民监督。程序化是管理制度化的基本要求和保障，也是民主化的基本前提。中国乡村传统治理制度也存在严格的议事程序，但议事主体是由宗法关系和血缘关系所决定，本质上具有维护特定社会阶层的利益倾向性。现代社会治理模式中的议事决策程序必然要和民主化互为前提，议事主体具有较为广泛的社会合法性，并且接受社会成员的广泛监督。制度完善、形式丰富、民主评议有效、经济审计规范以及切实保障村民的知情权、参与权、表达权和监督权构成了中国乡村制度化现代转型的基本内容之一。

（作者单位：山东师范大学）

长江中部流域文化带建设

薛泽洲

长江"龙身腾飞"战略的关键是整合龙身四省资源，促进其协调发展。换言之，就是要以产业带为驱动，立体交通组建的大市场模式为载体，科技走廊、公共服务为保障的经济发展战略和以文化带为内因，新农村建设为载体，社会稳定为保障的社会和谐战略来实现"龙身腾飞"。长江中部流域是华夏文明的发源地，在实施经济发展战略和社会和谐战略的过程中，要实现各种要素资源的有机整合，离不开文化这个内在要素的参与，离不开文化力的发挥。如果能够成功建成长江中部流域文化带，实现长江流域文化产业的整体战略崛起，由此爆发出的文化能量将使该地区经济发展得到全面提速。

"文化生产力"是马克思主义理论体系中的一个重要概念。[①] 马克思曾经在《资本论》手稿中指出，人类生产劳动的社会分工首先是人的体力劳动和脑力劳动的分工。这种分工造就了物质生产领域和精神生产领域的分离，于是社会生产分化为物质生产和精神生产。在物质生产中创造物质产品的能力，形成了物质生产力；在精神生产中创造精神产品的能力，形成了精神生产力，也就是文化生产力。

因此，我们可以说文化力的发挥包括两个方面的内容：一方面，文化可以转化为生产力。文化作为一种生产要素资源直接参与经济建设，各种文化产业的兴起和文化市场的繁荣都能够培育新的经济增长点，从而创造财富，创造生产力，促进龙身腾飞；另一方面，文化可以内化为生产力。文化作为一种深层次的社会因子渗透于社会生活的各个层面，潜在地影响

---

① 马仲良、谢启辉：《深化文化体制改革　解放和发展文化生产力》，《人民日报》2005 年 2 月 16 日。

着经济、政治和社会的发展，具体表现为人们在具体行为中展现出来的精神风貌。这两个方面的文化时刻在发挥作用，它们标志着长江中部流域的社会文明进步程度，对整个长江流域的经济社会发展起到重要推动作用，从内部决定着龙身腾飞。

一　长江中部流域文化带建设的重要意义

关于文化的概念界定可谓汗牛充栋，比如：考古意义上的文化、政治文化，[①] 以及标志人们知识程度的文化，等等。一般而言，狭义上的文化特指精神财富，而我们这里的仅指：是人类在社会历史发展过程中所创造的物质财富和精神财富的总和。

文化的意义是显而易见的，人们一般称之为"软权力"或"软实力"。美国学者约瑟夫·奈认为，依靠文化、意识形态、社会制度等"软权力"，尤其是利用其中的文化传播之类的无形力量，"从观念上、感情上、心理上去影响别国人民，这是一种代价小而收获明显的软力量资源。这种无形的力量没有导弹驱逐舰护卫下的货轮那样气势汹汹，但是，它却能够散布在全球性的广阔空间，影响千百万人的思想感情，从而最终改变导弹和货轮的归属"。[②] 十六届四中全会关于《加强党的执政能力建设》的决议明确指出："深化文化体制改革，解放和发展文化生产力。根据社会主义精神文明建设的特点和规律，适应社会主义市场经济的要求，进一步革除制约文化发展的体制性障碍。坚持把社会效益放在首位，实现社会效益和经济效益的统一，把文化发展的着力点放在满足人民群众精神文化需求和促进人的全面发展上。"这是第一次，在党的正式文件中提出"文化生产力"这个命题，其中把解放和发展文化生产力，作为加强党的执政能力建设的重要内容，这也是第一次，可以说是一个重要的理论创新。它既为党的执政能力建设，也为文化建设赋予了新的内涵[③]。

---

① 美国比较政治学家阿尔蒙特给了政治文化一个经典解释："是一个民族在特定的时期流行的一套政治态度、信仰和感情。这个政治文化是由本民族的历史和现在社会、经济、政治活动进程所形成。"参见阿尔蒙特、鲍威尔等《比较政治学：体系、过程和政策》，上海译文出版社1987年版。

② 约瑟夫·奈：《美国定能独霸世界吗？》，军事译文出版社1992年版，第160页。

③ 魏伟：《解放和发展文化生产力，全面建设小康社会》，转引自央视国际网站，2004年10月21日。

　　文化带，就是这样一种称呼，是对于能够充分反映一定区域内的不同地方特色和民族特色所具有的相关性的一般界定。也可以是对一定区域内文化资源景观的宏观描述，而文化资源主要由物质的和非物质的文化遗产构成。人们原来经常在旅游业内使用这一概念，随着文化生产力概念的提出与运用，开始在各地政府的中长期规划中使用。一般而言，文化带建设是社会发展的内在反映和要求，它必须遵循以下基本原则：一是要合理布局，就是说不仅要从总体上着眼，还要从局部着手；二是要优化结构，突出特色，突出重点。

　　实现龙身腾飞，促进长江中部流域经济社会协调发展，文化带建设是重要内因，主要表现在两个方面：

　　1. 文化与经济互动，促进长江中部流域经济的快速发展

　　马克思主义唯物史观有一个基本观点：文化与经济的关系，属于上层建筑与经济基础的关系。经济决定文化，有什么样的经济基础，就有什么性质的文化；文化具有相对独立性，反作用于经济，先进的文化加速经济的发展，反动的、落后的、消极的文化妨碍经济的发展。经济和文化二者的互动推动着社会的整体向前发展。

　　在长江中部流域，这一规律同样发挥作用，这已为实践所证明。例如明清时期驰名全国的徽商。徽商的兴盛源于商业文化的推动。深受儒家思想熏陶的徽商在商业活动中，"贾名儒行"，"以儒饰贾"，形成了鲜明的商业道德，尤其在长江流域的经商活动中表现得非常突出。徽商无论对待朋友还是对待顾客都以诚信至上，讲究以诚待人，以信服人。"贸迁货居，市不二价"，"唯诚待人"、"人宁贸诈，吾宁贸信"是徽商的信条。正是徽商在从商过程中讲求诚信，注重质量，信誉至上，徽商在全国商人中享誉盛名，顾客才信赖徽商，使徽商繁荣达到 400 年之久。另一方面，徽商的繁荣也带来了徽商文化的形成和繁荣。徽商兴盛之后，十分注重自身形象的维护，从而形成了徽商文化。同时，徽商又十分重视发展教育事业，注重培养人才。徽商"贾而好儒"的特点十分明显。尽管徽商注重功利，追求钱财，但在实践中深深感到文化的重要，加上传统文化根深蒂固的影响，当他们钱财的欲望得到满足后，培养子孙读书做官就成了他们的追求。为此，重教在徽商中蔚为风气。徽商的重教兴学，使徽州这个"东南邹鲁"浓厚的读书氛围几百年得以长盛不衰，大批人才不断成长，这不仅为徽商的持续繁荣提供智力支持，也促进了长江中部流域文化的繁荣。据

统计，就科举而言，仅歙县一地，明清时期，获文科进士者就有 536 人，获武科进士者 87 人，实在是全国罕见①。

从历史层面看，文化在区域发展中至关重要。国家的兴衰、世界力量重心的转移，从来就不仅仅取决于技术、资本、资源、军事实力等物质层面的东西，制度、法律等制度层面的文化以及信仰、理念等精神层面的文化往往起着潜移默化的作用。以英国为例。1934 年，英国建立文化委员会的主要原因之一，就是因为它会促进英国与其他国家之间的贸易往来，英国文化委员会也因此获得了企业界的财政支持。"如果你十分熟悉别国的语言、文学，如果你了解和喜爱其国家、城市、艺术、人民，在其他因素相同或接近相同的情况下，你会本能地买她生产的产品，而不是买你不了解和喜欢的国家的产品；当认为她做得对时，你会积极地支持她；当她犯错误时，你会赞成尽量避免给予她过重的处罚。"②

经济全球化迅速发展的今天，文化在经济合作中的分量越来越重。亨廷顿在分析日本发展与东亚国家的经济联系以及处理美欧经济摩擦时指出："无论贸易和投资如何牢固地把日本与东亚国家联系在一起，它与这些国家的文化差异，尤其是与中华经济精英的差异，仍然妨碍了它创立一个日本领导的、类似于北美自由贸易协定或欧洲联盟的区域经济集团；同时，日本与西方国家的文化差异加剧了它与美国和欧洲的经济关系上的误解和对抗。加入经济一体化依赖于文化的共性——情况看来正是如此，那么，作为一个文化上孤独的国家，日本未来在经济上可能也是孤独的。"③英国和日本的例子印证了经济和文化二者所存在的内在联系。

近代社会以来，以武汉为中心的长江中部流域曾经是人才汇集之地，从而使之成为经济繁荣的商贸集散地，但是在改革开放之后，随着"孔雀东南飞"，人才的大量流失，以武汉为中心的长江中部流域逐步塌陷，从而使得"龙身"严重滞后于长江三角洲这个"龙头"。在全面实现小康社会的过程中，在实现社会主义现代化的征程中，要实现龙身腾飞，必须重视文化带建设。要以经济发展和长江中部流域美好的发展前景吸引天下有志之士，以教育的发展和文化的繁荣为龙身腾飞提供智力支持，从而实现

① 王世华：《徽商与长江文化》，《安徽师范大学学报（人文社会科学版）》2003 年第 1 期。
② J. M. Mitchell, International Cultural Relations, London；Allen Unwin Ltd, 1986, pp. 19 – 20.
③ ［美］塞缪尔·亨廷顿：《文明的冲突与世界秩序的重建》，周琪、刘菲等译，新华出版社 2002 年版，第 141 页。

文化与经济的良性互动。

文化生产力，就是人们生产文化产品、提供文化服务的能力。广义的文化生产力包括一切精神产品的生产力。既包括广播电视、电影、音像、图书出版等，也包括教育、科技、旅游、体育等。文化生产力已经成为一个国家、一个地区、一个区域经济发展竞争力的一个不可或缺的重要指标。

2. 文化协调社会关系，促进长江中部流域社会和谐

文化不仅指文化产业和各种物化的文化产品，更指一个社会群体所共同拥有的价值观念和意义体系，包括理想、价值观、生活习惯、行为方式等。从价值观念和意义体系上来说，经过长期的历史沉淀，文化已经渗透到社会群体的血液之中，时刻支配着人的思维方式和行为方式。因此，文化已经成为人们创建各尽所能、充满创造活力，各得其所的利益关系，得到全面协调、稳定有序的和谐社会的精神基础。

随着改革开放的深入发展，社会结构深刻变化，社会利益关系不断调整，利益格局日益复杂，价值观多样化也深入发展。作为一种软实力，文化对一个民族、国家和地区作用日益凸显，它不仅可以创造生产力，提高竞争力，更能增强吸引力，形成凝聚力，润滑社会关系，促进社会和谐。因此，构建健康向上、协同进步的文化体系，营造和谐的文化氛围，用先进文化培育人、塑造人，丰富人们的精神内涵，提升人们的文化精神，拥有良好的精神风貌、振奋的精神状态、高尚的道德情操，对于促进经济社会和谐发展具有十分重要的作用。

受地理和历史等因素的影响，长江中部流域各省已经形成各自的区域文化，如荆楚文化、徽商文化、湘文化和赣文化。这些文化虽有各自的特点，但从总体上来说，都属于长江文化，而且这几个区域文化之间都具有共同的文化特质，这种文化特质对于协调各文化区域，协调社会关系具有十分重要的作用。例如，在这几个区域文化中都具有革故鼎新、超越无限的文化特质。楚人师夷夏之长的目的在于创新，在于形成自己的特色。徽商开拓创新精神成就了徽商，也开启了皖人引领时代的历史。在近代社会，没有陈独秀等人的开拓进取，就没有中国共产党的诞生和中国革命的发展。湘文化也培育了无数引领时代的志士仁人。晚清末年的维新运动，在地方诸省中以湖南开展得最为壮烈，近代中国的毛泽东、刘少奇等人更是这一精神的杰出代表。毛泽东"自信人生二百年，会当击水三千里"的

词句，1998 年抗洪精神和 2003 年抗击非典表现出的"万众一心，众志成城，不怕困难，顽强拼搏，坚忍不拔，敢于胜利"的民族精神都表现了长江中部流域共有的文化特质。有了这种共同的文化特质，就可以最大限度地增进共识，更好地协调社会关系，促进长江中部流域的经济发展和社会和谐。

总之，共同的文化因素渗透于长江中部流域各省市社会生活的各个方面，要实现龙身腾飞，必须充分发挥文化要素的积极作用，有效整合长江中部流域各种资源，实现协调发展，从而保障经济发展战略和社会和谐战略的顺利实施。

二　长江中部流域文化资源的历史和现状考察

我们知道，我国是世界上唯一一个文化延绵生发，始终未曾中断的文明民族。我们的传统文化渊源深厚如滔滔江河，我们的民俗民风绚丽多彩如闪烁群星，因此，中华文化是多元化的。在中华大地上，作为中华民族摇篮的黄河流域和长江流域，分别孕育了南北两大元文化——黄河文化和长江文化。提及长江，大家立刻会想到以上海为中心的长江三角洲地区，很少有人会想到长江中部流域。论及长江中部流域，很多人也许更多的想起武汉的衰落和三峡大坝的兴建，而对其历史文化和发展现状缺乏深入的了解。而事实上，长江中部流域有着悠久的历史文化，有着丰富的文化资源。长江文化建立在水稻农业基础上，以道学著称，道在山林，因此，长江文化注重人与自然的和谐，崇尚自然。长江文化主要由位于长江上游四川盆地的巴蜀文化、长江中部流域江汉平原的荆楚文化以及长江下游三角洲的吴越文化构建而成，其中又以荆楚文化发源最早。

1. 荆楚文化

荆楚地域处于长江中部流域、两湖地区。江汉平原沃野千里，大小湖泊星罗棋布，气候温暖湿润，"鱼米之乡"美誉由来已久。早在西周时期就有楚族、诸姬、群蛮、巴、杨越等族属。春秋战国时期，更有楚国称霸，威震中原诸国。秦汉时期，荆州已经成为重要的战略要地，商贸都已兴盛起来。六朝以后，大量北方少数民族南迁，明清时更有"江西填湖广，湖广填四川"的说法。这种民族的融合使主体文化在发展中对这些存在差异的少数民族文化和移民文化不断地加以汉化。再加上荆楚地域处于我国比较中心的位置，万里长江横贯其中，众多支流汇入长江，主干水陆交通贯穿南北东西。纵横交通的枢纽地位具有极大的开放性，从而使荆楚文化具有极强的兼容性，体现出明显的华夏文化与南部蛮夷文化相互交融的特征。春秋战国时期是荆楚文化的鼎盛时期，楚文化是道家的发祥地，博大精深的老庄学说，瑰丽神奇的文学，巧夺天工的工艺品，崇巫尚武的民风习俗，构成源远流长的荆楚文化①。近年来，湖北省领导转变思想观念，推行文化体制改革，整合文化资源，培育出一批国有、国家控股的大型文化企业集团，初步形成广播电视、图书出版、报纸期刊、文化娱乐等为重点的产业群体，涌现出《楚天都市报》、《知音》、《今古传奇》等一批优势文化品牌，从而使全省文化市场呈现出蓬勃发展的势头。

在荆楚文化发展的同时，湖湘文化也逐步繁荣起来。湖湘大地历史悠久，文化底蕴深厚，湘人精神代代相传，孕育了一大批杰出人才，形成了灿若繁星的湖湘人才群。早在古代就有马殷、马援、王昌龄、刘禹锡、杜甫、屈原、欧阳询等人，到了近代随着湘军的兴起出现了以曾国藩、左宗棠为代表的朝廷重臣，随着改革维新救亡号角的响起，出现了以魏源、郭嵩焘、谭嗣同、黄兴、蔡锷等人为代表的救国志士，到了现代更有以毛泽东、刘少奇、胡耀邦等人为代表的杰出人物。当今湖南仍是人才荟萃。据文献显示，湖南院士共有117名②。所以，早在清代就有人称誉"惟楚有才，于斯为盛"。史家评论说："清季以来湖南人才辈出，功业之盛，举世无出其右。"正是人才辈出使湖南文化日益繁荣。早在古代就有岳麓书院享誉全国，到了近代新学发展迅速，各种新学报刊使湖南文化领时代之先。改革开放以后，特别是最近几年，随着文化体制机制创新，"文化湘军"异军突起，湖南相继构建了广电、出版、报业、娱乐四大核心优势文化产业，通过整合区域文化资源和调整产业布局，夺得了中国文化发展的20多个"第一"。其中，尤其影视发展最为迅速，影响最大。从《快乐大本营》、《真情》、《玫瑰之约》到《还珠格格》、《雍正王朝》再到《超级女声》、《超级戏乐汇》，这些响亮的文化名词都家喻户晓。2005年，仅湖南卫视《超级女声》一个节目就直接为湖南广播影视集团增加收入上亿元，包括广告、电信、移动、音像、出版、彩铃、演出、艺员经纪在内的

---

① 罗昌智：《长江文化的历史生成与中华民族精神》，《理论月刊》2004年第8期。
② 引自三湘院士风采录网站（http：//www.library，hn.cn/sxys/index.htm）。

直接经济效益达6亿元，而其创造的文化品牌和社会效应更是巨大，以至于在全国掀起了超女风暴，被誉为新的文化解放。

安徽是文化资源大省，历代名人辈出，人文底蕴深厚，这些既是中华民族文化的瑰宝，又是发展文化产业的宝贵资源。罗豪才先生曾评价说：徽文化是中国传统文化的重要组成部分。它沿袭了中原文化的精髓，成长鼎盛于安徽，延绵古今，影响播散于海内外，在一定历史时期内具有主流文化的特征，对研究和弘扬中国传统文化，具有重要的典型意义和标本价值①。

纵观历史，出省于安徽的政治家、军事家、科学家、文学艺术家人数众多，光芒照亮了整个古皖大地。早在春秋战国百家争鸣时期，老子、庄子就享誉全国，庄老学说更是对后人影响深远，道教成为儒、道、佛三大教之一。三国时期，不仅有庐州的周瑜，还有亳州的曹操、曹丕、曹植父子。到了明清之际，更是人才辈出。先有朱元璋开创明朝以凤阳为中心涌现了大批的军政要人，随后南方徽商兴起，更促进了江南教育发展培养了大批文化和科技人才。在镇压太平天国过程中，淮军兴起，涌现了李鸿章、刘铭传等很多历史人物，而且李鸿章主导了整个晚清政府，对历史产生深远影响。近代救亡图存过程中，更是涌现了陈独秀、胡适等文化巨匠，他们以自己的才智和作为影响了中国社会历史发展进程。在我国古代科学技术史上，划时代的巨著《淮南子》是西汉淮南王刘安和他的宾客们编撰的；东汉沛国谯郡（今亳州市）名医华佗及其发明的"麻沸散"比欧洲发明的麻醉剂"哥罗方"要早1000年。华佗医术高超，以医济民，世代受益，万代景仰。北宋徽州人毕昇发明的活字印刷术、元代族德县木活字印刷术和明代的套版印刷术，对世界经济、文化的发展和社会进步都曾作出了重要贡献。安徽的桐城派、新安理学、新安画派、新安医学、徽剧、黄梅戏以及劳动人民创造的文房四宝（宣纸、徽墨、宣笔、歙砚）、徽派建筑、徽雕（砖、石、木、竹雕）、芜湖铁画、龙舒贡席、阜阳剪纸、杰首陶瓷等，在中国历史上光彩夺目，丰富和发展了中华民族的科学、文化、艺术宝库②。在饮食文化方面，徽菜位列全国八大菜系。更为重要的

① 邱观史：《罗豪才率团调研　徽文化底蕴深厚极具标本价值》，转引自中国新闻网（http://www.chinanews.com.cn/news/2005/2005－04－07/26/559975.shtml）。
② 徐守榜编著：《安徽旅游概览》，海洋出版社2000年版，第2页。

是，近年来，安徽省积极整合固有文化资源，推进体制机制创新，成功组建安徽日报报业集团、安徽出版集团和安徽新华发行集团，各类社会资本纷纷进入文化基础设施建设和文化产业领域，合资及民营文化企业正成长壮大。据初步测算，2005 年安徽省文化产业增加值为 112. 89 亿元，比上年新增 27. 75 亿元，占全省 GDP 的 2. 100，比上年提高 0. 3 个百分点，呈现出加速发展的良好势头①。

江西自唐代以后文化呈现繁荣景象。在《全唐诗》中，江西诗人在初唐和盛唐时期寥若晨星，到了晚唐五代却多达 42 人，居全国第二位。到了宋朝，江西文化更加繁荣，名家辈出。古文唐宋八大家中仅江西就占了三家，即欧阳修、王安石、曾巩，而欧阳修是北宋诗文革新的主帅，其影响之大，无人能比。唐圭璋编的《全宋词》收入词家 1397 人，江西籍词家 170 人，占 1/8。宋词四大名家，除张先外，晏殊、晏几道和欧阳修均是江西人②。到明朝，江西人才的数量及其在全国的地位，达到辉煌的顶峰。当时有谚语，"翰林多吉水，朝士半江右"。这说明江西的读书人和官员可以左右朝廷。陶渊明、文天祥及黄庭坚等更以其独特的文化遗产光照后人。佛道文化源远流长，汉代张道陵（张天师）在江西龙虎山开创中国道教正一派祖庭；晋代慧远和尚在庐山东林寺创中国佛教十派之一的净土宗；晋代许逊在南昌创立独具江西特色的万寿宫，成为在海内外独树一帜的道门分类。江西陶瓷文化博大精深，具有 3000 年的产瓷史，拥有南昌的洪州窑、吉州的永和窑、抚州的白舍窑、赣州的七里窑等，宋、元、明代以后的景德镇更是至今千年窑火不断，成为中国陶瓷文化的杰出代表。融自然景观与人文景观为一体的"四山一潮"——庐山、井冈山、龙虎山、三清山及鄱阳湖等 35 处风景名胜构成了江西独有的旅游文化资源。江西是中国革命的摇篮，现有革命文物 4 万多件，其中一级品 172 件，有革命旧址 1500 余处，其中列为全国重点文物保护单位的有 9 处 40 个点。民间文化门类众多，如赣剧、采茶戏、傩舞、山歌、灯彩、木雕等③。近年来，江西省文化厅把"深化改革，转变职能，面向市场，推出品牌"注入产业发展链节，实行政府职能由"划桨"到"掌舵"转变，文化资源由"潜

---

① 《徽风皖韵激荡香江——安徽文化产业赴港招商综述》，《安徽日报》2006 年 5 月 25 日。
② 王会昌、王云海、余意峰：《长江流域人才地理》，湖北教育出版社 2005 年版，第 109 页。
③ 吴华国：《如何突出重围？江西文化产业问题之对策》，转引自新华网江西频道，2004 年 12 月 30 日。

在"到"品牌"转变，创造出一个个充满活力的文化产业发展实体，全省文化产业发展势头强劲。

2. 文化特质：崇德重义、革故鼎新、以人为本、开放宽容

长江中部流域各省虽然具体的发展历程不同，具体的文化形态不同，人们的思想观念也呈现出地区的差异性，但是这些文化区域毕竟都处于长江沿岸，山水相连，人文相通，因此，在其深处都蕴含着共同的文化特质，即崇德重义、革故鼎新、以人为本、开放宽容，这些共同的文化特质构成了长江中部流域文化带建设的基础，成为推动龙身腾飞的内在驱动力。

崇德重义是长江中部流域文化的共同特质。长江中部流域各省是宋明理学盛行的地区，讲求道德至上，修身、齐家、治国、平天下，崇德重义深入人心。朱熹、陆九渊等理学大师都是道德的化身，在他们的教导下，长江中部流域民众乡风淳朴，崇德重义。深受这种思想熏陶的徽商把"诚""信"作为经商的原则。他们不仅在处理内部关系上讲究诚信，使商帮内部团结一致，而且以诚信对待顾客。"唯诚待人""人宁贸诈，吾宁贸信"已成为徽商的信条。同时，徽商认为做生意宁可失利，不可失义。"职虽为利，非义不可取也"是徽商的座右铭。吴鹏翔某年从四川运米数万石至汉阳，正逢饥荒，米价腾贵，但他没有趁机大捞一把，而是"减值平粜，民赖以安"。又有一次，他购进胡椒八百解，后发现此胡椒有毒，卖主愿退款，但他仍照价买下，然后付之一炬。他唯恐退给卖主，卖主可能转售他处，坑害更多的人。类似能够正确处理义利关系的行为在徽商中是比较普遍的。徽商舒遵刚说得好："圣人言，生财有大道，以义为利，不以利为利，国且如此，况身家乎！"[①] 正是因为崇德重义，所以徽商享誉全国，朋友遍天下。长江中部流域文化中崇德重义的文化观念，有利于后人师以先贤，修身为本，形成健全的人格和高尚的品德，值得继承和发扬。

革故鼎新是长江中部流域文化的内在精神。革故鼎新就是不断开拓创新，革除社会弊端，创造人民幸福。它不仅是一种勇气和力量的展现，更是一种忧国忧民意识的体现。长江中部流域这种文化精神历史悠久，早在荆楚文化的神话中就可见一斑。《山海经》《淮南子》《离骚》《庄子》等

---

① 王世华：《徽商与长江文化》，《安徽师范大学学报（人文社会科学版）》2003年第1期。

著作记载着女娲补天、羿射十日、夸父逐日、共工怒触不周山倒等神话。女娲作为母系氏族的首领，敢于在"天地崩"之时补苍天、杀黑龙。后羿在火烧地球，万物枯焦之时，拯救万民，射杀九日。夸父不畏困难，与太阳赛跑，逐日之勇气令人肃然起敬。共工氏虽战败于祝融，但一怒之下，竟一头触倒了四大天柱之一的不周山，使"天倾西北，地不满东南"。这些惊人伟业，不仅仅需要力量和勇气，更需要忧国忧民的爱国情怀。这种精神在楚人屈原身上展现得淋漓尽致。屈原以其坚强不屈的性格，执著而热烈地追求着自己的理想。"路漫漫其修远兮，吾将上下而求索"是他一生的写照，也是无数长江中部流域无数志士的写照。近代中国，陈独秀、毛泽东、刘少奇等杰出人物身上都反映出为国为民革故鼎新的精神。

以人为本是长江中部流域文化的核心价值。长江中部流域各省文化发展的主线是一切围绕人，一切为了人的发展。巨龙的腾飞依赖于人的奋起。从古自今，无数志士仁人所追求的是人民的安居乐业，国家的繁荣富强。宋明理学中"理一分殊"、"尊卑大小"、"各得其宜"等观点，也是追求人们之间的和谐相处，追求每个人内心的和谐统一。近代谭嗣同等维新人士所倡导的维新变法，是为了求得清王朝的强盛，摆脱受帝国主义欺凌。陈独秀、毛泽东、刘少奇等人领导中国革命的目的也是为了实现国家的独立富强，人民翻身解放。近年来，长江中部流域经济社会的发展是在人们共同推动下取得的，社会经济的发展在不断地改变着人的生活状态，改变人的精神面貌。因此，可以说长江中部流域文化充满了人文情怀，是中国社会进步历程蕴含的丰富人文精神的开放宽容是长江中部流域文化的内在性格，也是其保持生机活力的基础。长江中部流域地处中国中部，连接龙头龙尾，横贯南北。这种有利的地势在某种程度上滋润了其开放宽容的性格，使其能海纳百川团结和合、和而不同。这在荆楚文化中表现得最为典型。楚人有自己的文化传统，但从不故步自封，从不拒绝外来文化的合理因子。楚国建国后，就民族政策提出了自己的纲领："抚有蛮夷，……以属华夏"。这种开放融合的思想，比当时管子"戎狄豺狼……诸夏亲昵"和孔子"裔不谋夏，夷不乱华"的思想还要进步。在发展过程中，楚人兼采夷夏之长，并积极开展文化交流和民族间的相互学习，从而使得楚地文化久盛不衰。北宋时期，理学分为几大学派，包括以朱熹为代表的闽学、以陆九渊为代表的江西学、以吕祖谦为代表的婺学和胡安国为代表的湖湘学派，这些学派都位于长江中部流域，各学派学术交流不断，而且砥砺思想，开展辩论，朱熹与陆九渊的辩论在当时最为激烈，但正是这种文化交流，促进了长江中部流域文化的共同繁荣。

三　长江中部流域文化带建设的具体举措

长江中部流域文化资源丰富，拥有深刻的文化底蕴，实现龙身腾飞，关键是要发掘文化底蕴弘扬文化精神，发展教育事业，建立人才引进新机制，整合文化资源打造文化产业链，促进文化互动，增进文化和谐，充分发挥文化因素在实现经济发展战略和社会和谐战略中的重要作用。

1. 建设长江中部流域文化带，首先必须发掘长江中部流域的文化底蕴，弘扬文化精神

文化底蕴和文化精神是一个地区的命脉所在它决定着这个地区人们的精神面貌和生存状态，决定着这个地区的发展前途。如同贺麟先生所言："任何一个现代的新思想，如果与过去的文化完全没有关系，便有如无源之水、无本之木绝不能源远流长、根深蒂固。"① 长江中部流域有着悠久的历史文化传统，有着深刻的文化底蕴和丰富的文化精神，但长期以来却被人们所忽视。当前，虽然长江中部流域各省都已经开始重视本区域文化研究，长江文化研究也已经起步②，但是总体上研究还不够深入，尤其是长江中部流域还没有作为一个整体来研究。要建设长江中部流域的文化带，发挥其在龙身腾飞中的内因作用，首先必须加强对长江中部流域文化的研究，发掘其文化底蕴，弘扬文化精神。长江中部流域各省要组织专家学者深入实践调查研究，把荆楚文化、湘文化、徽商文化和赣文化作为一个整体来研究，要研究长江中部流域的历史发展、地理沿革和社会风俗，研究各区域文化之间的内在联系，发掘其文化底蕴，探求更多的共同文化特质，使其在新的时代条件下得以重塑。崇德重义、革故鼎新、以人为本、开放宽容等共同的文化特质是长江中部流域文化精神的集中体现，是整个文化带建设的主线。"龙身腾飞"是一个发挥地区既有优势的过程，同时也是迎难而上、追赶先进的过程，深入发掘这一长江中部流域的文化特

---

① 贺麟：《文化与人生》，商务印书馆 2002 年版，第 4 页。
② 这里是指湖北教育出版社近期出版的由季羡林先生主编的《长江文化研究文库》。

质，可以解放思想，更新观念，激发干部群众干事业、创家业的激情。要在此基础上进一步加强研究，不断提升，增进共识，扩大认同，以增强地区文化的吸引力和凝聚力，增强这一地区人们构建社会主义和谐社会的自信心。

在发掘丰厚文化底蕴的同时，要加大弘扬文化精神的力度。文化精神为全面发展提供不竭动力，崇德重义、革故鼎新、以人为本、开放宽容的文化精神是长江中部流域地区发展强大的精神支撑，必须大力弘扬。必须把弘扬和培育这一精神作为长江流域文化带建设的极为重要的任务，纳入国民教育全过程，纳入精神文明建设全过程，使这一地区的人民始终保持昂扬向上的精神风貌。通过媒体、学校、组织等多种途径向民众宣传，做到家喻户晓，妇孺能详，使之内化到每个人行动之中，真正达到"进教材、进课堂、进头脑"的效果。要做到这一点，首先各级政府领导干部特别是省委领导要做好表率。各级领导干部要带头学习长江中部流域历史文化，了解各区域历史文化发展脉络，领悟长江中部流域文化底蕴，把握其文化精神，具备崇德重义、革故鼎新、以人为本、开放宽容等文化特质。在工作实践中，各级领导干部要有大局观念和区域观念，想问题，做决策，要从长江中部流域发展这个大局出发，要和其他省份的领导加强沟通和交流，要照顾和关切其他省市经济现状。各省领导要向长江中部流域涌现的杰出人物学习，学习他们崇德重义的品质，努力打造长江中部流域诚信品牌；学习他们革故鼎新的气魄，再创长江中部流域的辉煌；学习他们以人为本的情怀，增进人民福祉；学习他们开放宽容的胸怀，在国内交流和国际交往中实现龙身腾飞。其次，要特别重视青少年的德育教育。青少年是祖国的未来，也是"龙神腾飞"的生力军。要通过多种形式和多种渠道，把长江中部流域优秀文化精神的弘扬作为全面推进青少年素质教育的一项重要任务贯穿进整个基础教育领域中去，使他们从小就树立"热爱家乡、建设家乡"的信念。总之，只有长江中部文化精神得到弘扬，只有长江中部流域各省的领导具备了开拓、创新、拼搏的文化精神，树立了"龙身腾飞"的整体观念，长江中部流域才能真正腾飞。

2. 建设长江中部流域文化带，必须大力发展教育事业，建立人才引进的新机制

百年大计，教育为本。龙身腾飞离不开人才，人才培养离不开教育。

从古至今，长江中部流域的人才荟萃、文化繁荣与其教育的兴盛密不可分。中部四省均具有较为明显的人力资源优势，高校、专科研院所众多，建设长江中部流域文化带，必须大力发展教育事业，为经济社会发展提供人才保障。近年来，长江中部流域各省教育事业都不断发展。例如，湖南省在"十五"计划期间教育事业发展总体上实现了三大转变，即九年制义务教育实现了由基本普及阶段向高质量、高水平的巩固提高阶段转变；高等教育实现了由精英教育阶段向大众化教育阶段转变；体制改革实现了由单一向全方位、由广度向深度的转变。

到 2004 年，湖南高等教育毛入学率达到 18%。全省在组建两所教育部直属重点大学（中南大学、湖南大学）的基础上，加大了省属高校资源的重组力度，先后组建了南华大学、长沙理工大学、湖南科技大学等综合性大学，且通过合并、改办、升格等方式，新组建了一批本科院校，2004年全省普通本科院校达 24 所[①]。安徽省经过新中国成立后 57 年的发展，教育事业也取得了辉煌的成就。到 2006 年，全省小学 2 万多所，普通中学 4066 所，普通高等学校 82 所，特殊教育学校 67 所，幼儿园 2715 所（不含民办园）。全省小学在校生 584 万人，普通中学 461 万人，普通高等学校 58.9 万人，特殊教育学校 1.8 万人，幼儿园 72.4 万人（不含民办园）。全省全面达到"基本普及九年义务教育"的目标，高等教育进入大众化阶段。各类中等职业教育学校 403 所，在校生 60 万人。小学适龄儿童入学率 99.54%，全省每万人口中，初中阶段在校生 553 人，高中阶段在校生 279 人，高等教育在校生 111 人[②]。

另外，江西、湖北省教育也取得很大成就。长江中部流域教育事业虽然取得了很大发展，但是和长江三角洲相比，仍然比较落后。要进一步促进教育事业，必须实现长江中部流域教育联合。只有把教育源整合起来，加大交流力度，才能在整体上提升教育水平，促进教育事业更快发展。但是，从当前各省出台的"十一五"教育发展规划来看，尚没有涉及长江中

---

① 《湖南教育事业"十一五"发展的战略重点和主要目标》，转引自湖南教育科学规划网（http：//www. hnjykxgh. com/yjdt/show. asp？articleID＝669）。

② 《国庆特稿：辉煌献给伟大的祖国——安徽教育 57 年成就》，转引自安徽教育网（http：//www. ahedu. gov. cn/200611/）。

部流域教育发展整体规划问题①，这应引起各省的高度重视。

建设长江中部流域文化带，不仅要发展教育，还必须建立一套成熟完善的人才工作机制。"事业留人、待遇留人、感情留人"是长江中部流域吸收各级各类人才的原则。一方面，着力发挥本地区的人力资源优势，调动本地区人才干事业的积极性。对于自己培养的人才，要加强教育，特别是人文素养教育，培养其热爱家乡的情感，通过说服等手段劝其留下来；另一方面，借助"外脑"，千方百计地吸引外来人才以各种形式投入"龙身腾飞"中来。引人和留人靠两方面，一是事业，二是待遇。而事业里面包括工作前景、工作环境、工作机制等，待遇里面涉及薪酬、住房、家人安置等。要结合长江中部流域经济发展的实际制定一些更有强度的人才政策、更灵活的用人机制。对本区域急需的各项专门人才要实施特殊的优惠政策，提供优厚的经济待遇和良好的工作环境，使其能够充分发挥聪明才智。对于做出成就的杰出人才，要大胆提拔任用，使之更好地发挥作用。湖北省自 2003 年实施了"人才强省"战略，着力从人才生态、人才政策、人才体制、人才制度、人才法制、人才创业、人才服务等"七大环境建设"上下工夫，努力形成人才辈出、人尽其才、才尽其用的局面，为全省经济社会发展提供强有力的人才保障和智力支撑。仅企业博士后科研工作站就有 28 个，中小型企业博士后产业基地就有 24 家。全省的调查结果表明，2003 年至 2005 年 8 月，全省中专以上学历、初级以上职称的人才流入人数为 84718 人，是流出人数 15321 人的 5.53 倍，长期困扰湖北的人才流失问题得到根本性好转。高层次人才引进比例逐年增大，从省外流入的硕士、博士分别是流出的 2.8 倍和 5 倍。而且，非公企业成为吸纳人才的主要载体，市场配置成为人才流动的主渠道。据对该省七个市州的调查，

---

① 从未来发展趋势和要求看，"十一五"期间湖南省教育的发展应突出以下几个战略重点：在多渠道筹措教育资金的基础上，加大财政性教育经费投入。加强城乡教育、区域教育的统筹，推进农村教育发展；统筹各级教育协调发展，进一步提升湖南教育的整体水平；推进各项改革，进一步激发教育发展活力。根据全面建设小康社会目标和落实科学发展观的要求，在充分估计湖南教育发展现状的基础上，我们认为，"十五"期间湖南教育事业发展的总目标应确定为：坚持党的教育方针，树立科学的教育发展观，深化改革，创新机制，逐步增强教育供给能力，实现长江中部流域的教育竞争力稳步提升，人均受教育年限和人口整体素质较大幅度提高，教育服务经济社会发展的能力进一步增强的目标，为建设教育强省和人力资本强省打下坚实的基础。参见《湖南教育事业"十一五"发展的战略重点和主要目标》，转引自湖南教育科学规划网（http://www.hnjykxgh.com/yjdt/show.asp?articleID=669）。

通过人才中介机构和人才市场实现流动的为 7117 人,高于通过调配流动人数的两倍多。目前,湖北省共建成国家级和省级区域性人才市场 7 家,市、县所属人才市场 133 家,行业性、专业性人才中介机构 24 家,民营人才中介组织 70 余家,网上人才市场也在蓬勃发展,市场网络初步形成,市场在配置人才资源方面的基础性作用正在有效发挥。

对人才的吸引可以体现一个地区的张力,对人才的使用可以洞察一个地区的气度。"引得进、留得住、用得好"是以人才资源促中部地区发展的关键。要实现龙身腾飞,长江中部流域各省都必须牢固树立"崛起以人才为本"的观念,以开放的胸怀和效率构筑起人才的高地,切实抓好"育才"和"引智"工程的建设,建立起有利于优秀人才脱颖而出的培养机制和引进机制,以此提升地区的智力水平和发展速度。只有这样,中部地区才能成为创业乐园和发展热土。才会在现代化进程中腾身而起。

3. 建设长江中部流域文化带,必须整合文化资源,打造文化产业链

文化战略的发展包括对内文化教育的普及、国民文化素质的提高、文明程度的提高以及对外文化交流的扩大等都需要物质的投入作为支撑。

"英国文化产业的年产值近 600 亿英镑;美国的文化产业更加发达,产值占 GDP 约 1/5,其音像制品出口超过航空航天业,成为全美第一大出口贸易产品,占据了 40% 以上国际音像市场份额"。[①] 我国的文化产业虽然起步较晚,但我国文化潜在消费能力却在持续增长。长江中部流域各省有着悠久的历史文化传统和丰富的文化资源,但目前这些悠久的历史文化尚未得到发掘,文化资源尚处于分散状态,更没有形成成熟健康发展的文化产业,当然也就没有给我国文化产业的发展作出多大贡献。

近年来,长江中部流域各省开始尝试在本省范围内整合文化资源,成效显著。例如,湖南文化产业在发展过程中不断寻求体制的创新,于 2000 年和 2001 年先后成立了湖南出版集团、湖南广播影视集团、湖南日报报业集团、长沙晚报报业集团、潇湘电影集团和长沙广播影视集团 6 家大型文化产业集团,初步理顺了管理体制,创造了巨大的经济效益和社会效益,日益发展成为文化大省。安徽省也致力于打造区域特色文化,充分挖掘皖北地区历史、人文资源,利用皖南地区旅游、戏曲资源,大力发展现代文化产业,形成层次分明、结构合理、特色互补的区域文化格局。这些

①　李怀亮:《看不见硝烟的战争》,《中国教育报》2002 年 1 月 31 日。

本区域内的文化整合有力地促进了本省文化的繁荣，也促进了本省经济的发展。

实现龙身腾飞，建设长江中部流域文化带，要根据新的历史条件下社会主义文化建设的特点和规律，按照文化事业和文化产业的发展要求，不断推进文化体制和机制创新，支持和保障文化公益事业，增强文化产业的整体实力和竞争力，还必须致力于打造文化产业链。文化的产业化发展道路是建设长江中部流域文化带，实现中部文化崛起的必由之路。就全国范围来看，文化被作为产业纳入经济发展组成部分始于20世纪90年代末，近几年这一步伐开始加快。2005年召开的全国文化系统文化产业工作会议指出，从就业总量而言，文化服务业就业人员规模已经高于批发和零售业；从经济总量而言，文化服务业的经济总量与房地产业大体相当。截至2004年，文化部门主管的文化产业单位创造增加值近307亿元。发展文化产业，要始终把效益放在首位，文化产业的发展需要遵循社会主义市场经济的规律，追求的是文化生产所带来的效益，要注重经济效益和社会效益的统一。安徽是一个久负盛名的文化大省，资源极为丰富，但安徽的文化产业存在的问题还很多。有专家指出，安徽文化产业存在"四小"：文化产业增加值总量较小，文化产业服务企业规模偏小，文化产品生产规模小，销售企业规模小①。改变"四小"现状的根本在于充分利用市场这一巨大的杠杆，以市场为导向来生产和提供文化产品和服务，从而使文化产业真正成为新的经济增长点。2003年出台的《安徽省文化产业发展规划纲要》提出：近几年文化产业增加值的年均增速要保持15%左右，到2010年达400亿元以上，增加值占GDP的比重达5%左右。2005年，安徽省文化体制改革试点工作正式推开。根据一份最新的统计报告，当年安徽省文化及相关产业创造增加值为112.89亿元，增加27.75亿元。若按现价计算，总体较2004年增长32.60%，文化产业的增速远高于同期国民经济的增长速度②。2006年年初通过的《安徽省国民经济和社会发展"十一五"规划》提出要把文化产业培育成社会经济新的增长点。

---

① 胡佩：《文化资源极为丰富，皖誓做文化大省开启破冰之旅》，《新安晚报》2006年12月20日。

② 同上。

4. 建设长江中部流域文化带文化互动，各省必须通力合作，促进增进文化和谐

放眼世界，西方国家拥有的各种文化产品的生产、传播及交流的基础设施，包括电子基础设施、语言基础设施和公司基础设施的先进性也决定了其在文化交流中的主导地位。因此，对于发展中国家而言，文化趋同的过程也意味着本民族文化逐渐被弱化的过程。对于我们而言，只有充分发挥自己的优势，挖掘自身的文化资源才能获得文化上的发言权。

在历史发展过程中，长江中部流域各省交往不断，有很多共同的文化资源，这些资源如果能够通过各种措施手段得到整合必将形成特色文化，带来整体效应，促进长江中部文化崛起。

文化的生命在于各种文化因子之间的互动，不同区域之间的文化互动。这种文化互动，是指双方积极主动地寻找共同的文化话题，在对共同话题进行探讨的过程中不断补充、不断更新原有的视阈，以一种动态的方式共同向前发展。因此，这种文化互动具有开放性和动态性，它在本质上是以开放的心态开展交流和对话，共同提高。目前，江西省已经认识到文化互动的重要性，先后与湖南、浙江共同举办了"湘赣文化互动论坛"和"浙赣文化互动论坛"。在 2005 年 12 月 28 日的"湘赣文化互动论坛"上，湘赣两省数十位知名学者从不同的角度，阐述区域文化在经济社会发展中的地位与作用，探讨文化对社会经济发展的深层次影响，取得了良好的效果。但是，到目前为止，长江中部流域各省尚未共同举办文化互动论坛，未能就长江中部流域文化展开讨论。因此，长江中部流域各省的文化、宣传部门应当开阔视野，拓宽工作思路，可以举办关于如何建设好长江中部流域文化带的专题研讨班，组织四省的官员相互交流本省加强文化建设的新鲜经验，取长补短，共同进步；还可以牵头筹划长江中部流域文化论坛，旨在动员全社会各种力量参与讨论，形成由官员、专家学者、商人、市民、媒体共同参与的"六位一体"式的文化研讨发展模式，为长江流域文化带的建设建言献策。

省际间的这种整合文化资源、做强文化产业的互动，体现的是文化的交流和对话，围绕的是文化的继承与创新这一内核。创新是一个国家和民族兴旺发达的源泉所在，长江中部流域各省有着灿烂的历史文化，有着悠久的革命文化传统，不断创新是这些历史文化资源得以延续和发展的决定性因素。必须清楚地认识到，长江中部流域文化传统赖以生长、发展的经

济基础和社会生活已经并正在发生深刻的变化，传统向现代的文化转型和重塑势在必行。因此，必须把历史文化等优秀传统和长江中部流域经济社会发展的实际结合起来，不断地改造、更新，赋予新的内涵和活力，使其内在文化特质既能得到继承和发扬，又能发挥促进经济的作用。

长江中部流域各省文化互动的根本目的在于增进文化和谐，构建长江中部流域和谐社会，为龙身腾飞奠定坚实的社会文化基础。文化和谐是全社会共同追求的目标，全社会文化和谐的形成有赖于区域文化的和谐。长江中部流域各区域文化虽有个性，但是有许多共同的文化特质部流域文化和谐。当前，怨情仇、热衷于猎艳涉奇通过文化互动可以更好地实现长江中一些影视剧、出版物热衷于反映江湖恩怨，对广大青少年甚至全社会的负面影响是显而易见的。一些学者把经济发展的落后简单地归结为某省文化的落后，或简单地断言某省文化优于某省文化的做法都不利于文化和谐。营造社会的和谐氛围，文化本身也应关注和谐，唱响时代主旋律，这是各省宣传文化部门的共同任务。各省区域文化之间有竞争，但更多是合作，是取长补短。只有这样才能增进长江中部流域文化和谐，促进长江中部流域经济社会发展，实现龙身腾飞。

（作者单位：中共中央党校）

关于苏俄①女性政治地位问题的思考

王成英

20 世纪是一个风起云涌充满了革命激情与剧烈变化的世纪。"整个 20 世纪，妇女们参与到最危险的草根政治、平民政治当中，她们的支持对一个运动的成功时常是至关重要的。"② 妇女们的积极参与社会的变革活动，目的是希望借此摆脱数千年人类在性别关系方面构建的畸形发展模式，从而获得自身的解放。

沙皇统治时期俄国女性完全出于无权状态。因此，在一代又一代民主主义者和民粹派的宣传鼓动下，俄国女性具有极其强烈的反抗专制主义的精神。她们认为："平等问题的前提是现存体制垮台，并把推翻现存制度当做首要任务。到 1870 年，有 10%—25% 激进的革命家是妇女。"③ 1878 年著名的维拉·查苏里奇枪杀圣彼得堡军事长官案、1881 年索菲娅·佩罗夫斯卡娅指挥的暗杀亚历山大二世案，说明当时俄国激进女性反专制的彻底革命性。1905—1907 年，俄国女权主义运动非常活跃，她们成立了全俄妇女平等联盟，并开始争取选举权。1917 年，十月社会主义革命为女性运动开辟了更广阔的空间。女性从城市到乡村，积极参加了捍卫新政权的生产和斗争。在强调推翻专制统治，消灭私有制的同时，她们也高扬女权运动的旗帜，发出了自己的呼声。但由于早期的女权运动掌握在中产阶级手中，这为布尔什维克所不容。这种独立的呼声最终被压制下去，30 年代后期苏联的妇女运动丧失了它的独立性。我们只有认真研究苏俄妇女运动存

---

① 本文讲的苏俄特指从 1917 年十月社会主义革命到 1991 年年底苏联解体之间的俄国，与沙俄时期的俄国相对应。

② ［美］帕梅拉·麦克维：《世界妇女史》下卷，洪庆明、康凯译，格致出版社、上海人民出版社 2012 年版，第 175 页。

③ ［美］沃尔特·G. 莫斯：《俄国史》，张冰译，海南出版社 2008 年版，第 134 页。

在的问题，才能吸取其一个世纪所走过的坎坷道路为我们提供的宝贵经验和教训。

一 苏俄女性政治地位方面存在的问题

1. 妇女组织遭停顿

为了巩固新生的苏维埃政权，1919 年 10 月 2 日，俄共中央委员会成立了一个妇女部门，并力图从中央到地方建立起各层相应的下属组织机构，目的是动员女性支持布尔什维克政权，同时解决各种"妇女问题"，发起反对卖淫、提高女性识字率、维护女性工农利益等行动。妇女部最初由伊涅莎·阿尔曼德领导，克鲁普斯卡亚是部务委员。1920 年伊涅莎·阿尔曼德死于霍乱。此后妇女部由亚历山德拉·米哈伊洛夫娜·柯伦泰领导。由于参加工人反对派并成为其领袖，柯伦泰于 1922 年被免职。后来妇女部由安娜·伊基娜代理。

妇女部成立后，做了大量艰苦而卓有成效的工作。全国性、地区性、行业性等各类妇女会议频繁召开。这些会议主要由妇女部组织召开。其中包括：1921 年起召开的国际女共产党员代表大会；1928 年 1 月上旬到1930 年年底，克鲁普斯卡亚先后四次参加改善东方妇女劳动条件和生活习惯的全苏会议；1934 年召开的各人民委员部女领导工作人员会议；1935年全苏青年妇女会议；此外，还有地区性的非党妇女会议等。党和国家领导人偶尔到会阐述党对妇女的政策，或发表文章鼓励妇女们积极参加社会主义建设。比如列宁就参加了 1919 年莫斯科市非党女工第四次代表会议。

这些会议宗旨往往是有针对性的，比如"苏联妇女自由和男女平等"、"改善妇女劳动条件和习惯"等多次成为会议议题。出席代表大会的代表人数众多且代表广泛。斯大林回忆 1918 年的第一届女工和农妇会议的规模时说过，出席代表大会的代表有 1000 多人，代表着 100 万劳动妇女。可想而知，当时劳动妇女的政治表达是很充分和自由的。

此外，为了扩大对各阶层女性的宣传和教育，妇女部还组织复刊和创刊了《女工》《女共产党人》等杂志。其中《女工》是 1914 年由克鲁普斯卡亚和伊涅莎·阿尔曼德等倡导创刊的。

妇女部使党了解到各阶层女性的现状和面临的困难，促使党在做决策时能够了解到广大女性的呼声。1917—1930 年，在党的决议和法案目录里，列举了 301 项有关女性的条目，而此后的 30 年中却只有 3 项。①

妇女部存在的 10 年当中，各党派斗争形势复杂多变。尤其列宁逝世后，为争夺最高权力，布尔什维克党内也不断发生分裂。在党内，与政权相比较，妇女问题始终是次要问题，妇女工作始终受到轻视和歧视。20 年代妇女委员会没有广泛建立起来。尤其柯伦泰去职后苏共中央妇女部的领导们政治上顺从和服务于党的政治目标，无益于提高本机构在党内的政治地位，对党的政策影响甚微。同时由于缺乏经费和人力资源，妇女组织主要依赖志愿者和捐赠维持运转。即便如此，苏共许多男性领导人对该部门依然持敌视态度。他们觉得妇女部怂恿女性分离主义和资产阶级女权主义。1930 年，斯大林改组苏共中央书记处，妇女部被撤销，地方已经建立起来的妇女委员会也自行解体。十月革命后，布尔什维克试图解放妇女并提高其自主性的做法。此后，妇女问题被淹没在农业集体化和工业化的国家现代化洪流中。② 女性在新生的无产阶级政权中日益被边缘化。

苏俄女性从未进入权力中心。1918 年，柯伦泰被取消社会福利人民委员职务到 50 年代中期，苏联没有再出现另外的女性委员或部长。同一时期中，在党的政治局和组织局中同样也没有女性委员。③ 这种现象从中央到地方非常一致和普遍。1936 年，农村集体化运动已经结束，集体农庄主席中女性还不到 3%。④ 女性在国家权力系统中一直处于权力底端或被边缘化。这在某种程度上与没有独立的妇女组织有直接的关系。

总体来讲，苏俄妇女组织虽然仅存在了短短的 10 年，但还是取得了一定的成就：加强男女平等的宣传；发动反对卖淫、提高女性识字率、维护女性工农利益的运动；促进人们转变思想并开始关注家庭暴力、家务劳动公有化、禁止酗酒等女性最为关切的事物。

2. 女性独立的政治意识受到扼制与批判

十月革命前后是俄国政治、思想斗争复杂，派别林立的时期。仅仅1918 年后就在布尔什维克党内外产生了众多派别。比如党派性质的有"左派共产主义者""民主集中派""民粹共产党""革命共产党"；地区性质

① ［美］沃尔特·G. 莫斯：《俄国史》，张冰译，海南出版社 2008 年版，第 321 页。
② 参见［美］帕梅拉·麦克维《世界妇女史》下卷，洪庆明、康凯译，格致出版社、上海人民出版社 2012 年版，第 192 页脚注①。
③ ［美］沃尔特·G. 莫斯：《俄国史》，张冰译，海南出版社 2008 年版，第 322 页。
④ 同上。

的有"乌克兰斗争派";阶级性质的有"工人反对派"等。亚·米·柯伦泰是最早反对苏俄官僚主义倾向的革命家之一。1920 年年底,她参加俄共党内的工人反对派,并成为其主要领袖之一,主张实现革命前工人自治的诺言,主张党和苏维埃管理国家政治,而经济则由工会管理,反对日益强化的布尔什维克中央集权和党机构的官僚化,要求党内不同意见和派别活动可以合法存在。1921 年在俄共(布)第十次代表大会前,柯伦泰出版了工人反对派最著名的小册子《工人反对派》。小册子提出把整个国民经济的管理交给各产业工会的生产者的代表大会,由他们选举出中央机关来管理共和国的整个国民经济;各个国民经济管理机关也分别由相应的工会选举产生,且党政机关不得否决工会提出的候选人。这一派别曾一度得到广大工人的支持。1921 年年初,在全俄矿工第二次代表大会共产党党团会议获得 30% 的票数。① 俄共为此展开了关于工会的大讨论。列宁为此写了系列文章,强调工会主要职能是联系党和工人阶级的传送带,是共产主义的学校,不具有独立管理国民经济的功能。中央组成了以斯大林、季诺维也夫和捷尔任斯基等为成员的调查小组整理柯伦泰等人的材料。柯伦泰曾经是孟什维克的历史也成了罪名之一。柯伦泰发挥了她在十月革命之前为布尔什维克演说的热情和才能为自己辩护,说如果当过孟什维克也是罪名,那党内不知有多少人要被清除出去。最后,这个派别中的两个加入布尔什维克较晚的人被清除出党,并在 30 年代大清洗中被处决。从 1921 年 8 月 15 日到 1922 年 3 月有将近 16 万党员被清退,其中工人占 20.4%②。当这个派别被压制时,柯伦泰写的《工人反对派》在国外发表,并成为这一派别最完整系统的纲领和宣言。

　　当政治上无法实现和表达自己的理想主张时,柯伦泰于 1923 年起开始文学创作,继续她对女性问题、对官僚主义、极权主义的探索和批判。她以"恋爱之路"为题的三部曲《赤恋》《三代的恋爱》《姊妹》等小说,充分反映了女性面对社会变革的矛盾与彷徨,对自由与平等的向往与追求。《三代人的爱》写的是不同时代女性对性、爱情和家庭的体验与认识的不同,以及年轻女革命者在革命与爱情发生矛盾时对个人生活所采取的"杯水主义"态度;《姐妹》写的是布尔什维克官员召妓的故事。柯伦泰

---

① 《列宁选集》第 4 卷,人民出版社 1995 年版,第 849 页。
② 同上书,第 866 页。

把官员的妻子与妓女比作姐妹，意为她们表面上虽有区别，但实际上都是男性的奴隶，她对婚姻和卖淫都做出批判，进而向新生的男权与官僚主义的同流合污提出挑战。《赤恋》提出恋爱婚姻家庭的领域只是人的"私事"，应该由工作才能、对国家社会的贡献和作用来判断人的价值，对女性也是一样。这是恩格斯早已在他的《家庭、私有制和国家起源》一文表达过的思想，即女性的社会价值和地位主要来源于其在社会公共领域的贡献。

这些出自女革命家、女性领袖之手的小说在国内立刻引起了上自列宁、下至青年团员的极大关注和讨论，并很快就受到布尔什维克意识形态官员的批判。她被加上了"资产阶级女权主义者"的罪名。"她一直是个小资产阶级"，"她是个吞下了一大堆女权主义垃圾的共产主义者"，"她怎么能够在这么长一段时间里不但被当作俄国、而且是国际共产主义妇女运动的领袖呢？"甚至连列宁夫人克鲁普斯卡娅和托洛茨基夫人娜塔里娅·谢多娃也与柯伦泰划清了界限。1922 年以后，她不再公开发表关于女权问题的独立见解。1927 年以后，她的小说便不再出版。她只专心于自己外交官的工作。斯大林把她作为苏联向西方展示民主、平等的一面旗子。事实上，柯伦泰作为苏维埃女子和男子平权的象征，作为一个革命家和女权主义者的生命在 20 年代中期之前就基本结束了。

其实，柯伦泰的系列小说反映了社会剧烈变革时期的革命者，尤其是女革命者，在遇到生理与心理、革命与爱情、爱情与婚姻、家庭与社会、物质与精神发生冲突时该如何选择的问题，也反映出女性对传统性别角色的彻底否定。柯伦泰同情、欣赏、支持那些与传统的性别压迫相抗争而投入革命的女性。当然作为社会主义革命者的柯伦泰自己每次面临矛盾时都选择了牺牲个人利益，服从集体利益的做法。当大规模的有组织的批判再度落到柯伦泰头上时，她妥协了，彻底放弃了为工人和女性代言的角色，而成为一名代表并为苏联国家利益服务的出色女外交官。

1920—1921 年，苏俄工人自治被推翻；20 年代末 30 年代初，通过集体化运动，农民被强行剥夺了；30 年代中期起，随着肃反扩大化的展开，社会自治也成为不可能。在此大背景下，妇女运动的存在和发展必然遭遇挫折。其结果是这个国家在极度恐怖的笼罩下变成了一潭死水，只有新兴的特权阶层沉浮于其上。苏联解体后，俄罗斯女性从昔日的政治"温室"中走出，在一段时期内很难适应急风暴雨式的民选运动，地位更是"一落千丈"。

3. 斯大林时期父权制的具体表现

最著名的"粗暴事件"就发生在列宁夫人克鲁普斯卡亚和斯大林之间。原因是在 1922 年年底至 1923 年年初，列宁就党和国家未来的制度建设提出一系列的改革意见和建议。这些思想统称为列宁晚年思想或列宁遗嘱。由于列宁当时病重只能口述，一次克鲁普斯卡亚把列宁口述的一封信转交给了托洛茨基。斯大林知道后在电话里批评了克鲁普斯卡亚，并用粗暴辱骂的语言指责她，不仅如此，还威胁要把问题提交给党的中央监察委员会。"粗暴事件"出来后各方的反应足以说明当时女性在苏俄新政权中所处的地位。当事的五名男性都是政治局核心成员。他们对如何建立新的联盟发生了对立与矛盾，列宁与托洛茨基反对斯大林提议的联盟模式。而克鲁普斯卡娅不过是把列宁的信按照列宁的意思带给了托洛茨基而已。鉴于列宁身体状况，克鲁普斯卡亚不敢将此事汇报给列宁，而是很委屈地向季诺维也夫和加米涅夫写信请求援助。她既没有独立据理为自己申辩，没有求助于党的组织帮助，同样也没有求助妇女部的支持，更没有寻求法律途径解决。她之所以去向其他男性领导人请求援助，是因为她明白这些组织或机构帮不了她，尽管革命成功了，这依然是一个男性以父亲般的力量主宰着世界。这说明作为女性无论革命资历多么老，对革命事业如何倾心在当时的处境都是非常艰难的，不仅不能直接进入权力顶层，而且在领导人提供起辅助性工作时还要遭到歧视和粗暴对待。作为国母的克鲁普斯卡娅都受到如此对待，其他女性的地位就更可想而知了，妇女组织的撤销也成为意料之中的事情。

而列宁知道这件事情后不仅向党的代表大会连续写信建议撤掉斯大林总书记职务，而且还专门给斯大林写了封"绝交信"。"您竟然粗暴地要我的妻子接电话并辱骂了她。尽管她向您表示同意忘记您说的话，但季诺维也夫和加米涅夫还是从她那里知道了这件事。我不想这样轻易地忘记反对我的言行，不言而喻，我认为反对我妻子的言行也就是反对我的言行。因此，请您斟酌，您是同意收回您的话并且道歉，还是宁愿断绝我们之间的关系。"① 从绝交信中可以看出列宁是以克鲁普斯卡亚夫的身份，而不是党的领导人的身份在向斯大林发出最后通牒。国家的事情成了个人私事，甚至是涉及家庭利益的事情。斯大林最后虽然形式上妥协了，但实际上列

---

① ［美］沃尔特·G. 莫斯：《俄国史》，张冰译，海南出版社 2008 年版，第 219 页。

宁去世后克鲁普斯卡亚的日子更为艰难，最后于 1939 年 2 月 27 日，她 70 岁生日的第二天去世，这成为苏联历史上一件谜案。有人认为她的死与斯大林有直接的关系。

在斯大林肃反扩大化过程中，大批女性被关入劳改营。而二战后这种迫害依然在继续。著名的事件就是"莫洛托夫离婚事件"。莫洛托夫的妻子是一位出色的领导者和管理者。1939 年 1 月，斯大林任命她为渔业人民委员，下令选举她为中央候补委员和苏联最高苏维埃代表。斯大林长期怀疑莫洛托夫有篡位嫌疑，但他没有直接制裁莫洛托夫而是突然把"愤怒降到了热姆丘任娜的身上，我即使现在对此也找不到任何解释……热姆丘任娜为自己作了辩护。尽管当时我相信斯大林是对的，并站在斯大林的一边，但我从内心深处赞赏她。可是她勇敢地捍卫了自己作为党员的尊严并表现出了非常坚强的性格……"[1] 斯大林又通过政治局强迫莫洛托夫离婚，并将其妻子波林娜·谢苗诺夫娜·热姆丘任娜逮捕并投入监狱。任命提拔热姆丘任娜的是斯大林，迫害她的也是斯大林。一位党的高级女干部就这样任人刀俎且无从反抗。

斯大林对待自己妻子情况更糟糕。1932 年庆祝十月革命 15 周年后，斯大林第二任妻子阿利卢耶娃无法忍受他的粗暴开枪自杀身亡。这件事看似极其偶然，其实它给出的警示是很突出的：夫妻矛盾的尖锐程度有时甚于阶级矛盾，它也可能是你死我活的斗争。斯大林作为父权制、家长制和集权制的集大成者可以为所欲为，而女性只能像过去一样忍辱负重。以斯大林为代表的苏联只需要顺从听话任劳任怨的女性，有觉悟、有独立意识的女性是深受排斥的。

斯大林对待女儿斯韦特兰娜·阿利卢耶娃的方式也充分体现了家长集权制的作风。很多资料显示斯大林对儿时的女儿是很疼爱的，当然这种疼爱依然显示了某种虐爱。当女儿逐渐长大并开始追求独立时，他则从衣着、婚恋和事业等各个方面对她横加干涉，不许她穿短裙子、将她初恋男友——一位 40 多岁的犹太裔离婚的电影导演阿列克谢·卡普勒，关入监狱十余年。第一次短暂婚姻后，斯大林将女儿嫁给自己得力旗手日丹诺夫的儿子，没有几年她再度离婚。赫鲁晓夫在他的回忆录中记录了这样一件事：为了庆祝 1952 新年，斯大林的小圈子——马林科夫、米高扬、赫鲁

---

① 《赫鲁晓夫回忆录》全译本第 2 卷，社会科学文献出版社 2006 年版，第 999 页。

晓夫等举行新年聚会，已经 26 岁的斯大林女儿来到现场。斯大林强迫女儿陪着跳舞，女儿不情愿，斯大林则"一把揪住她的头发就拽。我见她脸都红了，两眼里泪光盈盈。瞧她真是可怜。而父亲却一直在拉她，接着又揪头发"。① 赫鲁晓夫的回忆再现了一位父亲赤裸裸残暴的形象，也说明妻子的自杀根本没有改变斯大林对待女性的粗暴作风。尤其令人无法容忍的是，这种粗暴是在公开场合，而且这个小圈子里的人竟然对斯大林的粗暴无动于衷。1963 年，斯大林的女儿希望嫁给印度共产党人布拉耶什·辛格时遭到苏联当局的反对和干涉。1967 年，她以为丈夫下葬的名义通过印度叛逃美国，苏联很快宣布废除她的苏联国籍。

斯大林对待两位第一夫人、自己女儿及其他领导人妻子粗暴的态度和做法，被后继领导人所认可和坚持。此后苏联历任第一夫人无论自身能力多么强，都只能扮演传统俄罗斯贤妻良母的角色，位居次要地位，起着辅助性的作用。当今苏联虽然解体了，这一传统却依然在俄罗斯继续。历史证明，无论实行何种所有制，只要享有绝对权威的父亲君临天下，其后果就是女性将再度陷入被压迫奴役的地步。由此可见，苏联的父权制不是一个人的事情，而是体制问题。后来赫鲁晓夫总结斯大林"个性专横，脾气粗暴。但他的粗暴绝非仅仅表现在某种情况下凶狠恶毒或者针对某个具体的人的态度上。这是总体上的凶残，是与生俱来的粗暴。不过，看来这多半是教育和环境使然"。② 这种粗暴是历史文化造成的，是俄罗斯相对落后的国情造成的。在这种落后的土壤里父权制、家长制、集权制都有着很强的生命力，依靠短暂的暴力革命是无法改变的。实践也充分证明了这一点。斯大林经常使用"通常"、"惯例"之类的词汇，很明显他的治国风格更多地来自于沙俄时期的专制主义惯例而非科学社会主义。

这种对女性的歧视迫害不仅仅限于中央，地方更甚。"当地男子积极打击妇女教育和妇女组织。在中亚地区，约 800 名女性活动分子遭到谋杀，大多数行凶者都逍遥法外。"③ 这反映了落后的俄国新政权是如何扼杀了争取平等自由的妇女运动，以及如何使对女性的一般性歧视重新制度化的。它标志着父权制在苏联全方位的复辟。

---

① 《赫鲁晓夫回忆录》全译本第 2 卷，社会科学文献出版社 2006 年版，第 999 页。

② 同上书，第 997—998 页。

③ ［美］帕梅拉·麦克维：《世界妇女史》下卷，洪庆明、康凯译，格致出版社、上海人民出版社 2012 年版，第 193 页。

二　苏俄父权制的存在与扩张是女性政治地位低的根本原因

苏俄时期私有制被废除，公有制已经确立，那么在此条件下女性政治参与受到排斥的原因就不能再从私有制方面去寻找。经过研究发现，这个时期虽然私有制不复存在，但父权制却依然存在并随着"一长制"、"个人迷信"的存在而大肆扩张。正因如此，这一时期女性的政治地位才会始终在低端徘徊。当然也不排除女性自身的主客观原因。但父权制的扩张是造成这种情况的根本原因。那么父权制为什么没有随着私有制的废除而废除呢？

第一，俄国父权制历史悠久。众所周知，马克思恩格斯是将父权制作为私有制的必然产物加以否定的。他们认为父权制对母权制的胜利是女性具有世界历史意义的失败。[①] 而父权制之所以能胜利，是因为他们建立了私有制。列宁时期布尔什维克继承了马克思主义的基本理论，认为要实现人类解放，就不能忽视占人类一半的广大妇女的解放，女性的解放必须废除父权制，而父权制不过是私有制的衍生物，因此推翻父权制必须要消灭私有制。所以女性解放的根本在于消灭私有制。

父权制在人类历史的不同阶段、不同区域表现不一，而且不一定与私有制必然地联系在一起。恩格斯在《家庭、私有制和国家起源》中阐述了这种制度现象——存在于东方的"家长制家庭公社"。"只是在大约十年以前，才证明了在俄国也还继续存在着这种大家庭公社；现在大家都承认，这种家庭公社，像农村公社一样在俄国的民间习俗中深深地扎下了根子。"[②] 这种家庭具有血缘关系，是由群婚向个体婚、公有制向私有制的过渡阶段，家长决定着家庭公社的物质、社会关系和人口的生产与再生产等所有事物。恩格斯用"他"来指代家长，说明家长是由男性来担任的。俄国的村社类似于扩大的家庭公社。在一定条件下它将成为新世界的起点。历史证明，苏联的政权结构就是建立在这种传统的家长制模式上。在这个模式系统中女性仅仅处于次要的服从地位。

第二，当时实行高度集中的制度使父权制得以扩张。为了消灭社会私

---

① 《马克思恩格斯选集》第 4 卷，人民出版社 1995 年版，第 54 页。

② 同上书，第 56 页。

有制，苏维埃政权在极短的时间内将大小私营企业、银行收归国有，自上而下强制废除了私有制。但父权制主要表现在家庭制度上，政府无法直接用行政命令的办法对家庭实行国有化，解决的办法主要是使家庭劳动国有化，这就要求女性走出家门大量就业。为此，政府通过制定一系列法律来保障女性享有与男性平等的权利，保护妇女儿童的利益，大力支持公共食堂和兴办保育院，以此促进女性走出家庭参加社会化大生产，与此同时，在社会范围内树立以社会劳动作为衡量人价值、地位的唯一标准。当然由于标准是唯一的，如果女性坚持留在家中，或者在社会中竞争不过男性，那么她在家中没有地位便是无可厚非的，受压迫受奴役也是应该的。但无论政府采取多少鼓励措施，家庭终究还是存在的，那么家务劳动也可能全部公有化，所以这些以手工、非现代化的家务劳动就依然落在女性身上。这是从马克思、恩格斯、列宁到斯大林都一直延续的思路。无论何种制度，只要家务存在就一定非女性莫属。而男性却依然像沙皇时期一样身为一家之主却不承担任何家务劳动的义务。

当不平等的家庭关系依然如故的同时，社会制度也开始复旧。

先是"战时共产主义政策"，后是"一长制"、"专家制"，这些为男性掌握国家经济、政治、意识形态等领域提供了直接的制度保障。我们不否认，列宁的理论和思想都是为了社会主义革命和建设的实践服务的。他对人类解放的关注、对女性的同情更具体更直接。但是，与恩格斯不同，列宁对女性的历史作用和地位有时并未给予充分的肯定。在1919年7月的《论国家》中，他逐渐否定了马克思恩格斯所充分肯定的原始母系社会的存在。"在人们还在不大的氏族中生活的原始社会里……还看不到国家存在的标志。我们看到的是风俗的统治，是族长所享有的威信、尊敬和权力，我们看到这种权力有时是属于妇女的——妇女在当时不像现在这样处于无权的被压迫的地位。"① 接下来他直截了当地提出了"父权制原始社会"的概念。"世界各国所有人类数千年来的发展，都向我们表明了它如下的一般规律、常规和次序：起初是无阶级社会——父权制原始社会，即没有贵族的原始社会；然后是以奴隶制为基础的社会，即奴隶占有制社会。"② 列宁认为人类社会制度的起点是父权制而并非母权制，当然也不是私有

① 《列宁选集》第4卷，人民出版社1995年版，第28页。
② 同上。

制。他的这种认识说明母系社会不在人类社会发展的常规之中，即便存在也不过是某种偶然现象。列宁对母权制的否定必然在实践中产生直接影响，那就是父权制的恢复与扩张。

从 1918 年国内战争爆发前开始列宁就反复强调要在国家经济管理中实行"一长制"。国内战争期间，"一长制"在军事管理中得以落实。国内战争末期，列宁再度主张总结内战时期的军事经验并强烈要求将"一长制"从军事领域推广到经济管理领域。这当然引起工会的强烈不满。在1920 年 3 月的俄共第九次代表大会上列宁指出"一长制"与民主制并不矛盾。他说："苏维埃社会主义民主制同个人管理和独裁毫不抵触，阶级的意志有时是由独裁者来实现的，他一个人有时可以做更多的事情，而且一个人行事往往是更为必要的。无论如何，对集体管理制、对个人管理制的根本态度不仅早已阐明，并且已由全俄中央执行委员会加以肯定。"① 1920 年 4 月，列宁在全俄工会第三次代表大会上批判反对派："拿 1918 年来说吧，当时并没有这些争论，当时我已经指出必须实行个人管理，指出必须从贯彻苏维埃的思想这一点出发承认个人的独裁权力。所有关于权利平等的言论都是胡说八道。我们不是站在权利平等的立场上进行阶级斗争的。"② 这种强调不仅得到苏俄最高执行机构——全俄中央执行委员会的认同，而且获得全党最终的肯定。到 1921 年春天的俄共（布）第十次代表大会上，一长制获得了大会通过，而主张集体管理制的工人反对派被从组织上推翻，工会从此退出苏俄经济管理的历史舞台。随后的第一次大清党开始，在被清退的 159355 名党员中，工人党员占 20.4%，农民党员占44.8%③。可见工农党员成为被清除的主要对象。言外之意，政权当中剩下的绝大多数是拥护实行"一长制"和个人独裁的中坚力量。此前，工人可以选举、监督、罢免自己的领导人。十大之后，工人阶级对党的各级领导的产生不再发挥直接影响。而当列宁晚年发现斯大林专权和官僚制的弊端和危害，并极力强调从工人当中培养监督、检查人员为时已晚。

列宁坚决主张"一长制"，反对工人反对派的集体管理制。这使父权由家庭领域扩展到社会领域。在新生的苏维埃政权下，工农大众虽然翻身

---

① 《列宁全集》第 38 卷，人民出版社 1986 年版，第 302 页。
② 同上书，第 336 页。
③ 《列宁选集》第 4 卷，人民出版社 1995 年版，第 866 页。

当家作主了，但是依然无法主宰国家命运，甚至自己的命运，而只能成为受国家剥削和压迫的劳动者。与工农相比，长期从事家务劳动的女性即便走出家庭，也依然受制于男权，其社会地位根本不会有质的改变。

第三，人类社会结构的多元化为苏俄父权制的存在提供了广阔而自由的空间。社会存在决定社会意识，而社会存在不仅仅局限于物质资料和生产关系方面，而且更重要的是包括人的因素，旧有的生产关系，可以简单地加以变更和废除，旧社会的剥削者也可以简单地用暴力加以消灭，但是历史是有延续性的，任何社会变革不可能彻底毁灭旧世界。父权制以非经济的形式渗透到人们的日常生活之中，它深刻影响着人们的习惯、道德、风俗、文化、信仰，乃至思维方式。苏俄时期，虽然沙皇等特权阶层及其下的统治阶层均遭到毁灭性打击，但是作为与旧世界生产力密不可分的底层阶级作为新社会的主体延续下来，当然也是以残破的形式延续的。这些底层不可能在一夜之间断绝与旧世界千丝万缕的联系。当暴力革命突发时，他们以激进的革命姿态以新人的姿态登上历史舞台，要求急速变革现实；但当急风暴雨式的革命结束后，他们顺利入主新社会时，便不自觉地为了维护刚刚获得的利益而力图刹车，阻止革命向纵深处发展。这样，他们便以旧世界的臣民和新世界的"主人"的双重身份开始新生活。旧的习惯、道德、风俗、文化、信仰，乃至思维方式无法用简单的暴力方式清除，相反它们将作为软实力影响着新社会。说到底，所谓的新社会只是局部或者表面现象。

最后，斯大林对父权制的复辟。斯大林时期布尔什维克政权得到了极大的巩固，社会稳定快速发展是斯大林追求的直接目标。因此，维持核心家庭的稳定成为必需。随着对公共领域控制的加大，国家也逐渐加强了对家庭的控制，重新确立了男性身为家长的绝对地位和权威，并掌控对女性角色、地位的定位。传统的贤妻良母，对男性家长温顺忠诚，这是斯大林所需要的。因此，"20世纪30年代苏联官方新闻媒体大力赞颂的不是女性工人和农民，而是显赫男人的妻子、待在家里和从事志愿者活动的妇女，温柔的、慈爱的和辅助自己男人的妇女被树立为苏联新女性的模板"。①与此相反，不过问家庭利益，整天把阶级斗争或者革命挂在嘴上，积极参加

---

① ［美］帕梅拉·麦克维：《世界妇女史》下卷，洪庆明、康凯译，格致出版社、上海人民出版社2012年版，第194页。

社会生产的女性往往受到打压，甚至是迫害。

纵观苏俄时期的女性问题，可以说在政治方面有一定进步，从沙皇的完全无权状态到获得普遍的选举权、进入国家政权系统，并在该系统中低端占居一席之地，这说明历史的进步。当然我们也清楚地看到，这种进步是权力顶层为巩固其权力而精心设计与恩赐的，这种恩赐也必然伴随着自上而下压迫。这种压迫最终使女性处于政治上集体失声和集体无意识的状态。苏俄需要的是各行各业默默无闻无私奉献的女劳动者而不是伶牙俐齿、尖酸刻薄的女监工。因此不可能使女性真正得到解放。与此相反，父权制在公有制条件下却得到了充分的发展。

苏俄女性的命运说明，建立在人类自身再生产基础上的父权制与社会所有制没有必然的联系，女性要彻底推翻父权制并获得彻底解放能且只能靠自己长期不懈的努力与奋斗。

（作者单位：北京大学）

国内外生态文明与可持续发展研究述评

高德明

20 世纪 60 年代，世界范围内的人口、粮食、资源、环境之间的矛盾成为资源优化配置和可持续发展的最大障碍，给人类的生存和发展带来了巨大威胁。以爆发全球性的生态危机为标志，一种新的文明——生态文明呼之欲出。

20 世纪 70 年代后，生态文明与可持续发展问题受到人们的普遍关注。人们深刻地感受到现代社会和现代人已经陷入了一场严重的生态危机、道德危机和社会危机，人类传统的发展观和文明观面临严峻挑战。1992 年联合国环境与发展大会召开，可持续发展思想由共识变成各国人民的行动纲领，生态文明应运而生。

自 20 世纪 90 年代以来，面对着日益严重的环境问题和生态危机，中外学界提出了生态文明的范畴，并对这一范畴的概念及其思想内容展开了有益的探讨。随着生态文明和可持续发展的公众意识、执政理念、理论研究和实践探索日益得到全球共识，理论界对生态文明的理论范畴与实践方向研究也进入了一个新的阶段。围绕生态文明与可持续发展这一主题，学者们从概念界定、理论架构、方法方式、辩证关系、实践运用等进行了多方面、多角度、多层次的研究和论述，展开了积极有益的探讨，提出了一系列观点。一些专著及一批学术论文相继出版和发表，提出了各自独到的见解。

一 关于生态文明的内涵问题

有学者认为，生态可以成为一种"文明"，而且这种文明还是当代尤其是未来人类社会中的一种重要的文明形态，与物质文明、政治文明和精神文明并列，共同构成了社会的文明系统。生态文明是指人类在改造自然以造福自身的过程中，为实现人与自然之间的和谐所做的全部努力和所取得的全部成果，既包括人类保护自然环境和生态安全的意识、法律、制度、政策，也包括维护生态平衡和可持续发展的科学技术、组织机构和实际行动。

另外一些学者则认为，生态文明是人类遵循人、自然、社会和谐发展这一客观规律而取得的一切物质和精神成果的总和，包容处在这样的自然与社会环境中所取得的物质文明和精神文明的成果。这些成果就是人与自然和谐相处的生态观；人与自然、人与人、人与社会和谐共生、良性循环、全面发展、持续繁荣的伦理形态。

还有一些国内学者从广义上和狭义上概括了生态文明的内涵。认为广义生态文明是人类文明发展的一个新的阶段，即工业文明之后的人类文明形态；狭义生态文明则是相对于物质文明、精神文明和制度文明的一个方面。生态文明就是人类通过破除自我中心论而实现的人与人、人与自然的和谐发展与共存共荣，或者说是一种人与自然环境的和谐发展的文化价值观、可持续发展观、科技观和消费观。

二　关于生态文明的本质特征

学术界围绕人类生态意识、生态经济、生态政治的兴起和可持续发展等方面进行了广泛的研究，指出生态文明比工业文明更具理性的哲学观、价值观、科技观和更高级的管理水平。主要体现在：①思想观念的大转变，即从人与然的对立关系向人与自然和谐相处的转变；②生产技术的大转变，即从有害环境技术向无害环境技术的转变；③目标与行为的大转变，即从单纯追求经济目标向追求经济、生态和社会多重目标的转变；④伦理价值观和世界观的大转变，用人与自然协调发展的价值观代替人统治自然的价值观，因而把人类的价值主体地位和终极关怀扩展到非人的自然界，并赋予生态环境应有的道德地位，用尊重自然、敬畏生命的哲学，代替了极端的人类中心主义的哲学。

申曙光（1994）等认为，关于社会文明，有两个最基本的哲学问题：一是人与自然的关系问题，二是价值观问题。每一文明形态都有其特定的人与自然关系意识，并且，这种意识渗透到人类活动的各个领域，在某种程度上支配着文明的兴衰。

关于人与自然的关系，学者们认为：工业文明就是建立在"人是自然的主人"这种哲学思想基础上，对自然进行无限度的"控制"、"征服"与索取，以满足自己不断增长的物质需求，在给人类带来了高度物质文明的同时，也带来了自然资源的日趋衰竭和生态环境的日益恶化。生态文明把人本身作为自然界的一员，人对自然界具有根本的依赖性。一方面人作用于自然界，使自然界人化；另一方面自然界作用于人。因此，人的一切活动都必须充分尊重自然规律，寻求人与自然的协调发展。生态文明的人与自然的关系本质是社会关系，人与自然的生态关系归根结底反映着人与人之间的社会关系。生态文明是实现可持续发展的一种内在要求。

关于生态文明的价值观问题，归纳起来学术界主要存在下列四种观点：①认为全球性生态危机的根源是人类中心主义价值观，对自然的绝对统治和支配权，对自然资源疯狂地掠夺、贪婪地摄取。生态文明是非人类中心主义的理性选择。②认为生态文明的终极价值观也是以人为中心的。工业文明是以绝对人类中心主义为其价值观的，而生态文明则是以相对人类中心主义为其价值观的，强调现代人在文明时代的处境和地位、责任和义务，重新凸显了人类在其自身与自然平等前提下的主体地位。③认为生态文明是对人类中心主义的继承和超越。生态文明价值观是一种"人与自然"系统的整体价值观和生态经济价值观。生态文明是在改造自然以造福自身的过程中取得的成果，这与人类中心主义是一致的。但生态文明超越了人类中心主义违背自然规律的局限，以一种整体主义的世界观看待人与自然的关系，坚持生态经济整体价值观。因此，生态文明反对传统的极端人类中心主义，同时也反对极端自然中心主义，承认人是价值的中心，但不是自然的主宰，人的全面发展必须促进人与自然的和谐。④强调平等，拒绝中心论。认为生态文明的世界观是生态哲学。生态哲学则放弃首要次要之分，走向拒绝以什么为中心。以人类为中心？还是以生态为中心？两者不是非此即彼地只有一种选择。不仅人具有价值，生命和自然界也具有价值，包括它的内在价值、外在价值、固有价值和系统价值等。不仅人是主体，自然也是主体；不仅人有主动性，自然也有主动性；不仅人依靠自然，所有生命都依靠自然。如果硬要说以什么为中心的话，那么要在人、自然这两个要素的再高一个层次来认识，即"人与自然界的和谐"。

三 关于生态文明的功能、地位及其与 其他文明之间的关系问题

关于生态文明的功能地位：一种观点认为，任何一种文明形态都只是一种历史现象、历史过程，最终都会消亡，被新的文明所取代。工业文明的各种危机归根结底都是生态危机，正从兴盛走向衰亡。生态文明是人类社会在渔猎文明、农业文明、工业文明之后的一种新的文明形态。生态文明是更高层次的一种新的文明形态，将成为未来社会的主要文明形态。另一种观点认为，未来社会应是物质文明、精神文明、制度文明和生态文明四种文明的有机统一的大文明。大文明是未来社会文明的主要形态，而生态文明只是其中未来社会整体文明中的一种，不能等同于工业文明。

关于生态文明与其他文明之间的关系：有论者指出，生态文明不是一种单独的文明，而是一切文明的共同基础，它对于物质文明和精神文明来说，具有相对的独立性。生态文明比物质文明、政治文明和精神文明高一个层次，但绝不是简单的三种文明相加。不仅包含着自然生态文明，而且也包含着社会生态文明。另一种观点认为，生态文明与物质文明、精神文明和政治文明既相对独立，又相互贯通、相互依赖。物质文明是基础，政治文明是保障，精神文明是主导，生态文明是前提。生态文明支配着物质文明，物质文明支配着精神文明，而精神文明对物质文明、生态文明和制度文明的发展又起着重大的推动作用。制度文明是社会文明建设的保障，它以自身中介性的作用把物质文明、精神文明和生态文明统为一体，并使三种文明相互影响。还有论者认为，生态文明则是一种依赖性或依附性的文明形式，进一步丰富了精神文明的内涵，是精神文明建设的重要组成部分。

四 关于生态文明与可持续发展的关系问题

有学者认为，首先，可持续发展本身就是一个生态学概念，是生态文明的一个重要特点。生态文明是一种追求人类可持续发展的新型的文明形态，可持续发展也只有在人与自然协调发展的生态文明状态中才能实现。人类必须选择一条既满足当代人需求又不至于对后代人生存与发展构成威

胁的可持续发展的文明道路。其次，生态文明是可持续发展观的思想基础和精神支持。生态文明观的确立是可持续发展的先导，协调人与人、人与自然的关系是实现可持续发展的保证。生态文明已成为可持续发展理论的重要组成部分，可持续发展战略的思想基础是树立生态文明观。生态文明激发了人对自然的珍爱感，认识到了自然资源的有限性，从而为可持续发展拓展了认识道路，提供了精神动力。可持续发展的关键在于科学技术创新和制度创新的生态文明取向，积极保护资源，合理而有效地开发利用资源。他们认为，针对国内外科技发展悲观论，生态科技将成为可持续发展的强力支撑。

研究者还进一步指出，生态文明是可持续发展问题认识深化的必然结果，可持续发展必然成为我们建设生态文明的重要理论依据，实施可持续发展就是按照生态经济社会整体发展观来追求和实现"生态—经济—社会"复合系统高度整合、整体优化、良性运行与协调发展，必将使人们的生产方式、生活方式、思维方式、行为方式产生重大影响，促进人与自然的和谐，实现经济发展和人口、资源、环境相互协调，走生产发展、生活富裕、生态良好的文明发展道路，保障发展代代相传，其核心与本质就是一种全新的文明：生态文明。

五　关于生态文明观的各种思潮

1. 西方生态文明观

西方"人类中心论"和"非人类中心论"的生态文明观都从哲学角度揭示了"传统人类中心论"是生态问题产生的根源，把人类脱离生态危机的出路归结为"是走出人类中心主义还是走入人类中心主义"的抽象价值争论。学术界从人与自然和谐、人与人公平角度，反思人类社会的进步过程和不同文明状态的历史贡献与缺陷、遗患，以人类文明为线索，梳理了西方生态文明观的主要思潮。

（1）生态伦理观。生态伦理学是现代西方自然环境保护运动的产物，并且随着西方自然环境保护运动的发展而发展。人类中心主义是西方生态伦理学的主流，自然中心主义是西方生态伦理学的新潮。人类中心论的基本出发点是，只有人与人之间才存在直接的道德义务，我们人类对环境问题和生态危机负有道德责任，主要源于我们对人类生存和对子孙后代利益的关注，并非对自然事物本身的关注。自然中心主义生态伦理学把道德对象的范围从人类道德的规范社会扩展到生命和自然界，强调的是人与自然之间的关系问题，而忽视了人与人之间的关系问题，引导人们企图通过放弃人类的主体地位来求得人与自然的和谐。

（2）生态马克思主义和生态社会主义。生态马克思主义是北美学者将现代生态学与学院派马克思主义思想相结合以解决资本主义生态危机的一种理论尝试，是有别于传统马克思主义和西方马克思主义哲学形态的一种新的哲学形态。其思想来源主要是马克思的著作、威廉·莱易斯和马尔库塞的部分思想。段忠桥（2005）指出，进入 90 年代以后，由于资本主义全球化进程的加快，全球性的生态危机进一步加剧，美国的一些马克思主义者在深刻反思 20 世纪各种生态理论和运动之后，开始转向对马克思生态思想的研究，以寻求正确的指导思想，并进而产生了生态马克思主义。生态马克思主义重返人类中心主义，认为生态问题是由人类对待自然的资本主义方式所引起的，消除生态问题的唯一方式是废除资本主义制度，实施社会主义制度。刘仁胜（2006）指出，西方生态马克思主义为解决全球化背景下的资本主义生态环境危机提供了一种马克思主义的解决方案。

从 20 世纪 70 年代起，西方生态运动和社会主义思潮相结合，产生了如下共识：资本主义制度是造成全球生态危机的根本原因；生态危机成为转移经济危机的新手段；环境问题的本质是社会公平问题；要想摆脱生态环境危机，就必须超越传统工业文明的逻辑，用生态理性取代经济理性；未来社会应该是人类文明史上的一场质的变革，应是一个经济效率、社会公正、生态和谐相统一的新型社会。要把社会主义理解为对资本主义的超越，而不要把它理解为可供选择的另一种制度。

（3）西方绿色思潮与环境主义。20 世纪初，在一些发达资本主义国家，兴起了一场绿色思潮和生态运动，它对长期以来主导人类社会的物质文明进行了深刻的反思。所谓绿色思潮的主题就是从生态学中的生态意识中汲取生态智慧，保护人类的生态环境，走出"人类困境"，实现生态文明。西方学者把绿色思潮视为环境运动中的意识形态——环境主义，被赋予反思现代性的多重意义和任务。在绿色思潮的推动下，生态学被引进社会和文化领域。1972 年，澳大利亚成立了世界范围内的第一个"绿党"。1988 年在西方共有 14 个国家建立了绿党，并在工业化国家不断发展壮大。

绿党宣称要在国家政策制定中表现更为坚定的环境保护立场。德国绿党能进入国会。苏联和东欧的绿色分子或绿党在推翻集权统治中发挥了中重要作用。日本的"本质的环境主义"支持污染受害者的草根运动；"工具的环境主义"反对发展、要求保护全球生态系统。20世纪90年代的生态社会主义明确提出了"红色绿党"和"绿色绿党"的新概念，分别代表社会主义与无政府主义、人类中心主义与生态中心主义、激进主义与改良主义。以德国绿党为代表的欧洲绿色运动直接提出来的"生态社会主义"是欧洲绿党的行动纲领。

（4）普世伦理。20世纪90年代以来，全球"走向普遍伦理"和促成"世界伦理宣言"的运动方兴未艾。德国神学家孔汉思认为，普世伦理是"对一些有约束性的价值观、一些不可取消的标准和人格态度的一种基本认识"，是"所有宗教所肯定的、得到信徒和非信徒支持的、一种最低限度的共同的价值、标准和态度"。以哈贝马斯、罗尔斯等为代表的具有建设性特征的当代思想家认为，克服现代性道德危机的基本方式是重建一种新的普遍主义伦理体系：追求建立一种最低层次的全球意识上的普遍伦理体系，即追求"最低的最大化"意义上的普遍伦理。韩国学者金丽寿则认为，普世伦理应该包括四部分：一是人与自然关系的规则；二是人的完满实现的规则；三是个体与社群交往的规则；四是和平与公正的原则。

国内学者概括认为，"普遍"的含义有两层：一是为维护全人类共同利益所需要的普遍的伦理规范；二是它要包含有各种不同伦理规范之间的共性。普世伦理的核心内容是调整全球化背景下的人与人、人与自然关系的道德规范，包括人们对待生态环境的道德规范和准则；协调人与自然、人与人关系的准则；人道主义的伦理原则和道德规范。很多学者赞成平等性是普世伦理的第一要义，其次在于它的普遍性、时代性、多维性、历史性或开放性。

（5）政治生态学和绿色政治思潮。实际上阐释了后现代"生态文明"中的政治哲学。所谓"政治生态学"，主要是一种绿色价值观，认为宇宙是一个自然形成的有机整体，系统内按生态法则组合和运转，各子系统或生态因子之间，相互依存，平等和谐。人类是其中的一员，但不是宇宙的中心，无法摆脱生态法则的支配。绿色政治的目标要符合政治生态要求的"可以持续的社会"。绿色政治以经济问题为中心，主张绿色经济；在社会关系上，尊重社会多元化和生态平衡，强调社会公正；在政治结构和政治生活方面，否定等级制和集权制，提倡"绿色基层民主"，集中体现为一种特殊的定期轮换制，主张建立经过民主协议组成的临时性的众多生态区或生物区构成地区性或世界性的政治网络。

（6）生态文明悲观论和乐观论。"增长极限论"的悲观思潮，在欧洲曾形成一种所谓"绿色"科技思潮，并分为"浅绿色"、"深绿色"和"中间派"。"深绿色"生态思想低估科技进步的作用，是一种反对现代技术的思潮，产生了地球将要毁灭的人类前途悲观论，坚持"非人类中心主义"、"自然中心主义"。美国生态经济学家克利福德·科布提出实现生态文明并不是要为保护环境而停止经济增长，我们没有必要为了实现生态文明的目标而停下经济增长的步伐。人类对于环境的改变可能已经走得太远，我们所造成的破坏在许多情况下可能是不可逆转的。因此，与生态文明的建立相比较，人类文明的崩溃似乎具有更大的可能性。大卫·格里芬则认为，只要我们忘掉现代世界秩序而赞同一种后现代的世界秩序，即全球民主，那么发展一种生态文明就是很有可能的。

2. 马克思主义的生态文明观

关于马克思是否有生态思想存在两种截然相反的观点。对挖掘和探索马克思生态哲学思想的努力，许多人表示了怀疑。国外一些学者认为，"绿色"不在马克思视野之内，甚至还有学者认为马克思是反生态的。国内的许多学者认为，大规模的环境和公害问题是马克思之后的事情，寻求马克思的生态思想和生态哲学思想是强人所难的。但更多的学者认为，马克思和恩格斯没有就生态问题进行专门的系统研究，然而，星散在马克思主义经济社会、政治哲学理论中的生态观点是具有前瞻性的，在很大程度上已超越了时代的局限。

目前，国内学界以马克思生态学思想作为探讨对象的研究很少见，仅在马克思主义与生态学思想的某些意蕴上的一致性上进行了初步探讨。根据研究者的角度和切入点不同，可将国内学者对马克思主义生态文明思想进行梳理和研究的思路归纳为三条脉络：

（1）以马克思、恩格斯的人与自然、人与社会、人与社会之间的关系和马克思主义自然观、历史观为主题，梳理和研究马克思生态文明观。大多数国内学者从马克思、恩格斯著作的文本入手，通过对马克思主义关于人与自然协调发展、和谐相处；人要爱护自然，而不要破坏自然；人要按自然规律办事等人与自然关系理论三个方面的分析，认为马克思、恩格斯的自然观和生态观在本质上是一致的，生态文明是马克思主义理论的题中应有之义。马克思主义经典作家在考察人类文明的历史进程和发展方向时，既深刻分析人与人之间的社会关系，又高度重视人与自然之间的生态关系，科学地揭示了二者之既相互制约又相互促进的辩证关系。马克思主义一贯主张人的解放、社会的解放和自然解放的统一性。研究指出，马克思的《资本论》实现了自然观和历史观的有机统一，人类自由和解放是马克思主义的立足点和归宿点，未来共产主义社会是人与自然、人与人之间矛盾和解的社会。恩格斯明确用"人类同自然的和解以及人类本身的和解"来表述未来社会人与自然、人与人的关系，今天的生态文明思想与马克思主义之间存在着明显的继承和发展关系。

（2）以本体论、认识论、实践论、辩证法和唯物史观为主题，梳理和研究马克思生态文明观。研究指出，马克思主义生态文明思想从本体论的高度揭示了人与自然的统一，揭示了人与自然统一的实现形式和人与自然统一的社会历史形式，揭示了自然对人的先在性决定了人必须尊重和善待自然，从人类文明发展规律的高度，揭示了人与自然内在统一。马克思唯物主义实践论中包含丰富的生态思想：关于人与自然新陈代谢或称物质交换关系的生态思想和人与自然之间的新陈代谢裂痕或物质交换关系失调的生态分析；马克思主义唯物论本身包含着丰富的生态学思想，生产力决定生产关系的历史唯物主义原则不仅决定了发展生产力是解决"人类同自然的和解"的主要方式，也决定了"人类同自然的和解"必须以"人类本身的和解"为前提。

（3）以自然生产力和可持续发展思想为主题，梳理和研究马克思生态文明观。马克思始终"对生态极限和生态可持续性问题表现出深切的关注"。在《资本论》中，马克思提出循环经济设想。提出应用科学技术减少工业和生活废物；减少废弃物的排放；提高工业废物的利用率，提出了生态工业、生态农业和循环经济的可持续发展的初步设想或萌芽。

3. 中国生态文明观

中华文明的基本精神与生态文明的内在要求基本一致。以儒释道为中心的中华文明，在几千年的发展过程中，贯穿着生态和谐思想。"与天地万物为一体"的"天人合一"思想，"天地与我并生，而万物与我为一"等，强调人要以尊重自然规律为最高准则，绝不能把自己凌驾于自然界之上。

在我国生态文明的众多定义中，都包含人与自然和谐发展的核心内容。黄爱宝在《三种生态文明观比较》一文中将生态文明的各种思潮归纳为三种理论定位的生态文明观，即基于人与自然的自然性和谐的生态文明观；基于人与自然的自然性和谐与能动性和谐协调统一的生态文明观；以及基于既是人与自然的和谐又是人与人的和谐的生态文明观。黄爱宝认为，后两种观点会导致生态文明概念原本的实践指向性有所折扣乃至迷失。基于人与自然的自然性和谐的生态文明观。其内涵定位为人类以实现人与自然的自然性和谐的一切进步过程和积极成果。在这里，生态文明核心与本质是反映人与自然的自然性关系。它与物质文明、精神文明、政治文明一样既相互并列，又相互包容，是一种理想的生态文明观。

十七大把生态文明建设作为全面建设小康社会的重要目标之一。全面贯彻科学发展观，明确生态文明建设在整个社会文明发展中的基础性地位和作用；构建社会主义和谐社会，强调人与自然的和谐是和谐社会的特征之一，总要求之一。坚持科教兴国战略、人才强国战略和可持续发展战略；把握发展规律、创新发展理念、转变发展方式、破解发展难题、提高发展质量；"好字当头"，"又好又快"地发展。这些战略思想体现了中国生态文明的本质特征和时代特征，也是科学发展观的内涵和要求。中国生态文明是马克思主义生态文明观的当代自觉及实践创新，是科学发展观的理论升华。

六　关于生态文明和中国特色社会主义理论体系的关系

理论界一致认为，中国特色社会主义建设在现阶段工业化中期遇到了发达国家工业化后期才遇到的人口、资源、环境的压力，环境问题仍然很严重，但我们不能重复西方先污染后治理的道路。因此，我国提出建设生态文明，不仅是一个发展理念上的创新，更是一项十分紧迫的现实课题和任务。生态文明立足于我国社会主义初级阶段的基本国情，总结我国改革发展经验，深入贯彻落实科学发展观，体现了中国特色社会主义建设的必然选择。党的十七大报告首次提出"建设生态文明"、"生态文明观念在全社会牢固树立"，这是中央对中国特色社会主义道路的最新阐述。生态文明是实现中国特色社会主义可持续发展、并向更高阶段演进的前提，已成为党和国家新的执政理念和发展理念；生态文明建设已成为中国特色社会主义建设中的关键因素。改革开放以来，中国特色社会主义事业总体布局从"两手抓"到"三位一体"、"四位一体"，再到"六个建设"，体现了我们党对经济社会全面发展各种要素相互协调和系统功能的认识不断深化。生态文明是中国特色社会主义题中应有之义。

七　结论

从以上述评可以得出如下结论：

第一，我国在生态文明的内涵、本质、特征及重大的现实意义和深远的历史意义，以及推进生态文明建设和可持续发展进程等领域的研究，总的来说仍处在探索阶段。关于生态文明，学术界众说纷纭，东西方出现各种各样的生态文明思潮，缺乏系统性，往往模糊不清、参差不齐、标准不一。国内理论界对于国外在相关方面的研究有所介绍、评论，但总的来说力度不大，并且有滞后现象，与这种研究的现实重要性和必要性是不相称的。

第二，西方在面对日益突出的全球生态环境问题时，试图从理论上寻找解决人与自然的冲突和人类社会困境的办法。他们或从科技发展角度出发、或站在生态中心主义的立场上，或站在人类中心主义的立场上，或声称超越它们，或从马克思主义的危机理论出发，或从马克思主义的哲学出发，发挥各自的理论创造性，为解决全球生态问题提供了一定的理论依据。

第三，马克思主义把生态环境问题的根源都归结于资本主义制度，应该抛弃资本主义的现有制度，大力建设生态文明，走向人与自然、人与人和解共产主义。

（作者单位：求是杂志社）

后　记

　　这是一本同门师兄弟的学术之作。我们的导师马绍孟先生自20世纪80年代开始指导研究生凡三十年，先后指导硕士生、博士生及博士后逾三十名，师兄弟们分别在不同的领域运用所学知识勤恳工作、各有建树。适逢先生八十大寿暨从教五十周年，师兄弟们在回顾就学工作以来先生的教诲、关心、指点，始终历历在目，感激、欣慰、自豪之情不觉溢于言表。先生不仅授学，而且指路，更而做人，使弟子们终生受益。

　　先生早年投笔从戎，成为抗美援朝志愿老兵，高炮打美机，为新生共和国的巩固立下战功；其后卸甲任教，耕耘马列，在中国马克思主义哲学史的领域据有独特一席，晚年更是开辟了马克思主义哲学与现代领导的新学科；先生担任高校行政领导二十余年，既勤恳于日常行政事务，还致力于高校党建和学生的思想政治教育，更精心于研究生的指导培养，一身而三任，依然游刃有余，皆有心得。让弟子们深为叹服。

　　先生授学，注重于学术主体性的发觉，善于学术能动性的引导，由之授学几为研讨，师们宛然同门，使之学习、研究、创新庶多融汇。先生指路，既立足于弟子的所长也立足于弟子的所短，既着眼于弟子个人的发展空间也着眼于社会需求的未来大势，凡三十年先后出师诸弟子在各自岗位上均有建树。先生做事当以先做人为原则，做人以无私无畏为标准；先生做人首先以己身示人，在位时严于律己，退位后更以"三平"（平民身份、平常心态、平淡生活）自勉，令弟子们衷心敬佩。

　　《马克思主义哲学与现代领导》覆盖先生所指导的两个研究方向：马克思主义哲学发展史、马克思主义哲学与现代领导。马克思主义哲学发展史基于以往研究的成果，注重于填补空白和现代性的研究，领导科学的研究则基于马克思主义哲学的立场、观点和方法，集中于现代领导方法，尤其是开创了马克思主义权威领域的研究，先后指导十多位博士生分别就权威的一般理论、权威发展史、领导权威、领袖权威、政党权威、真理权威、法制权威、制度权威、组织权威、企业权威等进行了深度研究，其中已有部分博士论文公开出版。基于十多年的研究，2013年2月和3月分别由高等教育出版社和中国社会科学出版社出版了《权威论纲》（马绍孟等著）和《权威论》（薛广洲、石太林著），对权威问题做了基础性的、系统性的深度阐释，为我国权威问题的研究奠定了坚实的基础。先生对于理论的现实意义给予了高度的关注，无论是发展史研究还是基本理论研究，也无论是马克思主义哲学还是领导科学研究，理论与实际的结合，理论必须服务于实践，乃是理论之树所以长青的根本。

古往今来，教育总是与知识的传授和育人联系在一起，传统中国的教育讲究传承、注重门派，现代教育在重视知识的传授时，更为强调创新性，尤其是博士生教育，更是要求站在每一学科的最前沿。无疑学术的门派意识渐趋淡薄，而跨学科、多领域则成为基本趋势。伴随着知识的大爆炸，人们原有的认识世界的框架面临重构的需求，因而创新便成为学术发展和科学进步的基本要求。学术团体、学术门派自然要博采众长、容纳百川，才有存在与发展的资源和根基，因而门派或团体的界定也会处于不断的调整、转换之中。真正地学术，其存在和发展的最终源泉乃是社会生活的实践。只有时时刻刻把立足点放在人民群众的社会实践上，放在对一切来自于社会生活实践的探索成果的借鉴、吸收、继承、批判上，学术之树才有常青。据此，我希望同门师兄弟能够在我们的导师大度睿智指点的基地上，各自在自己的领域赢得更大更新的进步，那才是对先生八十大寿、九十耄耋、乃至百岁期颐的最好汇报。

今年年底弟子们为先生祝贺八十大寿，齐聚一堂，共叙在中国人民大学从师所学及毕业后的学习、研究、工作和生活，其乐融融、其情切切，并议各位师兄弟提供各自得意之作共成一书，以为先生八十大寿及从教五十年之贺。各位师兄弟大作收齐后，先生欣然为文集作序；薛广洲通读了文集全稿，确定了文集的逻辑结构并做最后的修改与终审；汪世锦对全部文字进行了处理，并对文集的结构做了初步设定；石太林、顾宝国、薛泽洲、陈亮等师兄弟，为文集的出版提供了积极的支持。最要感谢的是我们的导师，马绍孟先生听说文集出版出现新的情况，及时出手、排忧解难，使得文集方得以现在的方式呈现在大家面前。感谢中国社会科学出版社赵剑英社长和马克思主义理论出版中心主任田文女士为本书的出版所给予的支持和帮助。尽管文集中所收录的文章只代表作者个人的观点，但若有文字及其他不妥之处，作为大师兄，我仍应承担相应的职责，当然，也期望得到作者和读者的共同谅解。

薛广洲

2013 年 12 月于大有北里